HEYNE

Hajo Schumacher

Die zwölf Gesetze der Macht

der Macht

Angela Merkels Erfolgsgeheimnisse

WILHELM HEYNE VERLAG
MÜNCHEN

Verlagsgruppe Random House FSC-DEU-0100
Das für dieses Buch verwendete FSC-zertifizierte Papier *München Super*
liefert Mochenwangen.

Aktualisierte Taschenbucherstausgabe 12/2007

Printed in Germany 2007
Umschlaggestaltung: Hauptmann und Kompanie Werbeagentur,
München – Zürich
Umschlagabbildung: Caro Foto, © Caro/Teich
Satz: Uhl + Massopust, Aalen
Druck und Bindung: GGP Media GmbH, Pößneck

ISBN 978-3-453-62024-7

»Zuerst ordnet man seine Gedanken.
Dann ringt man mit sich, ob man es macht oder nicht.
Das ist die Haderphase.
Und dann ist es entschieden.«

Angela Merkel

Inhalt

Macht und Merkel

Den mächtigen Männern, die Deutschland regierten, galt die junge Frau, die da 1990 in Jesuslatschen und zeltartigen Kleidern unbeholfen auf die Bonner Bühne geklettert war, als politisch korrektes Dekor. Sie stammte aus einem Pfarrhaus der DDR, war Physikerin und ihr Lächeln schien unsicher. Sie war »das Mädchen«, fleißig und praktisch, leise und unauffällig, ideal als ostdeutsche Alibi-Frau für Partei oder Kabinett.

17 Jahre später, im Sommer 2007, erhebt sich das europäische Parlament zu standing ovations für die deutsche Kanzlerin, die ein verbremstes Europa wieder flottgemacht hat. Wenige Wochen zuvor erst hatte Angela Merkel den amerikanischen Präsidenten beim G8-Gipfel in Heiligendamm anscheinend von seiner eigensinnigen Klimapolitik befreit. »Miss World« titelte BILD ergeben.

Die deutsche Wirtschaft brummt in diesem Sommer, die Arbeitslosenzahlen liegen auf Rekordtief. Die Popularitätswerte für die Kanzlerin und ihre Partei sind gut wie lange nicht, die Opposition agiert hilflos. Aus dem Mädchen von damals ist eine allseits respektierte, manchmal bewunderte, öfter aber noch gefürchtete Politikerin geworden, die mächtigste Frau der Welt, die niemand mehr unterschätzt.

Selten hat sich ein Mensch, der nicht im politischen Mikrokosmos aufgewachsen ist, so konsequent in das Spiel mit der

Macht hineinentwickelt. Wie selbstverständlich bewegt sie sich unter den Mächtigen der Welt, hat ihren bärbeißigen Skeptikerblick abgelegt und übt sich bisweilen gar in Lächeln und Charme, ohne jemals ihr Bedürfnis nach Distanz zu vernachlässigen. Eines ihrer größten Erfolgsgeheimnisse, so beschreibt es der Schweizer Publizist Roger Koeppel, sei es, dass sie Männer für sich einnehmen könne, ohne erotischen Stress zu verbreiten. Der Franzose Sarkozy und der Russe Putin wirken wie zwei tumbe Halbstarke neben ihr.

Amerikanische Magazine erklären Angela Merkel zur interessantesten Persönlichkeit auf dem Globus, selbst ihre Gegner gestehen ein, dass diese Frau das politische Gewerbe beherrscht wie nicht viele.

Mögen die Umfragen bald wieder kippen – das Staunen bleibt. Obgleich Angela Merkel so lange wie nur wenige zum politischen Spitzenpersonal gehören, ist sie den Deutschen bis heute merkwürdig fremd geblieben.

Wer ist diese Frau? Wie hat sie das geschafft? Hat Angela Merkel diesen märchenhaften Aufstieg geplant? Hat sie Kohl, Stoiber, Merz und all die anderen gemeuchelt? Oder sind die Männer über sich selbst gestolpert? Wie viel Glück, welche Härte war im Spiel? Ist sie nur schlau oder gar tückisch? Hat sie beim Spiel mit der Macht eher gelitten oder genossen? Gibt es Tricks, Strategien oder gar wiederkehrende Muster, mit denen sie ihre Ziele durchsetzt? Was will Angela Merkel wirklich? Und was ist noch von ihr zu erwarten?

Das Buch »Die zwölf Gesetze der Macht« erklärt, wie das Herrschaftssystem Merkel funktioniert, ihre Werte und Ziele, Führungstechniken und Triebfedern. Schnell wird klar, dass die erste deutsche Kanzlerin keineswegs durch Zufall an die Macht kam. Ob die Kindheit im Soziotop des brandenburgischen Pfarrhauses, ihre fundierte naturwissenschaftliche Ausbildung, ob die protestantische Genügsamkeit, ihre gesamtdeutsche Perspektive oder der Hunger nach Freiheit und Anerkennung – Angela Merkel verfügt über ein intellektuelles und emotionales Instrumentarium, das dem der Männer nicht nur ebenbürtig ist, sondern überlegen. Kaum ein deutscher Regierungschef hat je eine breitere Ausbildung genossen, erst recht keiner war so konsequent prozessästhetisch orientiert und so zurückhaltend egomanisch. Sie bleibt bei ihrem Erfolgsrezept: keine Festlegungen, Entscheidungen erst im letzten Moment. Keinerlei Ideologien, sondern das Machbare verfolgen. Allzu enge Bindungen vermeiden, keine dauerhaften Dankbarkeiten und Abhängigkeiten, eher Deals auf Zeit. Lob leise, Kritik laut und öffentlich. Gnadenlosigkeit gegenüber allen, die ihr Loyalität verweigern, nützliche Skeptiker per Beförderung einbinden. Auf internationalem Parkett: die Beißhemmung der Machos gnadenlos ausnutzen, die meist nicht wissen, wohin mit ihren Händen. Versteht Politik als Maschinenraum, weniger als Bühne, vielmehr: Ihre Bühne ist der Maschinenraum. Im Blaumann kann man sie sich genauso gut vorstellen wie im Hosenanzug.

An ihrem Gesicht, ihrer ganzen Haltung ist sehr deutlich abzulesen, dass sie nach langen Jahren von Zweifel und Vorsicht inzwischen selbst an sich und ihre Möglichkeiten glaubt.

Sie hat es geschafft, ihren eigenen Stil zu entwickeln. Sie beruft sich auf Adenauer und Erhard, sie bedient sich am Werkzeugkasten von Helmut Kohl und Gerhard Schröder. Aber sie ist keine Kopie, schon gar nicht von Margret Thatcher, sondern ein politisches Original. Wenn sich Angela Merkel überhaupt an einem Idol orientiert, dann an einer anderen unvergleichlichen Machtfrau: an Katharina der Großen.

I. Alle Kraft dem Erfolg

In der DDR hat Angela Merkel gelernt, dass sie steter Bedrohung ausgesetzt ist. In der Politik ist es nicht anders. Überall lauern Gefahren. Dagegen hilft nur eines: immer besser sein. Wer Erfolg hat, wird gebraucht. Und wer gebraucht wird, hat Macht. Auf dem Weg ins Kanzleramt hat sie ihren erfolgsorientierten Führungsstil perfektioniert.

Als der junge Reporter die Umweltministerin Angela Merkel im Sommer 1995 erstmals zu einem längeren Gespräch traf, war die Rollenverteilung klar, zumindest für ihn: Diese kleine hilflose Frau, die nur der Quote wegen ins Kabinett Kohl gelangt war, suchte Anschluss an die Politprofis aus dem Westen. Sie fühlte sich missachtet und verspottet, eben so, wie man sich als Ossi zu fühlen hatte. Was sie von ihren politischen Plänen erzählte, hielt der Reporter für angelernt und ausgedacht, wenn auch immerhin ganz überzeugend vorgetragen.

Das Vorurteil bestimmte das Bewusstsein. Auch sechs Jahre nach der Wende mobilisierten Menschen wie Angela Merkel bei Wessis kaum mehr als zwei Reflexe: Abscheu oder Mitleid, Stasi oder Bambi. Ossis waren wie Lothar de Maizière, Günther Krause, Markus Wolf, Conny Pieper, Wolfgang Thierse oder Claudia Nolte: gutgläubig, verschlagen oder beides, auf jeden Fall aber im Westen noch nicht angekommen.

Angela Merkel schien aus der Bambi-Fraktion zu stammen. Sie weckte journalistische Schutzinstinkte. Man wartete immer auf den Moment, in dem sie »Konsum« sagen würde, um sie dann milde triumphierend zu korrigieren. Es heißt doch jetzt »Edeka«. Mit dem *Titanic*-Titelbild der Zonen-Gabi, die mit Heimwerker-Dauerwelle stolz eine geschälte Gurke als »meine erste Banane« emporhielt, war das vorherrschende Bild der Ost-Frau grausam präzise beschrieben.

Angela Merkel war anders als andere Politiker, nicht besser, nicht schlechter, aber anders. Vor allem weniger entertainmentwillig. Sie beherrschte die Schauspielkunst nicht so wie ihre Kollegen, sie wollte das offenbar auch gar nicht. Sie war ernsthaft, wo Journalisten Zynismus erhofften, vor allem aber pflegte sie bisweilen eine differenzierte Haltung zu politischen Fragen. So befürwortete sie aus Gründen der Logik und der Ökologie eine Besteuerung von Flugbenzin. Weder Logik noch Ökologie allerdings galten bei Kanzler Kohl als sonderlich starke Argumente.

Politik wurde von Männern aus dem Westen gemacht. Nur sie wussten, wie Macht funktioniert. Eine wie Angela Merkel war in diesem System nicht vorgesehen, allenfalls als Projektionsfläche. Dass sie in diesem Land eines Tages mehr zu sagen haben würde als »Bitte« und »Danke«, war für das Bonner Establishment noch weniger vorstellbar als ein Vizekanzler Müntefering. Wer heute versichert, er habe schon 1990 gewusst, dass Angela Merkel eines Tages Bundeskanzlerin wird und Gerhard Schröder, Edmund Stoiber und George W. Bush zähmt, der lügt.

Ausgerechnet diese früheren Herablassungen waren es, die den nicht unbeträchtlichen Ehrgeiz Merkels und ihren ausgeprägten Dickkopf erst richtig aktivierten. Wer Politik macht, der kompensiert eben. Das ist bei dem seit seiner Geburt erwachsenen Koch genauso wie beim Scheidungskind Westerwelle, das war beim Gossenjungen Schröder nicht anders als beim Volksschüler Fischer. Es denen da irgendwann zeigen zu wollen, das ist eine der stärksten Triebfedern von Politikern – erst recht, wenn sie aus dem Osten kommen und weiblich sind.

Angela Merkel will nicht nur ihrem Vater beweisen, was sie kann, nicht nur Lehrern, Mitschülern und Kommilitonen, nicht nur ganz Deutschland, Ost wie West, sondern vor allem sich selbst. Dem dauernden Ansporn einer ungeduldig fordernden Merkel »Los, das schaffst du auch noch!« gehorcht eine folgsame Angela. Dieser stete innere Dialog zwischen Mädchen und Machtmensch bildet Deutschlands wahres Schwungrad, die eigentliche Regierungszentrale.

Hätte man Mitte der Neunzigerjahre erkennen müssen, welche Energie, welcher Wille in dieser Frau steckt? Wusste sie selbst schon, wohin die Politik sie führen würde? Wahrscheinlich nicht. Aber dass immer noch ein bisschen mehr geht, das ahnte sie. Politik war für sie ein Experimentieren, das Abchecken eines unheimlichen, faszinierenden Systems, das nach Regeln funktionierte, die sie nicht genau kannte, aber beherrschen wollte.

Die Reise nach Tschernobyl war solch ein Experiment. Als Umweltministerin sollte sie im April 1996 eine internationale Konferenz zum 10. Jahrestag der Reaktorkatastrophe leiten. Angela Merkel war noch nie in Tschernobyl gewesen. Also hatte ihr Ministerium einen Blitzbesuch geplant und dazu ein Flugzeug voll Journalisten eingeladen, die mehrheitlich atomskeptisch waren. Die westliche Trauerarbeit über den GAU war der im Braunkohledunst sozialisierten Ministerin so suspekt wie politischer Betroffenheitstourismus. Aber sie konnte die Konferenz ja schlecht leiten, ohne wenigstens einmal am Sarkophag mit dem strahlenden Erbe gefilmt worden zu sein.

Es schien einer dieser Ausflüge zu werden, wie sie in der großen Politik häufig unternommen werden. Der Volksvertreter möchte ein gutes Bild abgegeben, der Journalist sucht nach einem Seitenaspekt, der ein tendenziell langweiliges Thema, über das alle anderen auch schreiben, mit einem neuen Dreh versieht. Die Stunden im Flugzeug bieten jene seltenen Momente, in denen Politiker und Medienvertreter ohne Regularien aufeinandertreffen. Man taxiert, prüft, horcht sich plaudernd aus. Wo steht das Gegenüber? Ist es für die Zukunft brauchbar? Gibt es eine gemeinsame Basis? Bisweilen findet man sich sympathisch oder wenigstens nicht anstrengend. Oder man entscheidet sich für sofortige Feindschaft, was im Zweifelsfall die einfachste und sicherste Variante ist.

Der Trip, nur zwei Tage, galt unter altgedienten Kollegen als wenig attraktiv, zum einen vom politischen Personal her, aber auch wegen der minderen Hotelqualität. Also fuhren Atomfachleute mit oder die zweite Garde von Reportern. »Sibirien«, raunte man in wohligem Grusel vor dem Abflug, »Millirem« oder einfach nur »Russen«, auch wenn es nach Weißrussland und in die Ukraine ging. Man programmierte sich vorsorglich auf Langeweile mit gelegentlicher Strahlungshysterie.

Dabei war es ein unglaublich spannender Trip: Ein Rudel Wessis fährt mit einer ostdeutschen Ministerin nach Osteuropa. Das bot jede Menge Konflikt- und Unterhaltungsstoff. Der Bonner Journalist des Jahres 1996 hatte zwar gelernt, so zu tun, als würde ihn die Wiedervereinigung freuen und als akzeptiere er die neuen Mitbürger als vollwertige Mannschaftskameraden. Aber das stimmte natürlich nicht. Man beömmelte sich über Witze, in denen sich Randgruppen in der Schlange bei Aldi streiten, und der Türke zum Sachsen sagt, er solle erstmal anständig Deutsch lernen. Heute stehen die Westler bei Aldi an Kassen, die von Ostdeutschen bedient werden, weil kein Wessi den Job mehr machen will. Aber das ist eine andere Geschichte.

Für Frau Merkel war dies eine ihrer ersten größeren Auslandsreisen mit Delegation, und sie dürfte die Atmosphäre als merkwürdig zooartig empfunden haben. Sie war schlau genug zu wissen, dass diese Reporter nicht nur mitreisten, um ihre Umweltpolitik zu lobpreisen. Im Gegenteil: Hier waren ein paar Prototypen des Besserwessis versammelt, die frühere DDR-Bürger grundsätzlich für Öko-Ferkel hielten und sich selbst für die Größten.

Kaum hatte das Flugzeug den Köln-Bonner-Flughafen verlassen, mäkelten sie am Essen rum. Oder erkundigten sich grinsend, ob das Hotel denn wohl einen Pool habe. Manche machten überhebliche Bemerkungen über jenen Teil der Welt, den niemand kannte außer der Ministerin selbst. Die Studentin Merkel war mit dem Rucksack kreuz und quer durch den Ostblock gezogen. Sie erzählte es nicht. Ging doch keinen was an, dass sie diese Länder und ihre Bewohner mochte, schon wegen der Melancholie. Aber wie sollte man das dieser Bande erklären?

Der Hochmut, die dummen Sprüche, die mitleidigen Blicke, das dämliche Grinsen, all das, was Angela Merkel seit dem Herbst 1989 unendlich auf die Nerven gegangen war, weil es nicht sachlich war, sondern vor allem gemein, das war auf engstem Raum versammelt. Sie wusste jetzt schon, dass hier sehr bald die Soli-Debatte geführt werden würde, so wie immer. Es gab nur einen Weg, diesen Trip zu überstehen: ernst und konzentriert den Job machen.

Aber das war praktisch unmöglich. Denn die Reise ging schon grausam los. Erster Stopp war der Besuch eines Kinderkrankenhauses, Krebsstation. Die TV-Kollegen balgten sich in einem kargen Krankenzimmer um die besten Bilder der atomfreundlichen Ministerin am Bett eines glatzköpfigen Mädchens. Nur wegen dieser Bilder waren die Kameras überhaupt mitgekommen. Frau Merkel saß wie versteinert auf einem Stuhl neben dem Bett und versuchte, mit dem Kind ein kurzes Gespräch auf Russisch anzufangen. »Was haben Sie gesagt?«, fragte der erste Reporter, noch ehe sie den Satz beendet hatte. Sie sagte noch ein paar Worte, dann drängte sie hinaus. Es wurde ihr zu viel. Es gibt Situationen, die sind nicht in Würde durchzustehen, für keinen der Beteiligten.

Hinterher gab es erregte Debatten unter den deutschen Journalisten: Ist es sympathisch oder Zeichen mangelnder Professionalität, wenn ein Politiker die Betroffenheitstour für die Kameras nicht draufhat? Schließlich ist es ihr Job, ordentliche Bilder für die Nachrichten zu liefern, und wenn sie dafür Kinderglatzen streicheln muss. Was hätte einer wie Norbert Blüm aus dieser Nummer herausgeholt? Bestimmt geweint.

Angela Merkel aber wollte diese Spiele nicht mitmachen. Sie wollte vermitteln, warum sie für sichere deutsche Atomkraft ist, aber gegen osteuropäische Schrottreaktoren. Sie wollte mit den Betreibern von Tschernobyl verhandeln, wie sich der Gruselmeiler abschalten ließe, und wie eine Kompensation aussehen könnte, die die EU-Staaten dafür aufbringen müssten. Sie wollte einen greifbaren politischen Erfolg. Aber welche Chance hatte sie mit Argumenten gegen Bilder von krebskranken Kindern?

Am nächsten Tag kam es zu einer weiteren Szene, die typisch war für sie, aber ungewöhnlich für deutsche Politiker. In den Augen ihrer Medienberater beging sie eine Todsünde. Die Ministerin stauchte den jungen Reporter zusammen, vor der ganzen Delegation. Was war geschehen? Der junge Mann hatte Kaugummi gekaut in einer Veranstaltung mit ukrainischen Funktionären, die sie für wichtig erachtet hatte, der Reporter aber nicht, weil er ohnehin kein Wort verstand. Demonstrativ gekautes Kaugummi schien ihm der angemessene Weg, allgemeines Desinteresse und eine atomkritische Haltung lässig zum Ausdruck zu bringen.

Außerdem verscheuchte das scharfe Pfefferminzaroma den dumpfen Geschmack von Wodka, der sich wie eine Pferdedecke um die Zunge gelegt hatte. Den Wodka hatte Angela Merkel besorgen lassen am Abend zuvor, dazu ein paar Plastikbecher und Mineralwasser. Weil die Unterkunft für die ganze Delegation schlimmer gewesen war als befürchtet, sah sich die Ministerin in der Pflicht, persönlich an der Laune zu arbeiten. Wer je daran gezweifelt hatte, dass sie bereits als Schülerin erfolgreich Feste organisiert hatte, wurde in der Einöde eines Besseren belehrt. Angela Merkel erwies sich als ausgesprochen lebenspraktisch, sowohl beim Besorgen als auch beim Verzehr hochprozentiger Getränke, was sie für höhere politische Aufgaben allemal qualifizierte.

Neutralisierendes Kaugummi am Morgen darauf, das missfiel ihr allerdings. Sie polterte über »Respektlosigkeit«, warf allgemeine Benehmensfragen auf und befahl umgehende Besserung. Die Kollegen starrten sich an. Was war denn jetzt los? Durfte die das? Eine Ministerin, die einen Journalisten kritisierte, wegen einer solchen Lappalie? Politiker aus der zweiten oder dritten Reihe kritisieren Journalisten nie, zumindest nicht öffentlich, selbst dann nicht, wenn sie recht haben, schon aus Angst vor ewiger publizistischer Rache. So denken normale Politiker. Aber nicht Angela Merkel. Mochte sie in medialen Dingen unerfahren sein, in diesem Fall wusste sie felsenfest, dass sie recht hatte. Und das sollte ruhig jeder wissen. Der junge Reporter wusste es übrigens auch.

In diesen zwei Tagen rund um den Krisenreaktor von Tschernobyl offenbarten sich viele jener Wesenszüge, die Angela Merkel bis heute unverwechselbar machen. Sie kann hart sein und unnachgiebig, schweigsam und dickköpfig, diszipliniert und fröhlich, sie ruht in einer christlich unterfütterten bürgerlichen Selbstgewissheit, wie sie wohl nur in einem Pfarrhauskind wachsen kann, sie argumentiert schnell und unnachgiebig naturwissenschaftlich. Sie hat einen Schutzzaun aus Misstrauen und Kontrollwut um sich herum gezogen. Sie will Distanz. Sie will keine Fehler machen. Sie will Erfolg.

Politisches Entertainment hat sie bis heute nur widerwillig gelernt. Sie ist weit verletzlicher, witziger, melancholischer, als es den Anschein hat. Aber das geht niemanden etwas an. Dem Trend, Politisches und Privates zu vermengen, hat sie erfolgreich getrotzt. Ja, sie hat gelitten unter ihrer Rolle der Außenseiterin, aber sie bezieht auch Kraft daraus. Der distanzierte Blick auf ein selbstreferentielles System ist das Privileg derer, die spät dazukamen. Deswegen kann sie so kühl analysieren, strukturieren, operationalisieren, Probleme in Abläufe übersetzen, Lösungen finden. Für eine Unions-Vertreterin ist sie überraschend unideologisch. Sie ist weit weniger ostdeutsch als die meisten Westdeutschen westdeutsch sind, vor allem, seit sie diesen Blick des unterdrückten, aber moralisch überlegenen Ossis abgelegt hat, den Wolfgang Thierse immer noch trägt.

Angela Merkel hat die Wende als ihren persönlichen Wettbewerbsvorteil begriffen. Sie weiß, wie das ist, wenn man mit seinem Leben plötzlich vor einem Abgrund steht und nicht die geringste Ahnung hat, wie es morgen weitergeht. Sie kann mit diesem Gefühl umgehen, dass vom einen auf den anderen Tag nichts mehr stimmt und dennoch einiges gut wird. Sie hat einen Gutteil ihrer Kraft und ihres bemerkenswerten Selbstwertgefühls daraus gesogen, die Wende bewältigt zu haben. Das haben viele im Westen noch vor sich.

Vielleicht der größte Unterschied zu normalen Politikern aber ist ihr Bild von der Zeit. So eine Tschernobyl-Reise mögen viele, Politiker wie Journalisten, für einen singulären Vorgang halten, der nun mal absolviert werden muss, ein Auftritt in einer Reihe von vielen. Schröder machte zuweilen Politik wie ein Comic-Held – jeden Tag ein neues Bild, ein neues Abenteuer.

Für Angela Merkel bedeutet alles Tun, jede Reise, jede Rede dagegen immer auch eine Energiemenge, die in einem großen Fluss anderer Energien wirkt. Jede Entscheidung hat Kraft, Richtung, Tempo, Bedeutung und bewegt somit auch alles andere. Politik als eine endlose vernetzte Dynamik, in der alles mit allem zusammenhängt – ein großes physikalisches Modell. Die Wissenschaftlerin fühlte sich herausgefordert zu testen, inwieweit sich so ein großes Modell wohl steuern ließe.

Nur so ist ihre Kühnheit zu erklären, gerade mal vier Jahre nach der Tschernobyl-Reise eine infolge von Machtverlust und Spendenaffäre zerrüttete CDU zu kapern. Sie hat Energien analysiert. Sie hat mit ihren engsten Vertrauten, ganz theoretisch, durchgespielt, wie das Experiment weitergehen könnte. Und ist zu dem Ergebnis gekommen, dass ihre Chancen so schlecht nicht sind, für den Vorsitz und alles Weitere auch.

Sachlich ging es weiter, systematisch, gerade, schnörkellos. Alle Energien wurden auf dieses Ziel ausgerichtet. In nur fünfeinhalb Jahren wuchs sie von der Übergangsvorsitzenden zur Kanzlerin. Eine Sensation. Einen solchen Aufstieg hat es im fest vermachteten Deutschland noch nie gegeben.

Zufall? Unwahrscheinlich. Natürlich war Glück im Spiel. Die Umbruch-Situation am Ende der Ära Kohl kam ihr zugute, die Spendenaffäre, die Schwäche von Rot-Grün, ihre Monopolstellung als kleine tapfere Frau gegen lauter böse schwarze Männer, die sie, vielen Dank, leichtfertig unterschätzten. Aber mit Fortune allein ist der Weg dieser Frau nicht zu erklären. Es war eine echte sportliche Leistung. Bei ihrem Aufstieg hat sie ein ganzes Kabinett voll bundesrepublikanischen Spitzenpersonals hinter sich gelassen, das wild entschlossen war, sie zu meucheln. Mit ihrem kontinuierlichen Machtzuwachs als Partei- und ab 2002 auch als Fraktionsvorsitzende ging ein ebenso stetiger Bedeutungsverlust ihrer Rivalen einher: Friedrich Merz verlor den Fraktionsvorsitz und stellte sich außerhalb des Loyalitätsbogens, Edmund Stoiber vergeigte eine sicher geglaubte Bundestagswahl, der womöglich gefährlichste Rivale, Roland Koch, rückte an ihre Seite. Aus drei Hoffnungsträgern der Union sind ein gescheiterter Kanzlerkandidat, ein in die Jahre gekommener Jungstar und ein grummelnder Möchtegern-Putschist geworden. Allein Christian Wulff blieben Rückschläge bislang weitgehend erspart.

Wie viel Kraft diese Gipfeltour gekostet hat, ließ sich an dem unglaublich entspannten Gesicht ablesen, das Angela Merkel bei der Vereidigung zeigte. Es war genau jenes leicht schelmische, etwas triumphierende, vorsichtige, aber doch sehr selbstgewisse Lächeln, das man 1990 bei ihr sehen konnte. Damals war es noch etwas verlegen. Heute ist es erschreckend machtvoll.

Natürlich hat sie geahnt, dass sie es schaffen könnte. Aber wirklich geglaubt hat sie es selten. Großzweifel hegte sie noch nach der verrückten Bundestagswahl 2005. Wie zu Wendezeiten hielten sich in den Wochen zwischen Wahl und Kanzlerschaft wieder Hoffnungen und Ängste, Vorfreude und Bedenken die Waage. In solchen Stressmomenten ist Angela Merkel meist besonders stabil. Sie kennt das Leben unter Druck. Sie ist vorsichtig und konzentriert. Und dann war es wirklich so weit. Am 22. November 2005 wird sie im Alter von 51 Jahren zur Kanzlerin der drittstärksten Wirtschaftsnation der Welt gewählt, Herrscherin über 82 Millionen Deutsche.

Sie wusste, dass sie nicht am Ende war, sondern wieder einmal am Anfang. Im Frühsommer 2006 wird sie von *Time* zu den 100 einflussreichsten Menschen dieser Welt gerechnet, gemeinsam mit Papst Benedikt XVI., Franz Beckenbauer und

DaimlerChrysler-Chef Dieter Zetsche. Sie habe den Deutschen das Lachen zurückgegeben, begründet das US-Nachrichtenmagazin. Der Popstar Bono sagt, sie verkörpere »deutsche Pragmatik und Leidenschaft. Das ist es, was die Welt jetzt braucht.« All dies hätte nur zwölf Monate zuvor jemand prophezeien sollen. Ein Sturm der Heiterkeit wäre losgebrochen.

Alles vergessen. Deutschland hat sich in Rekordzeit an die neue Chefin gewöhnt. Wohl auch deshalb, weil sie sich wie selbstverständlich in der neuen Rolle bewegt, gerade so, als ob ihr immer klar gewesen sei, dass sie eines Tages im Kanzleramt landen würde. Sie sieht apart aus und macht nicht die Fehler, auf die erst einmal alle gewartet haben. Stattdessen beobachtet sie mit gelassenem Amüsement, wie der Staatschef von Singapur protokollwidrig viel zu weit über den roten Teppich schleicht. Sanft holt sie ihn zurück. Als erste Amtshandlung rettet sie die EU-Finanzplanung bis ins Jahr 2013, sie liest dem US-Präsidenten die Leviten und wird europaweit umschmeichelt. Angela Merkel agiert lockerer als in manchen Oppositionstagen. Man kann ihr nicht allzu viel vorwerfen. Ihr Tempogefühl ist beachtlich.

Die Bilanz der ersten 100 Tage fiel sogar verhalten optimistisch aus. Die Regierung machte kleine Schritte, wie angekündigt. Die WM half der Stimmung, das war Glück. Und ihr unterlief nicht, was ihren Vorgängern widerfahren war. Kohl wie Schröder mussten bald nach dem Start ihr Kanzleramt neu besetzen. Sowohl Waldemar Schreckenberger als auch Bodo Hombach hatten als Amtsleiter nicht überzeugen können. Thomas de Maizière dagegen scheint die Regierungszentrale mit preußischer Konsequenz zu führen.

Zugleich hat sie ein erstes Gefühl für die Achterbahnfahrt bekommen, die das Amt mit sich bringt. Ein halbes Jahr nach dem Höhenflug war sie auf einem ersten Tiefpunkt angelangt. Eine Gesundheitsreform, die sie elegant im Schatten der Fußball-WM durchzusetzen gedachte, geriet zu einem inhaltlichen wie kommunikativen Durcheinander. Die Steuerungsinstrumente versagten angesichts einer milliardenschweren Lobby, die sich zumindest in einem einig war: gegen die Regierung. Kurz vor Weihnachten 2006 wurde erstmals über ihr Ende spekuliert. Wie noch jeder Kanzler vor ihr hatte auch Angela Merkel Schwäche gezeigt gegen die Kaste der Funktionäre.

Exakt ein halbes Jahr darauf schoss der Achterbahn-Waggon wieder steil nach oben. Die CO_2-Debatte hatte nicht nur der deutschen EU-Ratspräsidentschaft, sondern auch dem G8-Spektakel in Heiligendamm ein Thema beschert. US-Präsident George W. Bush musste erfahren, wie Angela Merkel mit Machtmännern umgeht: Durch Isolieren, Marginalisieren und Diskriminieren werden sie weich geklopft, oftmals noch mit der Hilfe ahnungsloser Dritter. Am Ende steht nur noch die Aufgabe. Stoiber hatte das erlebt, Koch und Merz.

So triumphierte die Kanzlerin nicht nur über den mächtigsten Mann der Welt, sondern sogar über die widerspenstigen Kaczynski-Brüder aus Polen, die nicht Politik machen, sondern Deutschland mit allen Mitteln diskreditieren wollten. Am Ende siegte Merkel auch hier: Die verfahrene europäische Verfassungsdebatte war wieder in Gang gekommen. Das EU-Parlament in Brüssel applaudierte stehend. Die Umfragen lieferten auch innenpolitisch exzellente Zahlen. Die deutsche Ökonomie brummte. Viel besser würde es nie mehr werden. Vermutlich war Angela Merkel im Sommer 2007 auf dem Höhepunkt ihrer Macht.

Wie hat diese Frau es angestellt, in vergleichsweise kurzer Zeit die erfolgreichsten Politik-Strategien des Landes zu entwickeln? »Sie lernt schneller, als andere denken«, erklärt Laurenz Meyer, der ehemalige Generalsekretär der CDU. Er schiebt die Hand über den Tisch, als bewege er einen Staubsauger und sagt: »Sie hat alles aufgesogen, was sie lesen, hören, sehen konnte. Ihr entging nichts.« Daraus hat sie mit dem kühlen Blick der Naturwissenschaftlerin Schlüsse gezogen, Regeln und Prioritäten abgeleitet, denen sie konsequent gefolgt ist. Denn sie hatte ein Ziel: Erfolg.

Damit unterschied sie sich fundamental von anderen Großpolitikern. Kohl, Schröder oder Fischer wollten vor allem Macht, Macht als Selbstzweck. Die Physikerin Merkel erkannte, dass Macht nur ein Ergebnis ist, das Resultat von Erfolg. Wer nur darauf aus ist, Macht zu erhalten, der denkt Politik zu kurz. Kohl wie auch Schröder sind am Ende genau daran gescheitert.

Kein Politiker ist annähernd so erfolgsorientiert wie Angela Merkel. Erfolg, das war seit jeher eine Lebensversicherung für sie. Das elterliche Pfarrhaus stand stets im Visier der Staatsmacht, so wie alle christlichen Betriebe in der DDR. Erfolg schützte, Erfolg machte unangreifbar. Gute Leistungen in der Schule waren Pflicht. »Wenn du gut bist, kann dir keiner etwas anhaben«, schärfte ihre Mutter ihr ein. Wer prima Noten vorweisen konnte, an dem kam auch die DDR nicht vorbei. Angela Merkel beschloss, dass es ihr Spaß machte, Erfolg zu haben. Lernen fiel ihr ohnehin leicht. Bildung galt nicht als Last im Pfarrhaus, eher als Weg zu innerer Freiheit. Physik studierte sie aus Ehrgeiz, weil sie sich das in der Schule ungeliebte Fach doch noch erschließen wollte.

Spätestens seit sie der frühere CDU-Vorsitzende Wolfgang Schäuble 1998 zur Generalsekretärin machte, hat sie auch in der Politik jede Minute darauf verwendet, ihre Erfolgsaussichten zu verbessern. Sie hat die Geschichte der CDU inhaliert, sie hat den Führungsstil Helmut Kohls, die Fehler Gerhard Schröders analysiert. Und sie hat begriffen, dass diese Partei, die nicht ihre ist, sie nur erträgt, solange sie Siege bringt. Sie ist verdammt zu gewinnen. Auf lange Schonfristen kann sie sich nicht verlassen. An Ehrgeiz, an Willen zum Erfolg lässt sie sich von keinem übertreffen. »In Zeiten der Globalisierung zählt nicht, ob man selbst erschöpft ist«, predigt sie.

Wobei Erfolg nicht immer nur den Wahlsieg meint. Eine Verbesserung ihres Images gilt für sie inzwischen gleichfalls als Erfolg, anders als früher, als sie beweisen wollte, dass sich Qualität auch ohne Marketing-Schnickschnack durchsetzt. Einen Gegner auszubooten, das ist ein großer Erfolg. Und ganz besonders dann, wenn ein penibel ausgeheckter Plan funktioniert. Dazu gehörte auch die wunderbar paradoxe Situation, dass ausgerechnet ihre Rivalen sie mit jedem Erfolg stärkten. Denn jeder Sieg von Wulff, Koch, Rüttgers, Müller bedeutete auch einen Sieg für sie. Nach jeder gewonnenen Landtagswahl saß die Parteichefin etwas sicherer im Sattel. Eng wurde es immer dann, wenn Erfolge ausblieben. Umgehend zettelten die Konkurrenten die Kompetenzfrage an: Kann die das? Haarscharf ist sie in der K-Frage 2002 ihrem frühen Ende entronnen, weil es ihr im letzten Moment gelang, eine Niederlage zur großmütigen Geste umdeuten zu lassen.

Sie hat für ihren Erfolg unauffällig, aber hart an sich gearbeitet, sehr viel ausdauernder übrigens als alle Männer, die sich meist für Naturtalente halten. Sie hat sich von Schauspielprofis etwas über Körperspannung und die richtige Haltung erzählen lassen, sie hat sich von Fernseh- und Werbeprofis beraten lassen, ohne jeden Tipp sogleich umzusetzen. Sie spricht Russisch und Englisch fließend, sie beherrscht natur- wie geisteswissenschaftliche Denkweisen, ihr Bildungshorizont ist breiter ist als der jeder ihrer Vorgänger. Erfolg kann man sich erarbeiten; Glück und Zufall lassen sich auf mathematische Größen einer Wahrscheinlichkeitsrechnung minimieren.

Unbelastet von übermäßiger emotionaler Nähe zur Partei verfolgt Angela Merkel eine von Nützlichkeitserwägungen geprägte Politik, die ihr Vorgänger Schäuble wie folgt beschreibt: »Sie betrachtet Politik als einen Versuchsaufbau, an dessen Ende der Erfolg steht – ihr Erfolg.«

Ihre Frisur, vielleicht das meist diskutierte Detail dieser Politikerin, ist ein gutes Beispiel dafür, wie sich Angela Merkel mit Problemen und Lösungen beschäftigt. Zuerst hat sie eine Weile gebraucht, um ihr Haar überhaupt als politisches Problem zu begreifen. Dann hat sie viel ausprobiert, Optionen getestet, verschiedene Coiffeure sich versuchen lassen, bisweilen gelitten, Reaktionen abgewartet. Erst als sie sich halbwegs sicher sein konnte, Kanzlerin von Deutschland zu werden, da passte plötzlich ihre Frisur. Sie hat im richtigen Moment die beste aller vorher durchgespielten Optionen gewählt. So war es bei der Garderobe übrigens auch. Exakt so funktioniert auch die Politikerin Merkel: Varianten ausprobieren, viele Möglichkeiten parat haben und den richtigen Moment erkennen. Timing ist eine Fähigkeit, die Politik zur Kunstform macht. Das geduldige Warten auf die »occasione« hat schon Machiavelli gepredigt.

Emotionen stören nur. Als Physikerin hat sie gelernt, sich selbst als Akteurin, als Variable einer Versuchsanordnung zu betrachten. Ego-Trips sind da hinderlich. Eitelkeiten? Weg damit. Geschwätzigkeit? Birgt Gefahren. Weg. Vertrauensseligkeit? Naiv. Weg. Zeit ihres Lebens hat Angela Merkel gelernt, Emotionen wegzudenken. Und sie verlangt das von allen, die mit ihr regieren.

Sie will ja keine heimelige Identifikationspolitik machen, sondern Probleme lösen. Mit dieser zu Recht als kalt empfundenen Abstraktionslust ist sie vielen Kollegen um einiges voraus. Der individualistische Optimismus der FDP ist ihr ebenso suspekt wie die Katastrophenlust der Grünen oder der banale Glaube an das Gute, den die SPD zelebriert. Angela Merkel glaubt nicht, schon gar nicht ans Schicksal. In Tagen, als sie offener war, hat sie einmal ihr Weltbild erklärt, das an den aus der Physik bekannten Erhaltungssätzen orientiert ist. Keine Energie geht jemals verloren. Jedes negative Erlebnis wird durch ein positives aufgewogen, jeder Erfolg von einem Misserfolg ausgeglichen. Hysterie und Ruhe halten sich ebenso die Waage wie Freude und Trauer. Es gibt keinen Anfang und kein Ende in Merkels Welt, es gibt immer nur Wellen.

So sieht sie auch die Ökonomie. Angela Merkel schätzt das Modell der langen Wellen, das der russische Wissenschaftler Nikolai Kondratieff schon vor 80 Jahren entwickelt hat. Demnach gibt es etwa 50 Jahre dauernde Wirtschaftszyklen, die von revolutionären Erfindungen bestimmt sind. Dampfmaschine, Eisenbahn, Elektrotechnik, Automobil und Informationstechnik prägten die bisherigen sechs Kondratieff-Zyklen. Der siebte wird von der Gesundheitsindustrie geprägt sein. Nach diesem Modell lassen sich Konjunkturen, aber auch Abschwünge absehen. Folglich lassen sich auch rechtzeitig Gegenmaßnahmen einleiten.

Wer die Welt in physikalischen Zyklen sieht, der verliert die Angst vor der Zukunft, der ist überzeugt von der Steuerbarkeit von Politik und Gesellschaft. »Lust auf Veränderung«, lautet ihr Schlachtruf, und sie wundert sich, dass ihr so wenige Menschen dabei folgen wollen. »Ich bin überrascht, wie sehr sich einige in diesem Land damit abfinden wollen hinterherzulaufen. Immer hinten anzustehen, das kenne ich aus der DDR. Das heißt, das vereinte Deutschland soll auch zeigen wollen, was in ihm steckt. Gerade aus der Erfahrung des Lebens in der DDR muss man bereit sein, an seine Grenzen zu gehen. Jetzt haben wir die Freiheit, an unsere persönlichen Grenzen zu gehen, auszuprobieren, was schaffe ich noch.«

Experimentieren, das tut sie mit preußischem Pflichtbewusstsein. Statt zufälligem Herumprobieren dominiert die maximal kontrollierte Versuchsanordnung, in der jede Variable überprüfbar ist. Das Bild von der Preußin gefällt ihr übrigens gut; sie findet, dass es von allen Zuschreibungen ihrem Wesen am nächsten kommt. Aus der Tradition der alten und jungen Fritzen hat sie auch ihr Bekenntnis zum Dienen entliehen, mit dem sie ihre Kanzlerschaft begann. »Wenn Politik versucht, Erwartungen zu wecken für alles und jedes, dann folgt daraus Enttäuschung. Eine Konzentration auf das, was Politik bedeutet, kann dazu führen, dass es wieder weniger Enttäuschungen gibt. In meinem Verständnis bedeutet also der Begriff des Dienens, etwas für die Menschen zu tun, so dass eine möglichst große Zahl etwas aus ihrem Leben machen kann.« So hieß es in ihrer Regierungserklärung.

Ein halbes Jahr später allerdings muss sie erfahren, dass theoretischer Anspruch und praktisches Regieren meilenweit auseinanderklaffen. Wie ihre Vorgänger auch hat sie sich beim Reizthema Gesundheit im Dickicht der Interessengruppen verheddert. Statt einer Reform, die viele Jahre halten kann, erzeugt sie genau jene Erwartungen und Enttäuschungen, die zu vermeiden sie angetreten ist. Die als beliebteste Politikerin aller Zeiten Gestartete schlug hart auf dem Boden des politischen Alltags auf. Das ist nicht neu für sie. Als sie gerade zur Parteichefin gewählt worden war, erging es ihr ebenso wie in der ersten Zeit als Fraktionsvorsitzende. Aus Angst vor Misserfolgen betrieb sie zuallererst Machtsicherungspolitik. Kein Risiko, keine Experimente. Und umgehend tauchen die altbekannten Fragen auf: Kann die das? Ist sie nicht doch überfordert?

Bleibt Merkel ihren Mustern treu, dann wird sie die Niederlage analysieren und einen neuen Anlauf nehmen. Ihr Ehrgeiz zwingt sie dazu. Anders als Kohl und Schröder, die den

Eindruck verbreiteten, sie wüssten immer schon alles, hat sich die Neue im Kanzleramt eine geradezu naiv anmutende Wissbegier erhalten. Wer mit absichtsvoll schlauen Fremdwörtern aufwartet, muss damit rechnen, von der Chefin zu umgehender Erklärung herangezogen zu werden. Lernen, das bedeutet für die Bildungsbürgerin Merkel einen permanenten Gewinn an individueller Unabhängigkeit. »Ich bin immer freier geworden, je mehr ich gelernt habe«, sagt sie.

Ihr abwartender Führungsstil ist vielen Deutschen noch immer nicht geheuer. »Viele politische Analytiker werden aus der Frau nicht wirklich schlau«, gesteht der Politologe und Merkel-Biograph Gerd Langguth. Warum eigentlich nicht? Angela Merkel ist weder Sphinx noch Wonderwoman oder Glückskäfer. Sie bedient nur nicht die vorgebliche deutsche Sehnsucht nach harter Führung. Sie hat nicht das eine große Ziel, sondern viele kleine. Und die werden planmäßig abgearbeitet.

Kaum eine Führungsperson der deutschen Politik ist derart klar und berechenbar in ihrem Handeln, folgt so konsequent einer oftmals erbarmungslosen politischen Erfolgslogik. Erfolgreiche politische Führung gehorcht ja nicht den Gesetzen von Befehl und Gehorsam, sondern sieht sich hochkomplexen Rahmenbedingungen ausgesetzt. Tagesaktuelle Aufgeregtheit und langfristige historische Muster, Quertreiber und innerparteilicher Kleinkrieg, individuelles Vorteilsstreben und Geschlossenheitsdogma, medialer Druck und sich lösende Wählerbindungen erfordern eine Strategie, die das Dogma vom widerspruchsfreien Handeln aufgibt. Führen gleicht Simultanschach an mehreren Brettern, die verteilt auf einer Wippe stehen. Die Aufgabe der Kanzlerin ist es, durch rasche sichere Bewegungen die Partien zu spielen und zugleich die Wippe im Gleichgewicht zu halten. Vorsichtige Züge an den Kanten können größere Erschütterungen nach sich ziehen als große Bewegungen in der Mitte. Selbst eine politische Führung, die nach relativer Stabilität aussieht, ist in Wirklichkeit eine permanente Balance wackeliger Machtarrangements, die ständig neu errungen werden müssen.

Seit ihrer Wahl zur Parteivorsitzenden hat Merkel eine komplexe Maschinerie aufgebaut, die diese Balance recht zuverlässig hält. Wie schon bei Helmut Kohl bildet die CDU die Machtbasis. Ihrem Vorgänger Schröder fehlte die Partei als Ressource. Als Seiteneinsteigerin in die Politik bleibt ihr die Gremien- und Funktionärskultur zwar fremd, nicht aber das historisch-inhaltliche Vermächtnis der CDU. So appelliert sie immer wieder an die Ahnherren der Partei, Adenauer und Erhard. Bei aktuellen Fragen sucht sie dagegen ein direktes Bündnis mit der Basis, sobald die Lage prekär wird. Das von ihr erstmals während der Spendenaffäre eingesetzte Instrument der Regionalkonferenz hat sich in Notlagen als eine – medial millionenfach zugänglich gemachte – Bühne für vermeintlich direkte Kommunikation zwischen Mitgliedern und Chefin bewährt.

Schon in ihrer Zeit als Ministerin wurde ihr Führungshandeln in einem kleinen strategischen Zentrum geplant, geleitet von ihrer Vertrauten Beate Baumann. Diese Praxis hat sich seither nicht verändert. Büroleiterin Baumann misst insbesondere der Sicherheit einen wichtigen Rang zu. Zwar gilt nicht die Null-Risiko-Doktrin, doch ist Gewagtes nur zugelassen, wenn ein Höchstmaß an Erfolgsaussichten mit einem Minimum an Kollateralschäden einhergeht. Beate Baumann hat Merkels Machtphysik verinnerlicht.

Vorherrschendes Ziel dieser Machtphysik ist das planmäßige Eröffnen und Erweitern von Handlungsspielräumen. Im Vergleich zum taktisch reagierenden Macht-Wächter Kohl und dem sprunghaften Schröder ist Merkel die strategisch-situative Planerin. Zugleich ergibt es sich, dass ihre Herkunft aus dem bescheidenen Pastorenhaushalt Züge eines modischen Retroschicks bekommt. Ihre unaufgeregte Bürgerlichkeit trifft auf einen Zeitgeist, der sich nach Verlässlichkeit sehnt. Die protestantische Arbeits- und Bescheidenheitsethik wirkt fast trotzig gegen den barocken Gemütlichkeitsterror Kohls oder Schröders neo-bourgeoisen Zigarren- und Rotweinkult.

So hat Angela Merkel in vergleichsweise kurzer Zeit ihren eigenen prägnanten Stil entwickelt. Der Führungsstil ist das entscheidende Abgrenzungsmerkmal politischer Akteure, eine Art Fingerabdruck. Brachten die gelernten Ministerpräsidenten Helmut Kohl oder Gerhard Schröder Stilelemente aus ihren Landeshauptstädten mit, musste Angela Merkel sich ihren Stil auf der Bundesbühne erarbeiten – gegen ihren schon in der Wendezeit etablierten Ruf, »Kohls Mädchen« zu sein.

Angela Merkel ist eine multiple Politikerin, sie kombiniert die traditionelle konservative Komponente des bürgerlichen Früher-war-alles-besser mit dem zähen Kampf in der Modernisierungspolitik. Behende wie kaum eine Spitzenkraft unter den Volksvertretern verlässt sie die ideologischen Schienen der Parteidogmen. Ihre Familienpolitik ist von der SPD entliehen, ihre protestantisch-schmucklose Bodenständigkeit würde zwischen den Realo-Frauen der Grünen nicht weiter auffallen, wirtschaftspolitisch gehört sie eher in die Lambsdorff-FDP. Ihre strategische Vernunft gebietet dennoch, ihre Partei so sozialdemokratisch wie möglich zu positionieren. Nur so kann sie die nächste Wahl gewinnen. Ihr Bekenntnis zur »Politik der kleinen Schritte« verheißt den verängstigten Deutschen, dass es so schlimm schon nicht kommen werde. Da ist sie, vorerst, ganz christlich mitfühlend.

Sie liefert zwar nicht das in sich schlüssige, allumfassende politische Großkonzept. Aber dafür bislang auch keine aktionistische Hektik wie ihr Vorgänger. Angela Merkel hat begriffen, was die Deutschen vor allem wollen: Ruhe. Deeskalation, so heißt das Motto allen politischen Handelns. Damit kommt sie den Bedürfnissen der Bürger durchaus entgegen.

Parteien sollten nach dem Willen der Bürger nicht streiten, sondern Lösungen bieten, sagt der Politikwissenschaftler Karl-Rudolf Korte. Der Wandel vom Ideologienanbieter zur Lösungsagentur kommt der Pragmatikerin entgegen. Denn alle Ideologien außer strikter Erfolgsorientierung sind ihr fremd. Damit erweist sich ausgerechnet die unter dem Verdacht des Unmodernen stehende Ostfrau als deutlich zukunftskompetenter als die in ihren ideologischen Gräben eingekeilten West-Kollegen. Wie hat Kohl das gemacht? Wie hat Schröder das gemacht? So fragte sie die ersten Monate über unentwegt. Sie hat es zwar nicht genauso gemacht. Aber sie hatte einen Orientierungsrahmen, völlig gleichgültig, ob dieser nun rot oder schwarz angestrichen war.

Der erfolgreiche Politiker, so der Politologe Franz Walter, muss »ein äußerst geschmeidiger Mensch sein, integrativ, flexibel, anpassungsfähig, mit wachem Instinkt für Stimmungen, erst recht für die zahlreich lauernden Gefahren. Er muss zäh sein, geduldig, lange Wege gehen und viele Enttäuschungen ertragen können. Zwei, drei normative Prämissen sind wichtig, weil sie Halt und Orientierung geben, doch dürfen sie ihn keinesfalls fesseln und starr festlegen. Sie sollten lediglich Fluchtpunkt des Tuns sein, nicht aber leicht ausrechenbares Charakteristikum des kompletten Handelns.« Damit ist die Politikerin Merkel in Grundzügen bestens beschrieben.

Darüber hinaus hat sie in der DDR früh gelernt, was ein Staat nicht sein soll. Ihr ist die Prägung durch eine Partei erspart geblieben. Sie hat Geduld geübt und sich in 35 Jahren DDR gleichsam aufgeladen. Sie war wie eine Feder, die sich immer mehr spannte, um im richtigen Moment losgelassen zu werden. Die Mauer fiel, als sie einerseits kraftvoll genug war, ein zweites Leben zu beginnen, aber auch so erfahren, um dabei nicht zu scheitern. Sie hat, anders als viele Westpolitiker, ein Leben vor der Politik gehabt.

Die Schlüsselerfahrung der Wende gab ihr letzte Gewissheit, dass nichts gewiss ist. Alles war vorbei, aber es war auch alles möglich. Kohl weinte immer nur bei dem Gedanken an diesen Moment, Merkel aber hat ihn wirklich erlebt. Deswegen kann sie der Konkurrenz immer einen Schritt voraus sein. Auch wenn sie ein Planungs- und Kontrollfreak ist, so wartet sie doch nie auf letzte Gewissheit. Die Physikerin weiß: Sicher ist etwas nur bis zum Beweis des Gegenteils. Es gibt keine ideale Zukunft. Aber kleine Schritte zu einem etwas besseren Morgen.

Natürlich war sie oft verletzt, verstimmt und manchmal auch verängstigt. Aber die Gefühle gewannen nicht dauerhaft die Herrschaft über ihr Denken und Führen. Das war bei Kohl und auch bei Schröder anders: Hass und Neid, Euphorie oder Anerkennungsdrang waren oftmals Antrieb für unwirsches politisches Handeln, so gefühls- und hormongesteuert, wie man es eher Frauen zumessen würde. Doch sie fragte nur kühl: Was nützt, was schadet? Erst mal auf Nummer sicher. Und am Ende musste sie zu den Gewinnern gehören.

Wer Angela Merkels Herkunft kennt, ihre Prioritäten, ihre Erfahrungen, ihre Erfolge und ihre Eigenarten und damit gleichsam ihre politische Werkzeugkiste, der kann diese Kanzlerin relativ einfach entschlüsseln. Wichtig sind Mechanismen und Funktionsweisen, nicht Werturteile. Davon gibt es genug.

Angela Merkels Politik mag weder attraktiv noch begeisternd sein, aber sie ist erfolgreich. Das klingt ein wenig nach Catenaccio, zu Deutsch: Riegel, einer Spezialität des italienischen Fußballs, die bei der Fußball-Weltmeisterschaft 2006 wieder einmal eine Renaissance erlebte. Dieses System ist streng ergebnisorientiert ausgerichtet, die Mannschaft vom Gegner nur schwer auszuspielen. Für den Zuschauer ergibt sich nur selten ein attraktives, unterhaltsames Spiel.

Was bei der WM funktionierte, ist auch in der Politik nach wie vor ein erfolgversprechendes System. Mehr noch als auf dem Rasen gilt hier die Regel: Es sind nicht die Erfolge, die einen Politiker groß machen, sondern es sind die Misserfolge, die ihn umbringen. Der britische Kicker Gary Lineker hat einmal gesagt, Fußball sei es, wenn 22 erwachsene Männer in kurzen Hosen 90 Minuten lang einem Ball hinterherrennen, und am Ende gewinnen die Deutschen. Politik, so übersetzt Wolfgang Schäuble die Lineker-Formel, sei es, wenn alle durcheinander reden, und »am Ende gewinnt Frau Merkel. Darauf kann man sich verlassen.«

II. Die Kraft des Pfarrhauses

Seit Luthers Zeiten gilt das deutsche Pfarrhaus als Heimstatt deutschen Bildungsbürgertums: Gottvertrauen und Flötenkreis, Bach, Böll, Bibel und ein dominierender Vater prägen die Kinder fast jedes christlichen Familienbetriebs. In der DDR kam die Kontrolle durch die Staatsmacht hinzu. Im Spannungsfeld zwischen religiöser Gewissheit und konkreter Furcht, zwischen freiwilliger Anpassung und intellektueller Unterforderung wuchsen Tugenden, die man im Kanzleramt gut gebrauchen kann: Disziplin und Verschwiegenheit.

Es gibt einen exklusiven Klub von deutschen Dichtern und Denkern, von Schauspielern, Wissenschaftlern und Ökonomen, dessen Mitgliedschaft man sich nicht erkaufen kann. Die Bischöfin Margot Käßmann gehört dazu, die Terroristin Gudrun Ensslin, der Schauspieler Peter Lohmeyer, die *Zeit*-Kommentatorin Elisabeth Niejahr, der Basketballer Henning Harnisch, *Lindenstraßen*-Regisseur Hans W. Geißendörfer, Violinist Christian Tetzlaff, aber auch Johannes Rau, Hermann Hesse und Urwald-Doktor Albert Schweitzer ebenso wie Baumeister Karl Friedrich Schinkel, Friedrich Nietzsche, der Gelehrte Georg Christoph Lichtenberg, der Psychoanalytiker Carl Gustav Jung, Friedrich Dürrenmatt, Goethes Geliebte Friederike Brion – und eben Angela Merkel.

Sie alle sind Pfarrerskinder, aufgewachsen in einer sehr speziellen Familienfirma, in der die Güte des Himmels und die Abgründe des Menschen unentwegt zusammenflossen. Das Protestantisch-Pragmatische hat diese Menschen für ihr Leben geprägt. Angela Merkel erinnert sich an »eine gewisse Gelassenheit. In meinem Elternhaus standen nicht Karrierefragen im Vordergrund. Da ging es mehr um Erfülltheit im Beruf. Auch das Zurückhaltende kommt wohl daher.«

Alle wichtigen Wesenszüge, Angewohnheiten, Marotten und Herangehensweisen der späteren Kanzlerin haben ihre Wurzeln in ihrer Kindheit und Jugend, die sie im Waldhof in Templin verbrachte. Unter den speziellen Bedingungen der Kirche in der DDR, unter der Obhut ihrer treu sorgenden wie anspruchsvollen Eltern bekam Angela Merkel, geborene Kasner, eine Grundausbildung, die ihr auf ihrem Lebensweg immerfort einen Wettbewerbsvorteil gegenüber Gleichaltrigen verschaffte, bis heute.

Der Waldhof bestand aus einem Behindertenheim und einer Fortbildungsreinrichtung für Geistliche und war fast schon ein kleines Dorf. Die Familie Kasner wohnte in Haus »Fichtengrund«. Um die etwa 200 Behinderten kümmerte sich die Stephanus-Stiftung, bis heute einer der größten christlich-sozialen Dienstleister in Berlin und Brandenburg. In der Tradition der Bodelschwingh'schen Anstalten in Bethel lebten unter der Obhut der Kirche hier Menschen, die für den Staat als nicht bildungsfähig und mithin als Ballast galten. Sie arbeiteten in Gärtnerei, Schmiede und Landwirtschaft. Mit den Behinderten in der Nachbarschaft wuchs Angela Merkel wie selbstverständlich auf: »Das war für mich ganz normal.« Angelas Vater Horst Kasner leitete das Priesterseminar. Er war der Chef, Autorität sowohl für die jungen Priester als auch für seine Familie.

Was heute in Fernsehbeiträgen wie eine triste, menschenfeindliche Einöde aussieht, war für das Mädchen Angela der ideale Spielplatz. Sie schaute den Handwerkern zu, guckte nach den Tieren, prüfte den Stand der Pflanzen in den Rabatten, streifte durch die Wiesen, parlierte mit Geistlichen, schärfte schon früh ihren Geist im bildungsbürgerlichen Schutzraum des Waldhofs, in dem eine DDR-untypische offene Gesprächskultur herrschte. Ihre Kindheit hatte anfangs die Sorglosigkeit von Bullerbü.

Eines der besten Psychogramme Angela Merkels findet sich in einem Buch, in dem sie gar nicht vorkommt. Die Pfarrerstochter und Journalistin Anja Würzberg hat es geschrieben. Unter dem Titel *Ich: Pfarrerskind* hat sie eine Reihe Prominenter versammelt, die unter dem Kreuz aufgewachsen sind. Es ist verblüffend, wie sich die Erfahrungen, Prägungen und Erinnerungen ähneln. Den Kindern wurde »Bach um die Ohren gehauen«, sagt Schauspieler Lohmeyer. Die Kirche war Spielplatz, es herrschte ein »besonderer Geist von Glaubenskraft und Solidarität«, berichtet Bischöfin Käßmann. Von Anfang an waren die Kleinen mit den großen Fragen von Leben und Tod, von Not und Gerechtigkeit, von Pflicht und Mitgefühl konfrontiert, erklärt die Journalistin Niejahr.

Wie selbstverständlich waren Pfarrerskinder in den seelsorgerischen Betrieb eingebunden, mussten die Glocken läuten, Kerzen entzünden oder löschen. Sie hatten Obdachlose an der Haustür zu versorgen, Verzweifelte am Telefon zu besänftigen. Die Nachfrage nach christlicher Dienstleistung hielt sich an keine Arbeitszeit, die Tür eines Pfarrhauses stand immer offen. Zugleich folgte das Leben einer klaren Struktur: Gottesdienst und Flötenkreis, Konfirmandenunterricht und Chorprobe gaben der Woche eine strenge Ordnung. Elterlicher Beruf und Familienleben waren eins.

So hielt es Angela Merkel selbst nach dem Abschied aus Templin. »Ich war auch als Wissenschaftlerin in Gedanken immer mit meinem Beruf beschäftigt, weit über die Arbeitszeit hinaus. Mein Vater konnte Arbeit und Privatleben auch nicht trennen.« Fragt man sie, was sie mit ein paar freien Tagen anstellen würde, fällt ihr umgehend ein, dass sie endlich mal die Bücher einsortieren müsste, die in ihrer Wohnung verstreut liegen. Oder sie denkt an eine Fahrt in ihren Wahlkreis, wo es so viel anzuschauen und zu besprechen gebe. Wellness ist keine Kategorie. Die braucht sie auch nicht. Sie bezieht ihre Kraft aus Arbeit. Die Kanzlerin wird vom Protestantismus regiert.

Das Fleiß- und Arbeitsethos ließ dennoch Raum für Erbauung. Wenn das deutsche Bildungsbürgertum ein Zuhause hatte, dann war es die Pastorenfamilie. Luther und Bach, Schiller und Böll waren fast immer mit dabei. Ihr Vater sei ein großer Goethe-Verehrer gewesen, berichtet die Schriftstellerin Gabriele Wohmann, und habe, zum Leidwesen der Mutter, manches Standardwerk gleich mehrfach angeschafft. Er habe ja auch vier Kinder, begründete der Geistliche. Bildung, das war so selbstverständlich wie Beten. »Das Pfarrhaus in seiner jeweiligen Epoche war eine Verdichtung der geistigen und zum Teil auch künstlerischen Prozesse, die das deutsche Geistes- und Kulturleben geprägt haben«, sagt der Publizist Klaus Harpprecht, ebenfalls Pfarrersohn: »Das Pfarrhaus war eine der bedeutendsten kulturellen Institutionen, die die deutsche Gesellschaft hervorgebracht hat.«

Und es stand in einer urdeutschen Tradition: Es war der Reformator Luther selbst, der nach der Heirat mit Katharina von Bora im Jahre 1525 das erste Pfarrhaus begründete und damit erstmals einen Ort, wo Gott und die Welt zu Hause waren. »Wir Kinder hatten einen ganz natürlichen Bezug zur Kirche. Wir waren einfach christlich, ohne das besonders zu reflektieren. Das war Teil des Lebens. Professionalität und Christ sein, das ging einfach ineinander über«, erinnert sich Angela Merkel.

Wer zwischen Altar und Bücherregalen aufgewachsen ist, der schöpft daraus offenbar sein Leben lang Kraft, ohne den Glauben zu überhöhen. »Die Perspektive, dass es Gott gibt, vermittelt mir ein starkes Gefühl von Demut«, sagt die Kanzlerin: »Es ist wichtig für mich, sich nicht nur im Zentrum zu sehen, andere gelten lassen, sich bewusst zu sein, dass man Fehler macht und Fehler hat. Der Glaube macht mich nachsichtiger gegenüber mir selbst und anderen, und er macht es möglich, unter der Verantwortung nicht zusammenzubrechen. Es macht mir Spaß, in der Gemeinschaft eines Gottesdienstes mitzusingen. Das hat etwas Befreiendes.« Gott war für sie, anders als bei vielen Protestanten, nicht das schlechte Gewissen, sondern Auftrag und Ansporn. Erfolg zu haben, seine Talente und Chancen zu nutzen, das ist seit je ihre Art von gelebtem Gottesdienst.

Gleichlautend berichten viele Pfarrerskinder von einer tiefen inneren Sicherheit, von Selbstbewusstsein und Stabilität, die ihre Wurzeln in den Kinderjahren haben und sich von alltäglichen Wechselbädern nicht ins Wanken bringen lassen. Geistige Orientierung gab meist ein ebenso gütiger wie autoritärer Vater, Workaholic im Dienste des Herrn. Für Zuversicht und Wärme sorgte überwiegend die gutherzige Mutter, unermüdliche Managerin des seelsorgerischen Kleinunternehmens.

Bei Familie Kasner in Templin waren die Aufgaben prototypisch verteilt. Mutter Herlind war für das Tagesgeschäft da, »die emotionale Anlaufstelle«, wie die Tochter sagt. Nach der Schule war es üblich, erst einmal das Alltagserleben loszuwerden. Der Vater wurde für schwierigere Aufgaben herangezogen, komplexere Bastelarbeiten für die Schule oder das Abfassen einer Erörterung. Er habe großen Wert auf logische Strenge gelegt, auf die Klarheit der Argumente, erinnert sich die Tochter. Er sei immer »so gründlich gewesen«, habe sie angehalten, alles ordentlich und perfekt zu machen. Zeitzeugen kam er vor »wie ein preußischer Offizier, ein klassischer Vertreter des Protestantismus als Kopfreligion«. Emotionalität war seine Sache nicht. »Für ein Pfarrhaus eher untypisch war das logische, sehr rationale Herangehen an Dinge«, fand Angela Merkel. Von der Mutter lernte sie das Improvisieren, wie etwa aus vier Essensportionen acht zu machen, was im kargen Alltag häufiger mal notwendig war.

Als bemerkenswert empfindet die Pfarrerstochter die Konsequenz ihrer Erziehung. Bei Krankheit blieb man im Bett, eine Magenverstimmung wurde mit tagelanger Haferschleim-Diät kuriert, was nicht nur für Heilung sorgte, sondern Simulieren auch unattraktiv machte. »Das was nötig war, wurde immer auch mit aller Kraft durchgezogen«, sagt sie. Das klingt nicht nur nach Kindheitserinnerung, sondern auch wie ein Regierungsprogramm. Fakt ist, dass die Erziehung ihr in der Schule einen klaren Wettbewerbsvorteil bescherte.

So ging es vielen Pfarrerskindern. Eckhart von Vietinghoff, Präsident des Landeskirchenamtes Hannover berichtet vom Wissensvorsprung als Schüler: »Ich habe eine ganze Menge mitbekommen, auch intellektuell. Ich kann schnell denken. Das ist ja keine eigene Leistung. Und ich werde dann ungeduldig, wenn andere nicht so mitkommen. Die Gefahr ist, dass ich sie überfahre oder einfach beiseitelasse.« Präziser kann man Angela Merkel kaum beschreiben. Auch sie nervt nichts mehr als das umständliche Formulieren von Gedanken, die sie längst hinter sich gelassen hat.

Anders als der Kleinbürgerspross Helmut Kohl oder der Kriegerwitwensohn Gerhard Schröder hat Angela Merkel ganz selbstverständlich nicht nur den geistig-kulturellen Kanon des aufgeklärten Deutschland von Kind an eingeatmet, sondern auch den Repressionsstaat am eigenen Leib erlebt. Denn sehr bald begreift sie, dass das Leben im Waldhof alles andere als sorglos ist. Die Schnüffler des SED-Staats haben das Pfarrhaus ständig im Visier. Telefoniert wird immer im Bewusstsein, dass die Staatssicherheit mithört. Für wichtige Gespräche verzieht man sich am besten zu einem Spaziergang in den Wald.

Angela Merkel lernt das Leben auf der Hut. Skepsis wird zum überlebenswichtigen Wesenszug. Nur das Pfarrhaus gilt als halbwegs sicherer Rückzugsort. »Misstrauen und Vorsicht als Sozialverhalten war in der DDR eine überlebensnotwendige Fähigkeit«, sagt der Psychotherapeut Hans-Joachim Maaz. Das galt erst recht für den Christenhaushalt, der von der SED skeptisch beobachtet wurde. Beklommenheit und Widerstandslust, Furcht und Freiheitsstreben halten sich die Waage. Angela Merkel erlebt eine Jugend, in der sehr viel Gesamtdeutsches steckt, von Stasi bis Solschenizyn, von Wagner bis Westpaket.

Kalkulierte Unauffälligkeit dominierte das Verhalten – was nicht leicht war für eine, von der alle wussten, dass sie anders wohnte, anders erzogen wurde, mehr gelernt hatte als der durchschnittliche Uckermärker. Die Schülerin Merkel erfuhr immer wieder, dass sie nicht war wie die anderen. Häufig gab es unangenehme Situationen. Linientreue Lehrer machten es sich zur Aufgabe, die Pfarrerstochter zu piesacken. »Gehasst wie die Pest« habe sie die immer wiederkehrende Situation, dass die Schüler Namen und Beruf des Vaters sagen mussten. Sie solle doch nuscheln, dann klänge »Pfarrer« wie »Fahrer« riet ein Mitschüler. Doch der Trick zog nicht. In diesen Momenten wäre sie zu gern Arbeiter- oder Bauernkind gewesen. Um auch ein paar von den Belobigungen und Auszeichnungen abzubekommen, die das Lametta-System stets bereithielt, trat sie den Jungen Pionieren bei, später der FDJ. Ihre Eltern ertrugen den Entschluss schweigend. Immerhin gehörte ihre Tochter nun etwas mehr dazu.

Doch am Ende blieb sie eine Außenstehende, die durchaus beliebt war, aber eben etwas anders. Wirklich locker waren vor allem die Partys, die man auf dem weitläufigen Gelände des Waldhofs besonders ungestört feiern konnte. Alles andere, so erinnert sie sich heute, sei mit Kampf verbunden gewesen, dem Kampf um Zensuren, um Anerkennung, ums Wahrgenommenwerden oder einfach nur um Normalität. »Unbeschwert war da nichts«, sagt sie rückblickend. Kein Wunder. Ohne es genau zu wissen, hat sie in diesen Jahren einen größeren Teil Weltgeschichte zu spüren bekommen als alle ihre späteren westdeutschen Rivalen zusammen. Sie ist ein Kind des Kalten Krieges, der für die Kasners umso schwieriger war, da sie oftmals zwischen den Blöcken balancierten.

Angela Kasner ist keine zwei Monate alt, als sie in ihr erstes Pfarrhaus einzieht. Im Tragekörbchen ist sie von Hamburg, wo sie 1954 geboren wurde, nach Quitzow transportiert worden. Herlind und Horst Kasner sind über die noch offene Grenze nach Osten in die ärmliche Prignitz gezogen. Quitzow gehört zu jenen Gutshäusern, die Fontane einst beschrieben hat. Die deutsch-deutsche Grenze ist nur 30 Kilometer entfernt. Hier hat der junge Pastor Kasner nach dem Studium in Heidelberg und Hamburg seine erste Stelle angenommen. Der Hamburger Bischof Hans-Otto Wölber hatte ihn darum gebeten, denn im Osten wurden junge, engagierte Geistliche dringend gebraucht. Als Dienstfahrzeug dient ein klappriges Moped.

Kasner hätte die Stelle nicht annehmen müssen. Aber er wollte. Er betrachtete die Reise nach Quitzow nicht nur als Umzug, sondern als ein gesellschaftspolitisches Bekenntnis, ein bewusstes Schwimmen gegen den Strom. Jährlich verließen Hunderttausende den Osten Deutschlands. Einige junge Pastoren dagegen wählten den umgekehrten Weg, entweder um ein Zeichen zu setzen gegen das atheistisch orientierte Staatswesen, oder weil sie den sozialistischen Gesellschaftsentwurf tatsächlich für menschenfreundlicher hielten.

Herlind Kasner opferte für den Umzug ihre Lehrerausbildung. Denn schon bald war klar, dass sie in der neuen Heimat nicht würde arbeiten dürfen. Die Mutter folgte ihrem Mann aus Liebe, erklärte Angela Merkel einmal. Zeigt sie bis heute auch großen Respekt für die Entscheidung der Mutter, so stand schon damals eines fest für sie: Sie würde es so bestimmt nicht machen. Die Aufopferungsmentalität der vom Krieg geprägten Frauen ist ihr nicht geheuer.

Horst Kasner wird als missionarischer Typ beschrieben, der für die Kirche auch ins tiefste Afrika gegangen wäre. Dass das Leben im Nest Quitzow unbequemer werden würde als im Westen, dass er das Melken von Ziegen üben müsste, um über die Runden zu kommen, dass seine Frau die Zubereitung von Brennnesselspinat lernte, weil die Bezahlung mies war, dass der Staat nicht wohlwollend-gleichgültig, sondern abweisend war, das alles empfand Kasner als Aufgabe, nicht als Last. Er hielt viel auf Prinzipienfestigkeit, die bis zur Dickköpfigkeit reichte – eine Eigenart, die er seiner Tochter vererbt hat.

Pragmatismus widerstrebte ihm jedoch, der war entschieden zu dicht am Opportunismus. Lieber baute er Gemüse an, als sich den Vorwurf der Bequemlichkeit zuzuziehen. Entbehrung galt ihm als Zeichen gottesfürchtigen Daseins. Zudem war er von der Hoffnung beseelt, dass sich der junge Staat in eine Richtung entwickeln würde, die dem urchristlichen Gedanken von der gerechten Gemeinschaft nahe käme.

So sah es anfangs allerdings nicht aus. Die Kirche, die seit Jahrhunderten das kulturelle und soziale Zentrum einer nicht nur an geistigen Herausforderungen armen Gegend bildete, sah sich in einen verschärften Kampf gegen die Bewusstseins-Maschinerie der SED verwickelt. Gläubige wurden drangsaliert und diskriminiert, Schüler, die sich zum Christsein bekannten, der Schule verwiesen. Das Leben der jungen Pfarrersfamilie Kasner war einsam und bescheiden.

Es war eine politisch prekäre Zeit. Die Teilung Deutschlands war beschlossen, die Isolation von Kasners Heimatstadt Berlin ebenfalls. Der Kalte Krieg war ausgebrochen, die Welt in zwei unversöhnliche Blöcke gespalten, die ein Bekenntnis forderten. Der Tod Stalins 1953 machte die Lage nicht überschaubarer. In der DDR wurde der politisch-gesellschaftliche Umbau nach sowjetischem Vorbild vorangetrieben. Zwar galt der Höhepunkt der Stalinisierung als überschritten, als die Kasners in die Prignitz kamen, doch der staatliche Unterdrückungswille gegen die Bewusstseinskonkurrenz war ungebrochen. Bürgertum und Religion standen der Schaffung des neuen sozialistischen Menschen im Wege. Die Kasners verkörperten beides.

Nach drei harten Jahren wechselte Horst Kasner den Dienstort. Die Familie zog nach Templin, 80 Kilometer vor den Toren Berlins, eine richtige kleine Stadt mit Fachwerk, einer mittelalterlichen Mauer ringsum und stolzen Kirchtürmen. Hier sollte Pastor Kasner predigen, hier würde seine Tochter Angela eines Tages ihre erste Ehe schließen.

Die neue Heimat der Familie lag außerhalb der Stadt, zwischen Wäldern und Feldern. Im Waldhof, 100 Jahre lang ein Heim für verwahrloste Knaben, waren nun Behinderte untergebracht und das Pastoralkolleg, das Kasner leiten sollte. Ständig waren Vikare zu Besuch, die sich hier auf ihr zweites Examen vorbereiteten. Die Eleven waren anfangs in großen Schlafsälen untergebracht, Andachten fanden in einem schmucklosen Raum statt. Horst Kasner glaubte an die Kraft des Wortes, nicht an die des Dekors. Auch diese Haltung findet sich bei seiner Tochter wieder.

Auf dem Waldhof traf die spartanische Lebensweise der Priester auf die sonderbare Welt der Behinderten. Das Mädchen Angela indessen fand die bizarre Mischung aus integriertem Wohnen und spiritueller Groß-WG ganz normal, wie sie sich fundamentalistische Grüne in ihren besten Zeiten nicht schöner hätten ausdenken können. Schulkameraden und insbesondere deren Eltern fanden den Waldhof mit »den Bekloppten« dagegen eher befremdlich. Ihr Bild von den Kasners als schwer einzuschätzende Sonderlinge wurde noch bekräftigt: nicht blöd, nicht unnett, aber eben sonderbar. Dieses Grundgefühl, akzeptiert zu sein und eben doch nicht mittendrin, das treibt die gelernte Außenseiterin Merkel bis heute um, vor allem auch in der CDU.

Vater Kasner nahm seine Aufgaben überaus ernst. Er wünschte sich bessere Menschen für ein besseres Leben. Seine Gottesdienste, unter anderem in der Maria-Magdalenen-Kirche in Templin, gerieten bisweilen zu basischristlichen Experimenten. Gern verzichtete er auf die Frontalandacht. Er versuchte vielmehr, die Gläubigen einzubeziehen. Die uckermärkischen Kirchgänger indessen waren auf die neuen Formen des Mitmach-Gottesdienstes nicht recht vorbereitet und verweigerten sich zuweilen Kasners Wunsch nach reger Beteiligung.

Im Priesterseminar des Waldhofs pflegte Kasner eine offene und undogmatische Gesprächskultur, wie Absolventen lobten. Er animierte den Nachwuchs, neue Formen auszuprobieren, vermittelte gleichwohl auch das klassische Rüstzeug, von der Bibel-Exegese über Jugendarbeit bis hin zur klassischen Seelsorge.

Obgleich ein kritischer Geist, sah sich Horst Kasner nicht in Opposition zum DDR-Staat, auch wenn die Partei die Kirche als letzten organisierten Feind betrachtete. Kasner gehörte dem Weißenseer Arbeitskreis an, einer kirchenintern umstrittenen Gruppierung, die vielen Geistlichen als zu staatsnah galt. Die Bruderschaft gründete sich 1958 als Gegengewicht zur nationalkonservativen Schule des Berliner Bischofs Otto Dibelius. Der Weißenseer Arbeitskreis bekannte sich zum Miteinander von Glauben und Staat und begründete in einer seiner wenigen Veröffentlichungen die Vereinbarkeit von Konfirmation und Jugendweihe. Als Leitgedanke galt, dass die Kirche auch einer nicht christlichen Gesellschaft zu dienen habe.

In ihren »Sieben Sätzen von der Freiheit der Kirche zum Dienen« hieß es: »Im Glaubensgehorsam sind wir dessen gewiss, dass uns nichts von Gottes Liebe scheiden kann. Darum begegnen wir der nicht christlichen Gesellschaft nicht ängstlich und gehässig, sondern hilfsbereit und besonnen und können so auch in der sozialistischen Gesellschaftsordnung verantwortlich mitleben.« Ihr Bekenntnis zum Sozialismus leiteten die Weißenseer aus der Ethik des Urchristentums ab. Die Distanz zur westdeutschen Kirche dokumentierte sich in der Forderung der Weißenseer nach Eigenständigkeit der Evangelischen Kirche der DDR. »Es ging um eine deutliche links-evangelische Theologie, die lediglich konservativen Betrachtern als opportunistische Annäherung an den Leninismus erschien«, erklärt der Schriftsteller Peter Schneider: »Den DDR-Offiziellen war sie eher unheimlich.«

Protestanten in der DDR hatten, anders als die Katholiken, eher das Gefühl von Einsamkeit und Eigenständigkeit. Vater Kasner orientierte sich an dieser Lebensrealität. Er wollte nicht auf ewig eine Kirche in der Fremde, eine Gegenbewegung repräsentieren. Der Pfarrer hielt eine friedliche Koexistenz von geistlicher und sozialistischer Autorität für machbar. Die Idee der Befreiungstheologen, die in Lateinamerika für die Vergesellschaftung von Grund und Boden eintraten, faszinierte ihn.

Der Vater der späteren Kanzlerin trug den Spitznamen »der rote Kasner«. Aus seiner grundsätzlichen Sympathie für die DDR machte er keinen Hehl, zugleich übte er deutliche Kritik an den real existierenden Zuständen. Kasner war kein

Ideologe. In seinen Seminaren war ihm immer an intellektueller Streitkultur gelegen. Er glaubte an die Kraft der Überzeugung und des Arguments.

Auch wenn er meist als unnahbare Autorität mit sparsamen Gefühlsregungen auftrat, so erinnern sich Besucher und Seminarteilnehmer an einen grundsätzlich liberalen Geist, der Diskussionen nicht nur zuließ, sondern forderte. Manchen Teilnehmern erschien er arrogant und abweisend. Von großem Optimismus schien er auch nicht durchdrungen. So wunderte sich Rainer Eppelmann, der als protestantischer Azubi mehrfach auf dem Waldhof war, über Kasners Prophezeiung, dass die Kirche der DDR künftig kaum noch Mittel haben und der Pastorenberuf zu einer Nebentätigkeit werden würde.

Mochten Kasner und seine Mitstreiter auch von christlichen Idealen bewegt gewesen sein, für SED und Staatssicherheit hatten die Mitglieder des Weißenseer Arbeitskreises oftmals die Bedeutung nützlicher Trottel, die dem Regime Absolution erteilten und Glaubwürdigkeit schenkten, wie es keine Propaganda-Maßnahme hätte bewirken können. Manche Weißenseer galten den Staatsschnüfflern als verlässliche Quellen, auch wenn die geistige Unabhängigkeit der Kirchenmänner der Stasi immer suspekt blieb. Das bisweilen euphorische Eintreten der Christenmenschen für die sozialistische Gesellschaftsordnung und ihre Sattelfestigkeit in Marxismus-Leninismus war selbst der Staatssicherheit nicht geheuer. Mit dem Ende der DDR verkamen die Weißenseer zu einem sektiererischen Kampfverband. Sie propagierten einen harten Kurs gegen Überläufer und forderten mit orthodoxen Kräften der PDS den »realen Sozialismus«.

Es ist wohl eine Anmaßung, wenn Westdeutsche, die das alltägliche Leben in der DDR nicht kennengelernt haben, aus der Ferne über Fragen von Schuld und Verstrickung urteilen.

Fest steht allenfalls, dass Horst Kasners Rolle in der DDR eine zwiespältige war. Mochte er auch dicht, für manche zu dicht an den Herrschenden gewesen sein, wofür man den Luxus zweier Autos als Beleg heranziehen kann, hat er doch gleichfalls für sein Soziotop Waldhof ein Maximum an geistiger Freiheit geschaffen. So kam der Sohn eines örtlichen SED-Funktionärs regelmäßig, um bei Kasners auf Kanal sieben West-Fernsehen zu schauen. In den Bücherregalen fanden sich allerlei Werke, die auf dem Index standen. In der Bibliothek gab es sogar einen Kopierer.

Wenige Jahre vor der Wende richtete Angelas Bruder Marcus im Waldhof sogar einen Hauskreis ein, der heute »Philosophierklub« heißt. Ihm gehörten systemkritische Naturwissenschaftler und Mediziner an. Kasners relative Staatstreue ermöglichte auf dem Waldhof ein DDR-untypisches intellektuelles Leben, ohne dass darunter jemand zu leiden hatte. Das Pastoralkolleg sei immer »ein Fenster nach Westen gewesen, durch westliche Referenten und westliche Literatur. Die Referenten waren nicht handverlesen«, sagt das SPD-Mitglied Richard Schröder, Theologieprofessor an der Berliner Humboldt-Universität.

Nach der Wende lehnte Horst Kasner es strikt ab, Interviews zu geben. Ausgerechnet einem Reporter des Berliner Boulevardblattes *B.Z.* gelang es jedoch, bald nach der Nominierung seiner Tochter Angela zur Kanzlerkandidatin ein kurzes Gespräch mit ihm zu führen. »Nichts ist erfolgreicher als der Erfolg«, das sei einer seiner Leitsätze in der Erziehung gewesen, erklärte er. Später habe er zu seiner Tochter gesagt: »Geh in die Politik, such dir Verbündete, mit denen du deine Ziele erreichst.« Es klang ein wenig so, als ob die Tochter verwirklichen sollte, was ihm nicht gelungen war. Aber: »Man muss seinem Lebensentschluss treu bleiben und strikt seinen Weg gehen.« Zur Erziehung seiner Tochter sagt er rückblickend: »Die DDR war ja Zwang genug. Wir haben ihnen zu Hause Räume eröffnet. Im Rückblick denke ich, dass ich immer noch zu autoritär war. Als sie aus dem Haus war, merkte ich erst, welch großen Schatten ich geworfen hatte.«

Das ist wahr. Der unnahbare und zugleich idealistische Vater hat Angela Merkel geprägt. Früh erkannte sie sein persönliches Dilemma: dass der Traum von der guten Kirche in einer guten Gesellschaft eine Illusion bleiben würde. Umso vehementer stemmte er sich dagegen, schließlich war der gerechtere Staat sein Lebensinhalt. Ob und wie eine Vergesellschaftung von Eigentum funktionieren könne, das war ein ständiges kontroverses Thema im Pfarrhaus. Während sich Tochter Angela bald von diesem Konzept verabschiedete, hoffte Vater Kasner bis zuletzt auf den christlichen Sozialismus. Er hat es nie verwunden, dass es nur die DDR geworden ist.

Aus diesem Systemkonflikt entspannen sich über Jahre Grundsatzdebatten, die an immer neuen aktuellen Ereignissen entlanggeführt wurden. Unentwegt wurde in der Familie über Politik gesprochen, erinnert sich Angela Merkel, von frühester Kindheit an. »Die Reflexion darüber war ausgesprochen wichtig, sonst wäre ich krank geworden im Kopf.« Der Kleinbürgerstaat DDR, den ihr Vater verteidigte, galt ihr bald als permanente Zumutung und Unterforderung. Die jahrelange Kontroverse bestand darin, dass Tochter Angela früh für sich entschieden hatte, dass das sozialistische System nicht funktionieren könne. Die Eltern dagegen glaubten, mit Korrekturen sei der Staat zu retten. Die Tochter interessierte sich für ökonomische Zusammenhänge, die Eltern weniger. Am Abendbrottisch entwickelten sich politische Überzeugungen, die eines Tages zu Bekenntnissen zu Freiheit und sozialer Marktwirtschaft, der Einsetzung der Herzog-Kommission und zur Berufung Paul Kirchhofs führen sollten.

Angela Merkel bekam im Pfarrhaus das, was der *Spiegel-*

Reporter Jürgen Leinemann das »innere Geländer« nennt, eine Haltung, die sich auch in heiklen Situationen bewährt. So etwa, als die Stasi versuchte, sie zur Mitarbeit zu bewegen. Als sie sich nach ihrem Studium an der Universität Ilmenau auf eine offene Stelle bewarb, da wusste man nicht nur bestens Bescheid über ihre Gewohnheiten, ihre Gespräche und Kontakte. Nach dem Bewerbungsgespräch wurde sie zudem draußen von zwei Männern angesprochen, ob sie nicht mitmachen wolle. Sie antwortete, dass sie den Mund nicht halten könne. Zu dieser Ausrede hatten die Eltern ihr für den Fall eines Anwerbeversuchs geraten. So war die Mitarbeit erledigt. Die Stelle in Ilmenau allerdings auch.

Bis heute dominiert die Pfarrhaus-Mentalität das Denken und Handeln der Kanzlerin. Sie braucht das Gefühl einer sicheren, hundertprozentig vertrauensvollen Burg, wo der Zusammenhalt gegen »die da draußen« gepflegt wird. In der DDR waren Loyalität und Solidarität keine Parolen, sondern Überlebensstrategien, verbunden mit der Notwendigkeit, Konflikte zu bereinigen, anstatt sie eskalieren zu lassen.

Die heimelige Wagenburg habe das immens wichtige Gefühl einer gemeinsamen Identität geschaffen, erinnert sich der Banker und Pfarrerssohn Martin Kohlhaussen. Das Bewusstsein eines inneren Zusammenhalts habe das Pfarrhaus in der Geschichte wie im Alltag des 20. Jahrhunderts stark gemacht gegen die Mächte außerhalb, die nicht immer freundlich gesinnt waren, ob Nationalsozialisten, Kommunisten oder Atheisten.

Der Erhalt einer ebenso vertraulichen wie elitären Atmosphäre mit einer klaren Identität ihrer Mitstreiter ist für Angela Merkel bis heute ein zentrales Anliegen, nur eben nicht mehr im elterlichen Pfarrhaus, sondern in der Partei und vor allem im Kanzleramt. Jeder Neuling erhält die unmissverständliche Botschaft: Wer quatscht, fliegt raus. Die Kanzlerin legt größten Wert auf einen Schutzraum. Denn bis heute hat sich dieses unbestimmte Gefühl bei ihr erhalten, fortwährend beobachtet zu werden, ganz wie früher. Schließlich waren stets Ohren und Augen auf den Kasnerschen Waldhof gerichtet, egal, ob von Staat, Nachbarn, Katholiken, Lehrern oder Mitschülern. Das war im Westen nicht anders.

»Ich konnte nichts tun, was nicht beobachtet wurde«, bestätigt Regisseur Geißendörfer. Menschen aber, die beäugt und nie wirklich integriert werden, neigen zu Einzelgängerei, zu extremem Streben nach Unabhängigkeit, sagt Pfarrerssohn Eckhart von Vietinghoff, Präsident des Landeskirchenamtes Hannover: »Ich entwickle eine ungeheure Aggression, wenn ich das Gefühl habe, ich werde vereinnahmt. Daher bin ich manchmal Einzelgänger.«

Wer auf dem Präsentierteller aufgewachsen ist, hält seine Gefühle diszipliniert im Zaum, zumal in der DDR. Jede unbedachte Bemerkung, jeder Streich birgt die Möglichkeit, sich selbst, Familie oder Freunde in Gefahr zu bringen. Schon als Kind habe sie darauf geachtet: »Was kannste sagen? Wie weit kannste gehen?«, erzählt Angela Merkel.

Bizarr, aber wahr: Ausgerechnet diese gelernte Zurückhaltung, eine perfektionierte Selbstkontrolle und das Wagenburg-Gefühl waren hervorragende Voraussetzungen für eine Karriere in der Politik. Die Deutschen müssen mit einer Kanzlerin leben, die Privates und Dienstliches trennt, quälend sachlich und unexhibitionistisch veranlagt ist, die sich nicht zugehörig fühlt zum Märchenpersonal der deutschen Politik, das alle alles wissen lässt.

Der ganze Merkel-Clan hat diese Pfarrhaus-Mentalität verinnerlicht und steht bis heute unter manischem Verhüllungszwang. Vater Kasner boykottiert jedes Mikrofon, die Mutter wagt sich maximal zu einer Wahlveranstaltung der Tochter. Gatte Joachim Sauer, angesehener Grundlagenforscher, lässt TV-Teams in Bayreuth mit leisem Triumph wissen, dass er keine weiteren Auftritte plane und auch nichts ins Mikrofon sagen werde. Allenfalls bei globalen Großereignissen wie dem G8-Gipfel absolviert er tapfer das Daumenprogramm. Merkels Bruder Marcus hat kurz mal mit der *taz* gesprochen, aber nicht über seine Schwester.

Muss Frau Merkel ihre Strategie ändern? Hat der Wähler ein Recht zu wissen, wer der Mann an ihrer Seite ist, wer ihre Berater sind, ihre Familie? Ach was. Sie hat all ihre Erfolge mit dieser relativen Geheimhaltung eingefahren. Also bewahrt sie sich dieses Leise, Vorsichtige, abwartend Skeptische, was auch einen Thierse, einen Wolfgang Böhmer, eine Katrin Göring-Eckardt ausmacht.

Dass es damals wie heute sträflicher Leichtsinn ist zu prahlen, zu plaudern oder arglos zu quatschen, das wissen Angela Merkel und ihre Leute. Erst funktionierte daher die Parteizentrale strikt nach dem Prinzip Pfarrhaus und jetzt das Kanzleramt. Drinnen wird alles offen gesagt, nach draußen am besten gar nichts. Aufpassen, Relativieren, Ausweichen, das sind nach wie vor Überlebenstechniken. Denn noch immer sind draußen zu viele Ohren, zu viele übel wollende Zeitgenossen, ein Dschungel, in dem immer Gefahr droht. Bizarrerweise gibt es kaum einen Unterschied zwischen dem Pfarrhaus damals und den Büros der heutigen Kanzlerin: Nur drinnen darf man offen reden. Draußen ist immer noch Urwald. Nur die wilden Tiere sind andere.

III. Die Partei erobern

Als Angela Merkel die CDU übernahm, galt sie als Übergangslösung. Eher früher als später würde einer der Jungen Wilden – Koch, Wulff, Merz – den Vorsitz übernehmen. Doch mit Härte und Geschick, Geduld und einer großen Portion Glück schaffte sie in wenigen Jahren, was ihr keiner zugetraut hatte: Sie machte sich eine widerspenstige Partei untertan.

Noch vor ihrer Wahl zur Vorsitzenden bekam Angela Merkel einen Eindruck davon, wie hilflos und einsam man an der Spitze einer Partei sein kann. Es geschah auf der Vorstandssitzung an jenem Sonntagnachmittag vor Beginn des entscheidenden Essener Parteitags im April des Jahres 2000. Eine scheinbare Kleinigkeit nur: Ihre Rivalen hatten sich eine Satzungsänderung einfallen lassen, die es Ministerpräsidenten künftig erlauben sollte, automatisch ins Präsidium einzuziehen. Bislang mussten sich die Länderchefs wählen lassen. Der Vorschlag war nicht ohne Brisanz, bedeutete er doch, dass die Rivalen sich im höchsten Parteigremium künftig zusammenrotten könnten, auch gegen den Willen der Vorsitzenden. Die Mehrheitsverhältnisse waren unübersichtlich. Christian Wulff, den sie an ihrer Seite wähnte, büxte ebenso aus wie der ehemalige Schatzmeister Matthias Wissmann, der im Verdacht stand, einer ihrer ausdauerndsten Zuträger zu sein. Kritiker erinnerten Angela Merkel an ihr Motto »Mehr Demokratie«. Die neue Regelung dagegen würde das seit Jahren kritisierte System Kohl fortsetzen.

Noch nicht einmal Chefin und schon in der Klemme: Sollte sie, wie es ihre wenigen Getreuen gern gehabt hätten, einen

Streit anfangen, und das ausgerechnet mit amtierenden und künftigen Ministerpräsidenten? Was, wenn sie verlöre? Konnte sie das Amt mit einer Niederlage beginnen? Sie musste sich Respekt verschaffen. Jede Sachfrage war eben auch eine Machtfrage. Dieses erste kleine Scharmützel reichte als Warnung: Nach ihrer Wahl würde die Neue nicht eine Sekunde Schonfrist erhalten.

Und Angela Merkel spürte noch etwas anderes: Einsamkeit. Eine Partei ist nicht mehr als ein Haufen gnadenloser Opportunisten, die sich wegdrehen, sobald der Anführer Schwäche zeigt. Nur ein Parteichef, der vielen die Aussicht auf Erfolg und damit auf Prestige und Fortkommen bietet, kann sich halbwegs loyaler Mitstreiter gewiss sein. Wer dagegen als Not- oder Zwischenlösung gilt, sieht sich einem Rudel Hyänen gegenüber: Immer schnappt mindestens eine. Wirklich gefährlich wird es, wenn alle gleichzeitig angreifen. Eine konsequente Verteidigungshaltung würde die nächsten Monate über ihre einzige Chance sein.

Am 10. April 2000 wird Angela Merkel mit fast 96 Prozent der Stimmen gewählt. Als symbolische Figuren für einen Neuanfang hat sie den ruhigen und beliebten Münsteraner Ruprecht Polenz zum Generalsekretär und Ulrich Cartellieri, einen als korrekt und diskret bekannten Vorständler der Deutschen Bank, zum neuen Schatzmeister wählen lassen. Beide sollen ihre Machtbasis sichern. Doch in Vorstand und Präsidium, den beiden zentralen Führungsgremien, fehlen ihr Verbündete.

Die strategischen Ziele der neuen Vorsitzenden sind so einfach formuliert wie schwer umzusetzen: Die Partei verlangt nach Führung, Orientierung und Selbstbewusstsein. Eine inhaltliche und personelle Modernisierung steht an. Vor allem aber braucht die Vorsitzende Wahlsiege. Denn am Ende ist es Erfolg, der das heterogene Gefüge einer Volkspartei eint und motiviert. Wie im Sport gründet die Autorität des Chefs auf tatsächlichen Siegen, zumindest aber auf Siegeserwartung. Denn weit mehr als eine an Ergebnissen messbare Regierung braucht eine Oppositionsführung psychologische Krücken wie Hoffnung und Erwartung. Es gilt, was Vorgänger Schäuble konstatiert: »Die Integrationskraft einer Volkspartei vom Charakter der Union war nie in erster Linie Resultat irgendwelcher ideologischer Klammern. Ihr Geheimnis ist vielmehr politischer Erfolg.«

Für Merkels Rivalen steht fest: Ihre Amtszeit wird nicht lange dauern. Sie hat einfach Glück gehabt, weil das, was immer gegen sie sprach – Frau, Ost, evangelisch, nicht in der Partei verwurzelt – ihr nur in diesem einen, historisch lächerlich kurzen Moment zugutekam, auf dem Höhepunkt der vom Patriarchen Kohl angerichteten Spendenaffäre. Sie war nicht verwickelt gewesen, sie stand nicht einmal im Ruch, etwas gewusst zu haben. Sie war ja nie dabei gewesen, wenn die Herren unter sich mal offen über schwarze Konten gesprochen hatten. So lieferte sie in diesen wenigen Wochen exakt jene Werte, nach denen sich eine verstörte Partei so sehr sehnte: Sauberkeit, Lauterkeit, Anständigkeit und damit das Ende einer Debatte, die die Christenpartei in ihrem Selbstverständnis als Marktführer fürs Moralische so sehr erschüttert hatte.

Kein anderer Kandidat konnte das Gute derart überzeugend vorweisen wie Angela Merkel: Kohls Leute waren sämtlich kontaminiert, zumindest vom Verdacht. Kronprinz Koch kämpfte in Hessen mit seinen eigenen, nicht weniger unappetitlichen Spendengeschichten. Schäuble hatte es schon erwischt. Wer wollte in diesen Tagen prophezeien, was da noch alles in Zürich, Vaduz und anderswo schlummerte, und wer damit zu tun hatte? Die Jungen wie Wulff oder Günther Oettinger, beide noch keine Ministerpräsidenten, wagten sich nicht aus der Deckung. Der Kohl-Feind Kurt Biedenkopf war zu alt; zudem hätte er die Partei auch gespalten in Aufklärer und die nach wie vor große Zahl von Kohl-Anhängern.

In der schwierigsten Phase der CDU-Geschichte drängte es keinen, der noch eine Zukunft vor sich glaubte, an die Spitze. Warum auch? Phasen wie diese zeichnen sich durch gewaltigen Personalverschleiß aus. Die Partei, nach 16 Jahren des Regierens erschöpft, nach dem Abschied des Patriarchen Kohl orientierungslos, durch den Sturz Schäubles erschüttert, wegen der Millionen an Strafgeldern auf Jahre finanziell zerrüttet und obendrein gedemütigt, würde noch eine Weile nach Schuldigen suchen. Dabei würde sie auch Führungspersonal hinrichten. Als Opfer für eine blutdürstige Partei kam die Frau aus dem Osten gerade recht. Gern ließen die Herren ihr diesmal den Vortritt.

Die Stimmungslage in der CDU zu Beginn des Jahres 2000 ist von Müdigkeit, Durcheinander, Nostalgie, Verunsicherung und Angst geprägt, aber auch dem Bedürfnis nach Zuversicht und Aufbruch. Es ist die Zeit der Häutung. Für Helden, die das Parteivolk zur Sonne führen würden, ist es zu früh. Vogel, Engholm, Scharping, Lafontaine – wen hatte die SPD nicht alles verschlissen auf dem Weg zurück zur Macht. Der *early mover advantage*, der für die Wirtschaft gelten mag, verkehrt sich in der Politik oft ins Gegenteil: Belohnt wird häufig der Geduldige. Wer sich zu früh bewegt, verliert.

Es ist Angela Merkels einzige Chance, je die CDU zu übernehmen. Das ahnt sie schon länger. Sie war die Erste, die bei Heiner Geißler angerufen hatte, nachdem er die Spendenaffäre ins Rollen gebracht hatte. »Was ist da los?«, wollte sie wissen, sicher aus Pflichtbewusstsein als Generalsekretärin, doch ganz nebenbei auch aus Eigeninteresse. Als die Spendenaffäre an Sprengkraft gewinnt, beginnt Angela Merkel mit ihren Vertrauten Beate Baumann und Eva Christiansen einen geradezu irrwitzigen Plan zu schmieden: die Übernahme der CDU. Wer sich zutraut, die Adenauer- und Kohl-Partei zu führen, muss sich auch alles andere zutrauen. Bereits Mitte Februar 2000 soll erstmals das Wort »Bundeskanzlerin« im Kreise der Verschwörerinnen gefallen sein.

Entsprechend penibel verlaufen die Vorbereitungen zur Wahl in Essen. Nach dem Rücktritt Schäubles und wenige Wochen vor dem Parteitag ist sie als Generalsekretärin bereits auf einer Reihe von Regionalkonferenzen aufgetreten, die Schäuble noch einberufen hatte. Es war ihre Idee. Der Vorsitzende hatte sie gutgeheißen.

Die Regionalkonferenz ist ein interessantes Instrument, das weit mehr verspricht, als es hält: Mit derlei Akklamationsveranstaltungen reagiert eine Partei auf die Mediendemokratie, in der Mehrheiten vor allem über die öffentliche Darstellung zu organisieren sind. Die Medien, insbesondere die Kameras, übernehmen die innerparteiliche Willensbildung. Die Talkshow ersetze den Ortsverein und die Regionalkonferenz einen lokalen Parteitag, konstatiert Albrecht Müller, einst Wahlkampfmanager von Willy Brandt. Führung und Basis foppen den Fernsehzuschauer gemeinsam. Denn die TV-Bilder von der Regionalkonferenz verheißen: Begeisterte Mitglieder legitimieren per Jubel ihren Anführer, der sich eigens zur Basis begeben hat, um Politik zu erklären. Ein paar hundert Leute in einer Turnhalle genügen der Kamera, um den landesweiten Eindruck einer lebhaften Diskussion zu erzeugen. Ein kleiner Ausschnitt der Realität wird auf die Gesamtpartei übertragen. So erzeugt die Medienrealität eine tatsächliche Identifikation der Mitglieder.

Bei ihren Auftritten bringt Angela Merkel den Balanceakt fertig, ihrem Vorgesetzten Schäuble gegenüber einigermaßen loyal zu bleiben, sich aber dennoch von ihm abzusetzen. Das ist dringend notwendig. Denn normalerweise tritt mit einem

Vorsitzenden auch sein Generalsekretär ab. Merkel jedoch gelingt es, sich als Botin der Zukunft und nicht als Teil des Problems zu präsentieren. Zugleich wieselt sie durch die Berliner Redaktionen und saugt bei einer Vertraulichkeit signalisierenden Flasche Riesling die Stimmung auf: Würden die meinungsmachenden Journalisten zu ihr stehen?

So nimmt Angela Merkel die Parteifunktionäre zwischen Medien und Basis in die Zange: Wenn die führenden Journalisten sie nicht niederschreiben und ihr halbes Dutzend Auftritte in der Provinz via Fernsehen als millionenfache Mitgliederarbeit mit triumphalen Empfängen vervielfältigt würden, dann konnte kein Parteifunktionär eine Intrige gegen ihre Wahl anzetteln, mochte man sie noch so sehr für die Kandidatin des Übergangs halten. Eine erste Brandmauer war gezogen.

Die Kandidatin ist sich ihrer labilen Machtposition durchaus bewusst. Auf die Frage, warum sie zur Parteivorsitzenden gewählt worden sei, hat sie einmal gesagt: »Weil Roland Koch nicht mehr zur Verfügung stand.« Ihre Startchancen waren denkbar schlecht. Kaum jemand in Partei oder Öffentlichkeit glaubte an sie. Gerhard Schröder zeigte ihr mit grimmiger Gleichgültigkeit, wie wenig ernst er sie nahm. Merkel und die CDU litten gemeinsam an einem Charismatiker, der sich nach einem missratenen Start im Kanzleramt zurechtgefunden zu haben schien. Er machte dem politischen Gegner vor, wie eine moderne Volkspartei funktionieren konnte. Der Kanzler folgte dem von Bill Clinton und Tony Blair erfolgversprechend praktizierten Catch-All-Ansatz: einfach alle Themen selbst besetzen, vor allem die konservativen. Er positionierte die Regierung so breitschultrig in der gesellschaftlichen Mitte, dass die CDU weder wirtschafts-, sozial- noch gesellschaftspolitisch ein eigenes modernes Profil entwickeln konnte. Schröder, weniger die SPD, schien die Gefühlswelt der bürgerlichen Mitte für sich vereinnahmt zu haben. Zur strategischen Ausrichtung Merkels schrieb der britische *Observer*: »Merkel's real goal is to occupy the centre-ground of German politics that Schroder has attempted to make his own.«

Doch zu einer großen strategischen Ausrichtung der CDU kommt die neue Vorsitzende gar nicht erst. Ihr muss es im Jahr 2000 nur um eines gehen: das politische Überleben. Fehler sollen die anderen machen. Dabei kommt ihr entgegen, dass ihr keiner etwas zutraut, nicht den Job, aber auch nichts Böses. So soll es bitte auch bleiben: Unauffälligkeit = Sicherheit, das war schon in der DDR so.

Geduld regiert. Angela Merkel muss das allgemeine Drängeln nach programmatischer Erneuerung ignorieren, darf nicht dem Ehrgeiz zur großen politischen Vision erliegen. Und so agiert sie wie die schlauen Hausbesetzer in Ost-Berlin zu Zeiten der Wende: Erst okkupiert sie ein Zimmer, dann ein zweites, bald ein drittes, irgendwann ein Stockwerk, schließlich das ganze Haus. Weil niemand die schleichende Inbesitznahme stört, bleibt größerer Widerstand aus. Und eines Tages ist normal und legitim, was vor Jahren noch als anmaßendes politisches Eigentumsdelikt gegolten hätte.

Angela Merkel hatte eine gewisse Routine im Häuserbesetzen. Nach der Trennung von ihrem ersten Ehemann Ulrich Merkel zog sie aus der gemeinsamen Einraumwohnung in der Berliner Marienstraße zunächst zu Freunden. Bald fanden Kollegen eine Wohnung für sie, eine heruntergekommene Bude im Prenzlauer Berg, die leer stand und offenbar durch das Erfassungssystem der staatlichen Wohnraumzuteilung gefallen war. Merkel brach die Wohnung auf, setzte ein neues Schloss ein, renovierte ein wenig und überwies künftig die Miete an die Wohnungsverwaltung. Als ein paar Jahre später aufgrund von Sanierungsarbeiten alle Mieter eine neue Wohnung zugewiesen bekamen, war sie dabei und im Nachhinein legalisiert. Angela Merkel hatte sich als höfliche Guerilla bewährt und erfolgreich eine »Instandbesetzung« vollzogen. Der Trick dabei: Sie hielt sich weitgehend an die Konventionen. Sie tat niemandem weh. Der Einsatz schien bescheiden, der Erfolg aber war maximal.

Genauso übernahm sie auch die CDU. Die unauffällige Aneignung der Partei erfolgt mit der von Merkel seit je bevorzugten Strategie der kleinen Schritte. Wichtig dabei: immer in eine Richtung marschieren, immer auf das große Ziel hin, die unumstrittene Macht in der Partei zu erringen. Im Zweifel das Tempo drosseln. Sicherheit und Unauffälligkeit gehen vor Risiko. Drei Teilziele sind zu verwirklichen. Erstens: Die Partei darf nach dem Spenden-Desaster nicht in Lager zerfallen. Zweitens: Die eigene Machtposition muss gefestigt und ausgebaut werden. Die Übernahme des Fraktionsvorsitzes ist dabei unerlässlich. Drittens: Konkurrenten erledigen, vor allem Merz, Stoiber, Koch – in dieser Reihenfolge.

Das Geduldspiel beginnt. Partei und Republik wollen wissen, wer diese Frau Merkel eigentlich ist, was sie kann, und was sie will. Bei ihrem ersten Rivalen sind all diese Fragen schon beantwortet. Er verfügt über ein klares ökonomisch-konservatives Profil. Der juvenile Fraktionsvorsitzende Friedrich Merz, allseits geschätzter Steuerexperte, ist eine der wenigen verbliebenen Kompetenzfiguren der CDU. Nach dem durch die Spendenaffäre beschleunigten Personalwechsel bietet die Partei nur wenige große Themen und deren Personifizierung. Nahezu erschöpft ist der Vorrat an populären Lotsen, »die auch in stürmischen Zeiten verlässlich Orientierungspunkte ansteuern«, wie der Politikwissenschaftler Karl-Rudolf Korte erklärt.

Der energiestrotzende Merz, wie Merkel von der Spendenaffäre unbelastet, ist einer davon. Deutlicher noch als bei

Koch und Stoiber verrät jede seiner Gesten von Anfang an, was er von der Vorsitzenden hält: gar nichts. Der Anwalt aus dem Sauerland, angetrieben von einer prestigebewussten Gattin, ist wild entschlossen, aus der machtvollen Position des Unions-Fraktionschefs heraus jede Schwäche Merkels aufzudecken. Er wittert seine Chance als Platzhirsch in Berlin. Alle seine Konkurrenten sind in den Ländern damit beschäftigt, Ministerpräsident zu werden oder zu bleiben. Berlin ist seine Bühne. Alles was stört, ist diese Frau.

Was Merz persönlich Freude bereiten mochte, wirkt sich für die Partei bald verheerend aus. Ohne strategisches Zentrum und mit ihren widerstrebenden Interessen ist die CDU bei zentralen Entscheidungen, wie etwa über die Steuerreform im Bundesrat, der Macht der Regierung nicht gewachsen. Partei- und Fraktionsführung stehen sich unversöhnlich gegenüber. Die CDU blockiert sich selbst. Die konservative *Welt* kommentiert in ungewohnter Härte: »Angela Merkel und Friedrich Merz sind in den getrennten Rollen Antipoden, zudem relativ unerfahren und erst in der schweren Krise der Partei infolge offenkundiger Personalnot gewählt worden. Hätten sie jeweils den Partner zu bestimmen gehabt, wäre das Gespann nicht zustande gekommen. Die Trennung hat sich, wie viele Beispiele zeigen, nicht bewährt, sie ist ein Systemfehler. Wenn die Partei ein zweites operatives Zentrum eröffnet, entsteht an der Front Kompetenzwirrwarr. Die Union muss sich entscheiden. Entweder übernimmt die Vorsitzende auch die Fraktion, oder der Fraktionschef die Partei. Ein Drittes scheint ausgeschlossen.« Damit ist prophezeit, was eines Tages unweigerlich geschehen würde: der Showdown zwischen Parteivorsitzender und Fraktionschef.

Dieser Kampf verschlingt eine Menge Kraft. Während eine Regierungspartei über beträchtliche Ressourcen sowie eine natürliche Aufmerksamkeit verfügt, muss sich die Opposition mit spärlichen Mitteln und wenig Interesse zufriedenge-ben. In der Bundes-CDU herrscht bisweilen eine Stimmung, als »würden wir es mit ein paar Unentwegten im Schlauch-boot gegen den Flugzeugträger der Bundesregierung aufneh-men müssen«, sagt Merkels Sprecherin Eva Christiansen. Zu-gleich wächst die Ungeduld. Gerade für die CDU definiert sich Opposition als ein provisorischer Zustand vor der selbst-verständlichen nächsten Phase des Regierens.

Opposition ist eine heikle Sache, die in einer Partei Unge-duld und Missmut, vor allem aber brachiale Rivalitäten er-zeugt – wie es die SPD 16 Jahre lang eindrucksvoll bewiesen hatte. Was genau in der zweiten Reihe der Politik geschieht ist kaum bekannt. Weder Medien noch Wissenschaft inte-ressieren sich dafür. Dem Konsens über die staatspolitische Bedeutung der Opposition steht ein Minimum an Aufmerk-samkeit gegenüber. Alfred Grosser attestiert der Bundesrepu-blik eine »Sehnsucht nach Harmonie«, die, so der Politologe Heinrich Oberreuter, »Opposition eher duldet als ermög-licht«. In Deutschland werde von der Opposition einfach nur eine »Mitregierungsfunktion« erwartet.

Während eine Regierungspartei sich aus der Logik des Machterhalts zu relativer Disziplin gezwungen sieht, droht in der Opposition ein freies Spiel der Fliehkräfte. Die Interessen der Akteure sind heterogen, Bündnisse fragil, Inhalte werden oft aus taktischen und weniger aus sachpolitischen Gründen gewählt. Die Suche nach der eigenen Chance ist stärker als Loyalität. Es herrscht ein verbissener Wettbewerb des Spit-zenpersonals, weil die Machtfrage als offen gilt. Die Hoff-nung der Mitglieder auf einen gemeinsamen Kampf um die baldige Rückkehr an die Macht steht im Kontrast zum ei-fersüchtigen Wettrennen der Parteispitzen. Jeder Minister-präsident, der behauptet, sein Job sei der schönste der Welt, hat sich garantiert schon eine Strategie zurechtgelegt, wie er sich alsbald Parteivorsitz und Kanzlerkandidatur ermobben könnte.

Wie mühsam und verlustreich das Dasein in der Opposition sein konnte, hatte die CDU in den traumatischen Jahren zwischen 1969 und 1982 erfahren. In der ersten Umbruchphase bis 1973 verschliss die CDU Kurt Georg Kiesinger und Rainer Barzel als Vorsitzende. Insbesondere das politische Schicksal Barzels kann als Lehrstück für nachfolgende Generationen dienen. Nachdem die CDU nur widerwillig akzeptiert hatte, dass der Machtverlust 1969 (wie 1998 auch) mit einem unzureichenden Themen- und Personalangebot zu tun gehabt hatte, galt es, sich von einer selbstbewussten bayerischen Schwesterpartei zu emanzipieren. Barzel befand sich trotz seiner Doppelfunktion als Partei- und Fraktionsvorsitzender in unmittelbarer Abhängigkeit des kraftstrotzenden CSU-Vorsitzenden Franz-Josef Strauß. Parallelen zum Duo Merkel/Stoiber sind nicht zu übersehen.

Während die Partei seinerzeit in einer Präerneuerungsstarre verharrte, diente die Fraktion als Schaufenster der Union. Hier verfügte die CSU jedoch über direkte Eingriffsmöglichkeiten. Erst Helmut Kohl als Parteichef und der als unverbraucht geltende Karl Carstens als Fraktionsvorsitzender brachten 1973 Bewegung in die festgefahrene Lage. Den Kreuther Beschluss der CSU, sich auf den Rest Deutschlands auszudehnen, konterte die CDU mit frischem Selbstbewusstsein, indem sie drohte, in Bayern anzutreten. Es hat den Anschein, als gäbe es eine Tradition zwischen den Schwesterparteien: Nach dem Machtverlust muss eine geschwächte und selbstzweiflerische CDU zunächst einmal die CSU niederringen. Erst dann kann sie sich wieder dem politischen Gegner zuwenden. Eben dies war der Fall zwischen 1998 und 2005.

Die erste Oppositionsphase der CDU kann jedoch nicht als

strategische Vorlage für 1998 angesehen werden. Kam der Rollenwechsel 1969 eher unerwartet, sah die Partei den Machtverlust 1998 nicht als Betriebsunfall an, sondern fügte sich in ihr Schicksal. Die CDU wusste, dass ihr großer Vorsitzender Kohl endgültig abgewirtschaftet hatte. Groß war die Angst, dass sich in der Union wiederholen könnte, was bis 1998 in der SPD geschehen war: der Rückweg zur Regierungsmacht als ein langer, opferreicher Kampf, bei dem Herausforderer wie Vogel, Rau, Lafontaine und Scharping auf der Strecke blieben.

Da jede Opposition zudem mit argem personellen Ungleichgewicht zu kämpfen hat – wenigen Fraktionsmitgliedern stehen beispielsweise 2000 Mitarbeiter des Bundesfinanzministeriums gegenüber –, sind mentale Krisen normal. »Kleinmütigkeit, Resignation und Selbstbezogenheit werden für längere Zeiten zu selbsterfüllenden Prophezeiungen«, sagt Professor Michael Eilfort, von 2000 bis 2004 Büroleiter von Friedrich Merz. Zumal die Medienmechanismen die Rollen von Regierung und Opposition noch bestätigen. Das Interesse einer »parasitären Publizistik«, so Eilfort, richte sich nur dann auf oppositionelle Vorgänge, wenn lautstark geführter Streit ansteht. »Wenn man ein Thema platzieren will, funktioniert das fast nur über eine echte oder scheinbare Konflikt-Konstellation«, weiß der ehemalige CDU-Generalsekretär Laurenz Meyer.

Friedrich Merz war gewillt, diese öffentlichkeitswirksame Konfrontation vom ersten Tag an zu führen. Doch ausgerechnet der Fraktionschef vollführte schon bald eine mustergültige Selbstdemontage. Gemeinsam mit Stoiber hatte er sich von Kanzler Schröder bei den Bundesratsverhandlungen um eine Steuerreform im Sommer 2000 über den Tisch ziehen lassen. Die Regierung hatte Berlins damaligen Regierenden Bürgermeister Eberhard Diepgen und noch ein paar andere Wackelkandidaten aus dem konservativen Block im Bundesrat herausgekauft und der CDU damit eine peinliche Abstimmungsniederlage beschert.

Der Mythos vom dynamischen Regenmacher Merz und dem allmächtigen Stoiber war beschädigt, die Vorsitzende dagegen glimpflich davongekommen, weil sie die Verhandlungen an die beiden Wunderknaben der Union delegiert hatte. Trotzig stänkerte Merz so lange weiter, bis er selbst seinen treusten Fans auf die Nerven ging. Dass sich ihr schärfster Konkurrent in einer Mischung aus Überheblichkeit und Leichtsinn innerhalb kurzer Zeit so gründlich aus dem Rennen um die Macht verabschieden würde, verblüffte sogar Angela Merkel.

In den ersten Monaten ihrer Amtszeit war der neuen Vorsitzenden klar geworden, wie komplex diese Ansammlung von 600 000 Verrückten funktioniert, die sich Partei nennt. Für das Führungspersonal ist weder auf Autorität noch auf Demokratie wirklich Verlass. Die Kunst besteht darin, täglich neue Mehrheiten zu organisieren, notfalls mit allen Mitteln, von der Erpressung bis zum Flötenton.

Eine Volkspartei bewege sich zwischen Anarchie und Strategie, behauptet die aktuelle Forschung. Da hat sie recht. Als überholt darf der frühere idealistische Ansatz gelten, eine Volkspartei verfolge vor allem den normativen Anspruch, Demokratie zu strukturieren. Dieser eher funktionsorientierten Außenwahrnehmung als Organisatorin von Volkswillen steht die Wirklichkeit von Zufälligkeiten, kleinbürgerlicher Anarchie und tagtäglichen Kleinkriegen gegenüber. Auffälligstes Kennzeichen: Mangel an Effizienz und Transparenz.

In der Volkspartei herrscht nur selten die Vernunft, sehr viel häufiger regieren Traditionen, habitualisierte Abläufe, Mythen und Legenden. Konsistentes, widerspruchsarmes Führungshandeln ist Illusion. Der Politologe Helmut Wiesenthal ist überzeugt, dass politische Organisationen gerade in unsicheren Zeiten unfähig sind, geplant und strategisch zu handeln. Mögen Kundgebungen, Programme und Strategiepapiere auch den Eindruck erzeugen, eine Partei könne Gesetze planen, durch- und umsetzen – in der Realität bleiben immer nur Bruchstücke übrig, die nur selten großer Planung geschuldet sind. Politologen debattieren ernsthaft, ob nicht vor allem Chaos, Anarchie und Zufall das innerparteiliche Leben prägen.

Fest steht: Ein Führen im Stil von Befehl und Gehorsam, wie es in vielen Wirtschaftsbetrieben funktioniert, ist in Parteien nicht möglich. Je weniger den Vorsitzenden ein Machtmythos umgibt, desto härter muss er täglich um Mehrheiten kämpfen, und zwar gegen zahlreiche Akteure, die konsequent ihre eigenen Ziele verfolgen: als Rivale (Edmund Stoiber), als Ministerpräsident (Peter Müller), als Karrieremensch (Friedbert Pflüger) oder einfach nur als Prestigehungriger (Matthias Wissmann).

Die Politologen Josef Schmid und Udo Zolleis haben aufgezeigt, dass Aufgaben und Rollen in politischen Parteien nur selten funktional und effizient miteinander verbunden sind. »Parteien sind unfertig und regelungsschwach, weil sie es allem Anschein nach unterlassen, die in ihnen ablaufenden Handlungen und Aktivitäten, so wie es in anderen Organisationen üblich ist, zu koordinieren, abzustimmen und zusammenzuführen.« Kategorien wie »Rationalität« und »Effizienz«, die die Physikerin Merkel zu schätzen weiß, treffen die Parteienwirklichkeit nur unzureichend.

Vielleicht aber macht genau diese Unschärfe, das Ungereimte und Fragmentarische, das Symbolische und Unkonkrete, den nach wie vor vorhandenen Reiz der Großorganisation Partei aus. Eine allzu klare Definition von Zielen, Inhalten oder Erwartungen an die Mitgliedschaft könnte zu mehr Eindeutigkeit, andererseits aber auch zum Ausschluss ganzer Gruppen führen. So stehen dem wirtschaftsliberalen Flügel immer auch die sogenannten Herz-Jesu-Marxisten, die christsoziale Arbeitnehmerschaft, gegenüber. Beide Gruppen müssen sich in der Union heimisch fühlen können. Gerade diese anarchischen, widersprüchlichen, zuweilen ins legendenhaft-kultische spielenden Elemente geben einer heterogenen Mitgliederschar vielfältige Möglichkeiten, sich zu identifizieren, und sei es auf einem emotional geladenen Terrain von Mythologie und Fantasie.

Angela Merkel spürt dieses Bedürfnis. Und sie bedient es. Im Herbst 2000 gelingt ihr ein entscheidender Schritt zur Befriedung einer immer noch aufgewühlten Partei. Polarisierend wirkt nach wie vor, dass der angeschlagene Patriarch Kohl und sein einstiger vermeintlicher Kronprinz Schäuble bis auf die Knochen zerstritten sind. Die CDU aber dürstet nach Harmonie. Die Sympathie der Partei liegt eher bei Kohl, dem Kanzler der Einheit, der Kopf spricht für den tapferen Soldaten Schäuble.

Drei Handlungsoptionen bieten sich der Vorsitzenden: ein endgültiger Bruch, verschämtes Schweigen oder aber die behutsame Reintegration in die Partei. Der harmoniesüchtigen CDU wäre an einer friedlichen Lösung gelegen. Das aber ist die größte Herausforderung.

In einem durch den thüringischen Ministerpräsidenten Bernhard Vogel im Sommer 2000 vorbereiteten Telefonat sucht Angela Merkel erstmals nach der Spendenaffäre eine Annäherung an Kohl. Sie bietet dem Alt-Kanzler an, am 1. Oktober 2000 in Dresden an einer CDU-Gedenkfeier zum 10. Jahrestag der deutschen Einheit teilzunehmen. Man dürfe, so Merkel listig, doch Rot und Grün nicht die Deutungshoheit über die Wiedervereinigung überlassen. Die Intonierung war klug gewählt, ging es doch um das Lebenswerk Kohls.

Beides, das Telefonat und Kohls Zusage, gelangt auf unerklärliche Weise an die Öffentlichkeit. Merkels Anruf wird parteiintern als redliches, uneitles Bemühen um Aussöhnung wahrgenommen.

Rund um die Feierlichkeiten zum 10. Jahrestag der Einheit schafft es die Vorsitzende tatsächlich, ihre beiden Vorgänger, wenn auch nicht miteinander, so doch mit sich selbst und der Partei zu versöhnen. Vor 500 Gästen tritt Kohl am 1. Oktober 2000 in Berlin im Haus der Wirtschaft auf und hält sich sogar an die mit Merkel zuvor vereinbarte Rollenverteilung: Er spricht nur über die Wurzeln der CDU und die Einheit. Die Vorsitzende widmet sich dagegen den Herausforderungen der Zukunft. Es bestätigt den kollektiven Instinkt einer Partei, dass Kohl, Merkel und der ebenfalls anwesende Wolfgang Schäuble fast auf die Sekunde genau den gleichen Applaus bekommen.

Die Vorsitzende ist penibel um Äquidistanz bemüht. Nur zwei Tage nach den Einheitsfeierlichkeiten stellt sie, ebenfalls in Berlin, das Buch *Mitten im Leben* vor, in dem Schäuble seine Sicht der Spendenaffäre schildert. »Einigkeit macht stark«, lautet die Botschaft der Vorsitzenden. Auch wenn es Kritik an einem vermeintlichen Kotau Merkels vor Helmut Kohl gibt, versteht die Partei ihr Bemühen dieser Tage als Schlussstrich unter die Spendenaffäre. Alles soll wieder so sein wie früher, im Familienbetrieb CDU.

Die Harmonie-Events nutzen insbesondere der Vorsitzenden. Durch die Ehrung für Kohl und das Lob für Schäuble hatte sie sich als Frau der Mitte positioniert, eine Integrationskraft bewiesen, die die CDU, aber auch die Altvorderen zu schätzen wussten. Kohl erklärt, er werde Merkel »voll und ganz unterstützen«. Der zutiefst verletzte Schäuble brummelt fortan immerhin deutlich leiser.

Die Hausbesetzer-Taktik der Vorsitzenden war ein weiteres

Mal aufgegangen. Sie hatte geschafft, was die Partei wollte: Probleme lösen. Der Weg dorthin war für die Mitglieder von nachrangiger Bedeutung, solange sie das Gefühl hegten, ihr Klub hatte gewonnen. Die Schäuble-Kohl-Befriedung wurde wie ein Sieg wahrgenommen.

Dieser Sicherungserfolg wirkte aber nicht lange. Die nächste Serie von Attacken kam bald, diesmal aus der Schwesterpartei CSU. Und sie zielten direkt auf die politische Vernichtung Merkels. Der Besser-Bayer Stoiber sollte zum Kanzlerkandidaten gemacht werden. Die CDU-Chefin musste einigermaßen hilflos mit ansehen, wie sie von einer schlagkräftigen bayerischen Partei vorgeführt wurde. Ob Goppel oder Glos, Huber oder Beckstein, Seehofer oder Söder, in artiger Eintracht trugen die Männer aus dem Südstaat seit Ende des Jahres 2000 ihre Angriffe und Nickligkeiten vor. Die Oppositionsrolle erwies sich für Angela Merkel als hinderlich. Als Regierungschef konnte Stoiber viel selbstbewusster agieren.

Egal, sie wollte die Kanzlerkandidatur. Doch die Männer in der CDU wollten Stoiber. Außer Merkel selbst traute sich keiner. Koch war spendenbelastet, Wulff noch nicht Ministerpräsident, Merz erledigt, der Rest schwach. Stoiber zauderte. Er fühlte, dass er nicht gemocht wurde, sondern vom CDU-Nachwuchs nur instrumentalisiert werden sollte, die ungeliebte Frau zu killen.

Der Kampf um die Kanzlerkandidatur setzt jede Oppositionspartei einer heftigen Zerreißprobe aus. Diese Entscheidung, auf die Politiker und ihre Vertrauten ganze Lebensplanungen ausrichten, lässt Kompromisse nicht zu, sondern folgt einer Entweder-Oder-Logik: Sieger oder Verlierer. Die für konsensorientierte deutsche Parteien ungewohnte Phase harter angelsächsischer Wettbewerbsdemokratie spaltet die Mitgliedschaft. Auch nach der Entscheidung ist eine einmütige Unterstützung nicht selbstverständlich, wie die Beispiele der Kandidaten Strauß 1980 oder Scharping 1994 beweisen. Für Angela Merkel gerät die K-Frage 2002 zum Test, inwieweit sie die CDU im Griff hat. Denn eines ist klar: Wenn ihre Partei geschlossen hinter ihr steht, wird es keinen Kanzlerkandidaten aus der kleinen Schwesterpartei geben.

Die Vorsitzende hat sich ausgiebig mit der Geschichte der CDU beschäftigt. Noch heute fragt sie bei altgedienten Parteimitgliedern nach, wie Kohl oder Adenauer bestimmte Probleme gelöst hätten. Die Vergangenheit ihrer Partei ist für sie eine Fundgrube für Anregungen, und sei es nur, um gemachte Fehler nicht zu wiederholen.

Doch verbindliche Regeln für die Bestimmung eines Kanzlerkandidaten existieren in der CDU nicht. Die K-Frage hat sich in der Historie der Partei in drei verschiedenen Konstellationen gestellt. In der Gründungsphase ging es darum, wer die CDU erstmals als Regierungschef repräsentieren solle. Am Ende der Ära Adenauer stellte sich dann die Nachfolgefrage, da der erste Kanzler der Bundesrepublik absichtsvoll keine Regelung getroffen hatte – der Machtverlust kann durchaus auch als eine Spätfolge der ungeklärten innerparteilichen Macht- und Personalfragen interpretiert werden. 1969 und 1998, nach dem Verlust der Macht, musste sich ein Kandidat aus der Opposition heraus durchsetzen.

Adenauers Weg zur Kanzlerschaft kann Merkel kaum als strategisches Vorbild dienen. Über den begehrten Arbeitsplatz wurde in Adenauers Privathaus in Rhöndorf bei einigen Flaschen guten Weins von ihm selbst im Beisein hochrangiger CDU-Politiker entschieden. Sein schärfster Rivale, Karl Arnold, war gar nicht erst eingeladen. Nach Erhards Sturz 1966 musste die regierungs- und autoritätsgewohnte CDU erstmals überlegen, welches Verfahren sie anwenden wollte, um zu einem Kandidaten zu kommen. Der Bundesvorstand umkreiste das Thema, bis der junge Helmut Kohl schließlich fragte, über welche Kandidaten man überhaupt abstimmen wolle. Die Namen lauteten: Rainer Barzel, Gerhard Schröder, Eugen Gerstenmaier und Kurt Georg Kiesinger.

Barzel und Schröder galten als zu kalt, Gerstenmaiers Neigung zu akademischen Vorträgen wirkte abschreckend. Baden-Württembergs Ministerpräsident Kiesinger erwies sich als der integrativste Kandidat. Er setzte sich in einer Kampfabstimmung des Vorstands gegen Barzel und Schröder durch. Diese erste offene Wahl war Indiz für eine neuartige innerparteiliche Demokratisierung, das »68 der CDU«, wie der Partei-Biograph Frank Bösch schreibt. Es kam jedoch auch zu einer Polarisierung: Der baden-württembergische Kiesinger-Flügel stand der nordrhein-westfälischen Schröder-Gruppe gegenüber.

Anfang der Siebzigerjahre wurde deutlich, dass eine offene K-Frage die Partei nicht nur polarisieren, sondern auch blockieren kann. 1971 kursierten erneut vier Namen: Kohl, Barzel, Stoltenberg und Schröder. Da Letzterer zu alt und Stoltenberg zu kühl war, blieben Kohl und Barzel. Kohl verlangte für sein Ziel einer Reform der Honoratiorenpartei nur den Parteivorsitz, was ihm die Sympathie von Junger Union und CDA einbrachte. Barzel dagegen strebte nach Kanzlerkandidatur und Vorsitz. Im Gegensatz zum in Rheinland-Pfalz fest verankerten Kohl aber fehlte ihm die Unterstützung der Partei. Er war stets mit Hilfe von Mentoren aufgestiegen und galt als ein Repräsentant der alten Partei. Das Netzwerk der Senioren verschaffte Barzel die Mehrheit. Auch diese historischen Vorgänge halfen Angela Merkel nicht weiter.

Erst die Aufstiegsgeschichte Kohls lieferte ihr wichtige Hinweise. Der damals in der K-Frage unterlegene Kohl als Vertreter einer jüngeren CDU war der automatische Anwärter für 1976. Er verlor die Bundestagswahl zwar, holte jedoch ein ausgezeichnetes Ergebnis. Gemeinsam mit der FDP hätte die Union regieren können, doch die Liberalen zogen es vor, an der Seite der SPD zu bleiben. Kohls freiwilliger Wechsel vom komfortablen Sitz des Mainzer Ministerpräsidenten auf den harten Stuhl des Fraktionschefs in Bonn brachte ihm den Respekt der Partei ein.

Voraussicht oder Notlage, der Verzicht auf die Kanzler-kandidatur 1980 sollte sich für Kohl bezahlt machen. Das Duell von Ernst Albrecht mit dem bayerischen Ministerpräsidenten Strauß bedeutete den Verschleiß beider. Auch 1980 war unklar, wie der Kandidat bestimmt werden sollte. Die Strauß-Anhänger setzten sich mit dem Vorschlag durch, die Fraktion solle entscheiden. Für die CDU bedeutete diese Wahl einen Rückschlag. Wieder wurde die Union polarisiert, diesmal zwischen den Schwesterparteien. Von einer einigenden Wirkung des Kandidaten war nichts zu spüren. Manche Landesverbände versammelten sich nur unwillig hinter dem Bayern. Parallelen zur K-Frage 2002 drängten sich auf. Sollte Merkel doch Stoiber den Vortritt lassen?

Schließlich bedeutete das Scheitern von Strauß den zwangsläufigen Aufstieg Kohls. Die CSU war zurückgedrängt, die sozialliberale Koalition hatte abgewirtschaftet. Kohls Geduld hatte sich gelohnt. Einhellig wählte die Bundestagsfraktion ihn zum Vorsitzenden. Die Frage über die Kandidatur der für 1984 erwarteten Bundestagswahl war durch seine strategische Zurückhaltung schon früh und unumstritten entschieden. So stand Kohl auch 1982 für die mögliche Machtübernahme als einziger Kandidat bereit.

Doch Angela Merkel wollte nicht warten. Sie fürchtete das Erstarken der Rivalen Wulff und Koch bis 2006. Während in der Öffentlichkeit ab Mitte der Neunzigerjahre Wolfgang Schäuble als natürlicher Nachfolger Helmut Kohls betrachtet wurde, hatte sich hinter den Kulissen ein belastbares Großvater-Enkel-Verhältnis zwischen Koch und Kohl entwickelt, das von beiden Seiten mit bemerkenswerter Diskretion behandelt wurde. Dass Koch als Erster der Jungen eine Landtagswahl gewann, kaum ein halbes Jahr nach der verlorenen Bundestagswahl 1998, positionierte ihn sowohl in der CDU als auch in der Öffentlichkeit als Repräsentant einer klaren, harten, polarisierenden Partei, die die Auseinandersetzung mit dem politischen Gegner nicht scheut. Wulff dagegen war als Schwiegermutter-Typ gefährlich. Und Respekt vor der Vorsitzenden zeigte er auch nicht. Die Hände vors Gesicht geschlagen, stöhnte der Osnabrücker im Präsidium schon mal: »So kann man nicht führen.«

Daher sieht Merkel sich gezwungen, die K-Frage 2002 konfrontativ anzugehen. Zugleich wächst der Druck aus der CSU. Auf der Klausurtagung im Januar in Wildbad Kreuth bringt der CSU-Landesgruppenchef in Berlin, Michael Glos, erstmals Edmund Stoiber als Kanzlerkandidaten ins Spiel. Die Dementis aus der Münchner Staatskanzlei bleiben verhalten. Mit ihrer Klarstellung »Stoiber und ich bestimmen die Kanzlerkandidatur« wirft die Vorsitzende potenzielle Mitbewerber zurück. Die ständigen Geplänkel dienen den Kandidaten dazu, ihren Marktwert auszuloten. Trotz zahlreicher, teils irreführender Äußerungen erscheint klar, dass Stoiber nun vorläufig wirklich kandidieren will, vielleicht jedenfalls.

Merkel ist an der Parteibasis beliebt, allerdings fehlen ihr die Verankerung im CDU-Establishment und ein thematisches Profil. Dafür scheint sie geeignet, Wählergruppen zu mobilisieren, die der Union unter Kohl abhanden gekommen waren: Junge, Frauen, Stadtbewohner und Norddeutsche. Der konservative Katholik Stoiber dagegen verkörpert Union pur und hat zudem den Vorteil, ein funktionierendes Bundesland als wirtschaftspolitischen Leistungsnachweis präsentieren zu können. Sein Nachteil: Als Bayer wird er vornehmlich als zeternde Regionalgröße wahrgenommen. Er hat sich zu oft gegen die Bundespolitik profiliert, ein gesamtdeutsches Interesse misst man ihm nicht zu.

Unbeirrt läuft die mediale Maschinerie der CSU weiter. Offenbar hat sich die Bayern-Partei auf ein konzertiertes Vorgehen geeinigt und stellt einmal mehr ihre Geschlossenheit unter Beweis. Generalsekretär Thomas Goppel erklärt im Radio: »Das Problem ist nicht, dass Angela Merkel kein Profil hat, sondern dass nicht alle dahinter geschart sind.« Eine gravierende Frechheit. Etwas später regt Glos an, man solle einen Kandidaten Schäuble erwägen. Das Motiv ist klar: Es soll ein Keil in die ohnehin nicht geschlossenen Reihen der CDU getrieben werden.

Der Vorsitzenden gelingt es nicht, eine Front gegen die Bayern zu errichten. Die K-Frage spaltet die Partei. Stoiber-Sympathisanten überwiegen die Merkel-Freunde. Die Südwest-CDU spricht sich gar gegen die eigene Kandidatin aus. Die Vorsitzende muss sich mit Machtworten, Drohungen und Zurechtweisungen zur Wehr setzen. Das Kalkül der CSU, die Autorität der Rivalin zu untergraben, geht auf. Die Grenzen ihrer Macht werden Merkel in diesen Monaten deutlich wie nie.

Der CDU-Parteitag im Dezember 2001 in Dresden gilt als wichtiger Test für beide. Sowohl ihre Reden als auch die Reaktionen von Delegierten und Öffentlichkeit werden als entscheidender Gradmesser gewertet. Gleichwohl schwebt über dem Parteitag ein Paradox. Denn die K-Frage, die alle interessiert, steht offiziell nicht zur Debatte. Was nicht auf der Bühne besprochen wurde, wird auf den Fluren jedoch umso engagierter diskutiert.

So findet ein Fern-Wettbewerb am Rednerpult statt. Zwar punktet Merkel mit einem kämpferischen Vortrag, doch Stoiber kontert am Tag darauf mit einer unverhohlenen Bewerbungsrede, auch, um die Stimmung in der großen Schwesterpartei auszuloten. Beide Beiträge werden mit ähnlich viel Applaus bedacht, was die Bayern als Erfolg werten.

Wenige Tage zuvor hatte sich der Andenpakt für Stoiber ausgesprochen. Der Andenpakt ist ein Geheimbündnis führender CDU-Politiker, dem Koch und Wulff, Günther Oettinger, Peter Müller, Franz Josef Jung und Volker Bouffier angehören. Das Votum fiel allerdings nicht sehr eindeutig aus, denn die Taktiker aus der zweiten Reihe mussten entscheiden, ob ihnen eine mutmaßliche Niederlage Merkels nicht mehr gelegen käme als ein eventueller Sieg Stoibers. Angela Merkel bekommt von all den Treffen und Telefonaten ihrer Parteifreunde nicht viel mit. Mit Stoiber hatte sie verabredet, dass die K-Frage im Januar entschieden werden solle.

Ihr Führungsverhalten basiert auf der Annahme einer heterogenen Schar von Landesvorsitzenden. In ihrem strategischen Zentrum wird gerechnet, wer auf Seiten Stoibers stehe, wer auf Seiten Merkels, und wer womöglich noch zu gewinnen sei. Die Kontrahenten halten einander über die Jahreswende in Schach. Angela Merkel erklärt: »Ich bin bereit zur Kanzlerkandidatur«, und sie leitet ihren Anspruch historisch ab: »Die Geschichte der CDU zeigt, dass ihren Parteivorsitzenden immer ein gleichsam selbstverständlicher Anspruch auf die Kanzlerkandidatur zugebilligt wurde.« Stoiber dagegen liegt in allen Umfragen vorn. Zugleich melden die Demoskopen für die Union immer hoffnungsvollere Zahlen. Die Chancen stehen großartig. Merkel muss wollen. Der Showdown naht.

Die Vorstandsklausur, die Klarheit bringen soll, ist für Mitte Januar in Magdeburg anberaumt. Wenige Tage zuvor glaubt Angela Merkel noch, sie könne die K-Frage zu ihren Gunsten entscheiden. Sie trifft Helmut Kohl. Doch am 9. Januar ruft Roland Koch an, aus dem Skiurlaub. Es ist eines seiner wenigen Telefonate, die deutlich über Zimmerlautstärke hinausgehen. Der Hesse teilt der CDU-Vorsitzenden mit, dass sie keinen Rückhalt, keine Berechtigung auf die Kandidatur habe. Merkel antwortet lautstark, aber gibt sich am Ende geschlagen. Sie erkennt, dass sie gegen den kompletten Andenpakt keine Chance hat.

Entscheidend für ihren Rückzug war die Angst, ihre Kandidatur könnte die CDU spalten und ihr in der Bundestagswahl eine Niederlage beibringen. Ihr Verschwinden von der politischen Bühne wäre damit besiegelt. Würde sie sich dagegen für Stoiber erklären, könnte sie sich dies teuer abhandeln lassen und bliebe selbst im Fall seiner Niederlage an entscheidender Position. Bei der Berechnung dieser, einer mathematischen Gleichung ähnelnden, politischen Konstellation kommt sie zu dem Schluss, dass der Rückzug mit weniger Risiken und größeren Perspektiven verbunden wäre.

Nun geht es darum, die Schäden umgehend zu begrenzen. Führung gerät zum Krisenmanagement. Wie, so überlegt Merkel mit ihren Vertrauten Laurenz Meyer, Beate Baumann, Willi Hausmann und Eva Christiansen, lässt sich öffentlich der Eindruck erzeugen, die Vorsitzende habe jederzeit das Heft des Handelns in der Hand gehalten, und das sei auch weiterhin der Fall. Eine offenkundige Niederlage darf nicht wie eine solche aussehen. Symbolische Politik ist angesagt.

Am 11. Januar 2002 um acht Uhr morgens klingelt Frau Merkel in Wolfratshausen bei den Stoibers an der Tür der Doppelhaushälfte. Karin Stoiber hat den Frühstückstisch gedeckt. Nach einer Stunde ist alles klar. Angela Merkel hat sich aus einer ausgesprochen misslichen Lage befreit und Edmund Stoiber die Kandidatur angetragen. Optisch hat sie in vertrackter Situation die Handlungshoheit behalten: Es sieht aus, als habe sie aus Einsicht entschieden, aus Zurückhaltung und Bescheidenheit. Im Gegenzug, so heißt es, hat sie sich von

Stoiber für den Fall des Wahlsiegs den Unions-Fraktionsvorsitz im Bundestag zusichern lassen. Damit hat sie für ihren zukünftigen Erfolg die nötigen Schienen gelegt: Gewinnt Stoiber, wird sie als Fraktionschefin die zweitmächtigste Position in der Koalition innehaben. Verliert der Bayer, hat sie den ersten Zugriff auf die nächste Kandidatur. Diese Entscheidung und ihre kühle Umsetzung bilden eine der wesentlichen Voraussetzungen für die spätere Kanzlerschaft Merkels.

Es sind zwei Erkenntnisse, die sie in diesen Tagen über die Funktionsweise ihrer Partei gewonnen hat. Erstens muss dieser Andenpakt zerschlagen und zweitens Koch in Hessen isoliert werden. Denn beide hindern sie daran, ihre Macht zu stabilisieren. »Ich habe den Andenpakt unterschätzt«, sollte sie später selbstkritisch sagen.

Auf der Klausur in Magdeburg, der Stoiber per Privatjet einen Besuch abstattet und zum Miteinander aufruft, erklärt sich Koch erstmals für Stoiber. Er hält die Vorsitzende für instabil und will ihre Entmachtung vorantreiben. Sein Freund Franz Josef Jung soll die Berliner Wahlkampfkommission leiten, Generalsekretär Meyer entsorgt werden. Doch Koch hat die Stimmung falsch eingeschätzt.

Das Verhalten der Vorsitzenden findet in der Partei viel Respekt, nur wenige legen es ihr als Schwäche aus. In beispielhafter Solidarität stellt Angela Merkel sich fortan an die Seite Stoibers. Über ein halbes Jahr lang lässt sie sich nicht eine einzige belastende Spitze gegen den Bayern entlocken, sondern erweist sich als exzellente Teamspielerin. Instinkt oder Berechnung – in diesen Monaten legt sie den Grundstein für alle Erfolge, die noch kommen sollen. Auch Stoiber hält sich im Rahmen seiner charakterlichen Möglichkeiten an die Regeln, zumal er die CDU-Chefin für einen harmonischen Wahlkampf braucht. Einer misslungenen Strategie der Konfrontation lässt sie eine Führung durch Zurückhaltung folgen: So gelingt es ihr, eine bedrohliche Situation für sich zu wenden.

Die Vorwahlmonate stärken ihre Rolle als Vorsitzende, da die nahende Wahl einen hohen äußeren Geschlossenheitsdruck auf alle Akteure ausübt. In dieser Phase kann sie regenerieren und sich ungestört für die Zeit nach der Wahl positionieren. Wie die Wahl auch ausfallen mag, die CDU-Vorsitzende wird zu den Gewinnern gehören: entweder als mutmaßliche Fraktionsvorsitzende und Chefin der stärksten Regierungspartei und mithin Nummer zwei hinter einem Kanzler Stoiber oder als konkurrenzlose Anführerin einer oppositionellen Union mit natürlichem Zugriffsrecht auf eine Kanzlerkandidatur 2006.

Und so kommt es auch. Nach Stoibers Niederlage sichert sich die CDU-Vorsitzende folgerichtig den Fraktionsvorsitz. Der mucksche Merz hat kaum noch Unterstützer. Damit hat Merkel die zweite entscheidende Ressource erobert. Wie einst bei Kohl ruht ihre Macht nun auf zwei Säulen. Sie hat mehr Posten, die sie verteilen kann. Sie hat Machtmittel gegen ungezogene Abgeordnete, mehr Geld, mehr Mitarbeiter, die Bühne Bundestag.

Auf zwei Jahre des Wackelns folgt die Phase der Stabilisierung. Die Parteibesetzerin Merkel hat die wichtigsten Stockwerke erobert. Beate Baumann bleibt in der Parteizentrale und steuert die CDU gemeinsam mit Laurenz Meyer; Merkel und Eva Christiansen konzentrieren sich auf die Fraktion. Die Basis bestätigt ihren Kurs. Mit 93 Prozent wird sie auf dem Nach-Wahl-Parteitag in Hannover bestätigt. Auch die Umfragen sprechen für sie: Je weiter Schröder und Rot-Grün fallen, desto höher klettern die CDU und ihre Vorsitzende, die große Profiteurin der Wahl.

Die Bundestagswahl hat ihr, wie seinerzeit Kohl, zwei Konkurrenten vom Hals geschafft, Stoiber und Merz, und ihre Machtfülle ins Märchenhafte wachsen lassen. Endlich scheint sie im Herzen der Berliner Republik angekommen zu sein. Als Partei- und Fraktionschefin der CDU kann keine größere politische Entscheidung im Lande mehr ohne ihre Mitwirkung oder zumindest ihre Einmischung erfolgen. Sie gehört zum Dutzend der Mächtigsten im Land.

Der Fraktion misst der CDU-Kenner Bösch die größten Machtressourcen zu. Die Koordination einer Fraktion gehört zu den anspruchsvollsten Aufgaben des deutschen Parlamentarismus, denn hier sind die einflussreichsten Köpfe versammelt. Die vielfältigen Aufgaben können nur durch einen kleinen vertrauten Kreis wahrgenommen werden, in dem offen diskutiert werden kann, der zugleich aber auch das Informationsmanagement nach innen und außen gewährleistet. Hierarchisches Führen ist zum Scheitern verurteilt, weil eine Fraktion auf der Basis freiwilliger Selbstbeschränkung gleicher und autonomer Mitglieder in einem offenen System funktioniert, dessen Prozesse in einem hohen Maße transparent sind. Loyalität, Akzeptanz und Solidarität sind unverzichtbare Voraussetzungen in einem »Rudel von Alpha-Tieren«, sagt Michael Eilfort. Sein Fazit: »In keiner anderen Funktion dürfte konstruktives Mitwirken anderer so sehr Voraussetzung für Erfolg und gleichzeitig so wenig zu erzwingen sein. Kein anderer ›Vorstandsvorsitzender‹ muss sich in solchem Maß auf einen Führungskreis verlassen, auf dessen Zusammensetzung er nur begrenzt Einfluss hat.«

Angela Merkel bekommt in der Fraktion einen Crash-Kurs in Personalführung durch Moderation. Ihr verhuschter Führungsstil der ersten Jahre wandelt sich. Sie wird offener, lernt Zutrauen und Delegieren. Als Fraktionschefin kann sie auf eine große Parteitradition zurückblicken. Sowohl Helmut

Kohl als auch Wolfgang Schäuble besetzten das Amt. Eilfort weist auf den Umstand hin, dass Fraktionschefs nur selten im Licht der Öffentlichkeit stehen, dafür müssten sie »mehr auf die Kraft des Wortes setzen«.

Auf Grund der vielfältigen Querverbindungen zwischen Partei und Fraktion liegt nahe, dass beide Ämter in einer Hand zwar die Koordinierungsanforderungen deutlich erhöhen, andererseits aber auch die Erfolgsaussichten. Es folgt die Tauglichkeitsprüfung: Wird Merkel mit der neuen ungewohnten Komplexität der zwei Ämter fertig? Wenn ja, dann ist »der nächste logische Schritt die Kanzlerkandidatur«, folgert Nina Grunenberg in der *Zeit*. Dazu fehle Angela Merkel nur noch das politische Profil. (Merkels Strategien zur Behebung dieses Mankos werden in Kapitel X. behandelt.)

Um wie vieles mächtiger sie durch die Doppelführung geworden ist, spürt sie an Merz und Koch. Die Angriffe der beiden, die sie noch vor Jahresfrist ins Wanken gebracht hätten, prallen plötzlich ab. Und so kann sie sich der nächsten Stufe des politischen Konflikts zuwenden: dem Kampf gegen die rot-grüne Bundesregierung.

Auch wenn sie günstige Bedingungen hatte, so hat Angela Merkel doch eine Glanzleistung vollbracht. Betrachtet man die vielfältigen Anstrengungen politischer Spitzenkräfte, Partei- und Fraktionsvorsitz oder die Kanzlerkandidatur zu erringen, dann bedeuten die zwei Jahre vom Verlegenheitsvorsitz bis zur sattelfesten Parteiführerin Rekordtempo. Es kann nur eine Frage der Zeit sein, bis sie auch nach dem Kanzleramt greift.

Die Partei hat sie inzwischen im Griff wie seinerzeit Helmut Kohl. Wie ihr politischer Ziehvater regiert auch Angela Merkel per Telefon. Sonntags nach dem Mittagessen fängt sie an, Vertraute und wichtige Parteimitglieder anzurufen. Vor

Beginn des *Tatort* ist sie selten fertig damit. Sie ermittelt Stimmungen, organisiert Mehrheiten, droht und tobt. Wenn montags in Berlin die Gremien zusammentreten, hat Angela Merkel das politische Geschehen weitestmöglich vorbereitet. Eine Revolution gegen sie wäre kaum mehr denkbar, eine Großintrige wie bei der K-Frage 2002 schon gar nicht.

Nun nimmt Angela Merkel die letzte Schwachstelle in Angriff. Sie müht sich, dem Vorwurf programmatischer Unschärfe zu begegnen. Ausgerechnet Schröders Agenda 2010 zwingt sie unerwartet zu inhaltlicher Klarheit. Dass sich der Kanzler als großer Reformator feiern lässt, kann sie nicht durchgehen lassen. Mit einer programmatischen Ruck-Rede im Deutschen Historischen Museum, vor allem aber mit der Einsetzung der Herzog-Kommission kontert sie den Kanzler.

Mit dem fulminanten Auftritt des Altpräsidenten auf dem Leipziger Parteitag im Dezember 2003 werden auch die inhaltlichen Lücken offenkundig geschlossen. Partei wie Öffentlichkeit jubeln in bisher ungekannten Tonlagen. Merkels Rolle als Anführerin der Opposition ist unbestritten; die Umfragen weisen sie als sichere Wahlgewinnerin aus.

Fortan legt sie großen Wert darauf, die Deutschen an die Vorstellung einer Frau im Kanzleramt zu gewöhnen. Die Parteibesetzung, die wie eine Guerilla-Aktion begann, hat hochoffizielle Züge bekommen. Sie ist legalisiert; man hat sich an sie gewöhnt. Ihre kluge Verhandlungsführung zwischen Blockieren und Mitmachen beschert ihr immer wieder die erwünschten Fernsehbilder im Kreise der Machtmänner: Merkel im Vermittlungsausschuss, Merkel im Bundestag, Merkel beim Jobgipfel, Merkel erstmals im Kanzleramt. Die Schwarmintelligenz einer zuvor äußerst skeptischen Partei hat begriffen, dass an dieser Frau kein Weg vorbeiführt.

Angela Merkel selbst ist bis heute verblüfft über diesen

märchenhaften Aufstieg. »Dass diese Volkspartei die Kraft aufgebracht hat, jemanden mit einer ganz anderen Herkunft zur Vorsitzenden zu wählen, das bleibt eine große Sache.«

Mindestens so faszinierend ist es, wie ergeben sich diese Partei von ihrer Chefin steuern lässt, seitdem sie als Kanzlerin wirkt. War die Kurskorrektur beim Leipziger Parteitag noch ein Überfall, den die CDU gern geschehen ließ, aber immerhin noch registrierte, so geschah der nächste Radikalschwenk praktisch geräuschlos und unbemerkt.

Es war im September 2007 auf einem Parteikongress in Hanau, als die Kanzlerin den neuen Kurs skizzierte. »Teilhabe für alle« hieß nun das Motto, abgeleitet aus Erhards »Wohlstand für alle«. Jetzt geschah, was nach dem Schrecken der fast verlorenen Bundestagswahl 2005 geschehen musste: die Rückpositionierung der CDU als Sozialstaatspartei von Neo-Kohlschem Zuschnitt. Der lange kritisierte NRW-Ministerpräsident Jürgen Rüttgers bekam Recht, die Radikalreformer eine Ohrfeige.

Merkel bewegte die Partei zurück zum Volk, das Hedgefonds ebenso suspekt fand wie Millionen-Gehälter für Vorstände und den Umstand, dass vom Aufschwung beim Bürger wenig ankam. Die Kanzlerin hatte ihre vorerst letzte Lektion gelernt: Das Soziale ist Staatsräson.

IV. Die Seilschafterin

Angela Merkel hat die mächtigsten Frauen Deutschlands als Verbündete. Viele teilen ihr Schicksal, sich gegen einen Haufen Männer durchgesetzt zu haben. Mit dem Opfergestus der Frauenbewegung will dieser postfeministisch-konservative Komplex nichts zu tun haben.

Es ist einer dieser Häppchen- und Smalltalk-Abende in Berlin, bedeutungsarm und kalorienreich für Menschen, die nicht so zielstrebig und diszipliniert sind wie Renate Künast und Friede Springer. Während die Herren das fünfte Pils stürzen und die kalten Platten abräumen, bescheiden sich Grüne und Verlegerin nach einem Pflichtglas Schaumwein mit viel Wasser und wenig Kohlehydraten. Sie achten auf sich wie Spitzenathletinnen. Sie sind die Profis in einer Horde überwiegend dicker, ungehobelter Kerle.

Kein Wunder, dass die konservative Verlags-Chefin und die gelernte Linke im Laufe des Abends wie selbstverständlich zusammenfinden. Sie verstehen sich über alle kulturellen Gräben hinweg ganz prächtig. Ob man sich einen Aufstieg lang gegen grüne Hirsche behaupten musste oder gegen tückische Verlagsmanager, das macht keinen Unterschied.

Frau Springer spricht mit höchstem Interesse von der Akademie der Künste, die in jenem gequetschten Glasbau am Pariser Platz nahe dem Brandenburger Tor residiert, gleichsam im Kern Deutschlands. Wer hier Mitglied ist, gehört zu den großen Denkern, Malern, Schreibern, Architekten, Künstlern, die der Republik Hochkultur verleihen: Bruce Nauman, Martin Walser, Dietrich Fischer-Dieskau, Michael

Ballhaus, Lord Norman Foster, Pina Bausch und noch viele Wichtige.

Die Verlegerin, deren Führungsleute selbstverständlich zu den Mäzenen der Akademie gehören, äußert sich zufrieden darüber, dass das Land nun eine intellektuelle Zentrale habe, ein Podium. Allein, es fehle das Programm. Debatten müssten dort angezettelt werden, keine Quatschrunden, sondern echte, anspruchsvolle Kongresse, die das Land nach vorn bringen. Und Frauen wie Renate Künast müssten natürlich dabei sein.

Friede Springer spricht dezent wie immer. Doch die Botschaft ist gewaltig: Die Männer kriegen das ja doch nicht hin. Die stolzieren nur umher, ohne Impulse zu geben. Keine Ideen, keine Debatten, nur Rotweingewäsch. Die können nicht, und vielleicht wollen sie auch gar nicht. Wird Zeit, dass wir den Laden in die Hand nehmen, signalisiert die Verlegerin. Irgendwer muss Deutschland ja schließlich mal retten. Die Grüne Künast nickt. Sie kennt das Problem mit den Männern, die immer nur spielen wollen, rumtaktieren, gut aussehen. Doch die Rollen haben sich zunehmend vertauscht: Eitel sind heute die Männer, dynamisch die Frauen.

Diese Erfahrung haben inzwischen eine ganze Reihe von Machtfrauen gemacht. Liz Mohn etwa, Chefin des Verlagshauses Bertelsmann, oder Sabine Christiansen. Die TV-Moderatorin saß mit der Veranstaltungsmanagerin Isa von Hardenberg auf der Bundestagstribüne, als die neue Kanzlerin gewählt wurde. Zusammen mit vielen anderen Erfolgsfrauen aus Wirtschaft, Medien und Gesellschaft treffen sie sich alle Vierteljahr, vertraulich bis zur Konspiration, in einer ihrer Grunewald-Villen. Es wird gelacht, geplant und ausgeheckt.

Sie alle hätten sich vor ein paar Jahren noch nicht viel zu sagen gehabt. Sie stehen konkurrierenden Firmen vor, verschiedenen Parteien oder feindlichen Kulturen. Doch inzwischen bilden sie eine ganz große Koalition. Sie sind auf einem gemeinsamen Kreuzzug: *ladies on a mission*. Sie wollen nicht nur Konzerne leiten, Meinung machen und Wahlen gewinnen. Sie wollen alles, das ganze Land. Um endlich zu zeigen, dass sie es auch und besser können.

Die Sonne, um die dieses deutsche Frauen-Universum kreist, heißt Angela Merkel. Sie ist die Anführerin dieser Bande. Man kennt sich. Man hat die Handynummern. Sie tauschen sich aus. Sie networken oftmals besser als die Männer. Die Kanzlerin genießt die Bewunderung aller, zumindest aber ihren Respekt: Denn Angela Merkel hat es auf einem Terrain, das bislang ausschließlich Männern gehörte, ganz an die Spitze geschafft: in der großen Politik.

Merkel gegen Schröder, das war für viele dieser Frauen weit mehr als ein Kampf von Parteien. Es war ein Kampf der Kulturen. Und sie haben gemeinsam gewonnen. Neben Liz Mohn und Friede Springer, die mittags in Berlin gern zusammen essen gehen, gehört Ursula Lübbe, die Patriarchin des Billig-Reihen-Imperiums, zum Sympathisantinnenkreis, aber auch *Bunte*-Chefin Patricia Riekel und Verlegerfrau Gudrun Bauer. Die Fernsehfrauen Sabine Christiansen, Sandra Maischberger und Maybrit Illner sind ebenso dabei wie die Unternehmergattinnen Henkel und Bauknecht. Es ist ein leiser Kreis, aber er ist belastbar. Manchmal regiert er sogar mit. So soll Friede Springer ihre Duzfreundin Angela dringend ermahnt haben, den politischen Borderliner Martin Hohmann zu entsorgen. Ähnlich einflussreich wäre Alice Schwarzer auch gerne. Aber ihre erzieherischen Kommentare verfangen ebenso wenig wie Ratschläge zu Kostüm- oder Friseurfragen.

Der postfeministisch-konservative Komplex, der sich da zusammengefunden hat, bringt es vielleicht nicht auf den Umsatz, den die versammelten Vorstände repräsentieren, die ins

Kanzleramt drängen. Dafür verfügt die Pro-Merkel-Fraktion über ungeheure publizistische Macht: Bertelsmann, Springer, Lübbe, Bauer, wichtige Talk-Shows und die *Bunte* – so viel Unterstützung hatte Gerhard Schröder nicht einmal zu Spitzenzeiten. Und es scheint, als seien die Frauen etwas geduldiger mit ihrer Ikone.

Unbändig stolz sind sie allemal. Außergewöhnlich deutlich wurde Verlegerin Mohn schon 2004 in *Cicero*: »Es sind Eigenschaften wie Ehrlichkeit, Urteilsfähigkeit und Gerechtigkeit, die Angela Merkel leiten. In Verbindung mit ihrer Kompetenz in Fachfragen, ihrer klaren Denkweise und strukturierten Herangehensweise an Probleme bildet sie eine Leitfigur und ein Vorbild unserer Gesellschaft, das anderen Menschen Mut macht und sie führt. Man spürt eine Fürsorge und Zuneigung zu den Menschen in ihrem beruflichen Umfeld, in ihrer Partei, in unserem Land und auch in ihrer Familie.« Die Übersetzung ist klar: Sie kann es besser, vom Kopf und vom Herzen her. Und wir mit ihr.

Paradox, aber wahr: Es sind nicht die lautstarken Quoten-Kämpferinnen wie Rita Süssmuth oder Claudia Roth, die die erste weibliche Seilschaft begründet haben, keine eckigen Emanzen, sondern bürgerliche Damen im Twinset, distinguierte Villen-Bewohnerinnen, die die Teetasse elegant zu halten gelernt und ihre Karriere oft als »Frau an seiner Seite« begonnen haben.

Diese Damen verbindet offenbar etwas, das stärker ist als Konkurrenz und Rivalität: die gemeinsame Erfahrung eines steinigen Lebenswegs; das Gefühl, über Jahre von feixenden Herren als Dummchen, Betthase, Intrigantin, Dekorelement, jedenfalls nicht für voll angesehen worden zu sein. Jede musste sich auf ihre Weise durchsetzen in einer Männerwelt, die ihr nicht nur Gutes wollte.

Sie haben es trotzdem geschafft, in einem feindlichen Gewirr aus Herrenwitzen, Rotweingefasel und Testosteronritualen. Das war im Springer-Verlag nicht anders als in ARD oder CDU. Weil sie immer besser sein mussten, schlauer, schneller, disziplinierter, fleißiger, risikobereiter, undurchsichtiger und besser frisiert. Sie alle haben diese Erfahrung des harten und zuweilen demütigenden Schuftens, aber auch des großen Triumphes gemacht. Ihr Sturm auf die Gipfel hat aus ihnen einen verschworenen Clan gemacht, einen Club ohne Satzung, aber zusammengehalten von ähnlichen bis gleichen Gefühlen und Erlebnissen.

Jede weiß, was die andere geleistet hat. »Die Ost-Tussi wird es euch noch allen zeigen«, soll Angela Merkel in Zeiten verschärften Männer-Mobbings einmal ausgestoßen haben. Sie sprach stellvertretend für viele. Ihr einsamer gemeinsamer Kampf hat eine kollektive Sympathie untereinander geschaffen, ein gegenseitiges Verständnis, Wertschätzen, Vertrauen. Mit Wohlgefallen haben sie zur Kenntnis genommen, dass der *FAZ*-Herausgeber Frank Schirrmacher mit einem Anflug von Panik konstatiert hat, dass die deutsche Bewusstseinsindustrie in weiten Teilen von Frauen kontrolliert, zumindest moderiert wird.

Sie sind keine Barbies, keine Britneys. Sie haben die Klischees hinter sich gelassen. Seit klar ist, dass die Einzelkämpferin aus Templin die drittgrößte Industrienation der Welt kommandiert, fallen sie plötzlich verstärkt auf. In der Ära Kohl galt Mutter Beimer als Prototyp der idealen Frau, bei den Halbstarken Schröder und Fischer war es das *trophy wife*, die Beutefrau, eigentlich zu jung, zu schlank, zu glatt für ältere Herren. Vorbei. Ab sofort regiert die Generation Merkel. Hart, klar, verschmitzt und, wenn es sein muss, auch hundsgemein. Allein schon diesen Bescheidenheitsgestus muss jeder Mann als Zumutung empfinden. Bei Angela Merkel gab es zum Koalitionsvertrag Sprudel und nach der Wahl Kartoffelsuppe. Dafür aber zwei Kabinettsrunden in 48 Stunden. Basta.

Ob sie die besseren Männer sind, wird sich zeigen. Fest steht immerhin: Diese Frauen wollen Geschichte schreiben. Ihre Mütter haben den Schutt des Krieges fortgeräumt, sie schicken sich an, die Trümmer von Kohl und Rot-Grün fortzuschaffen. Selten in der Geschichte der Republik sind die Spitzen von Ökonomie und Intellekt, Medien, Show und Society derart eng zusammengerückt, zu einer »ostentativen Frauensolidarität«, wie Bernd Ulrich in der *Zeit* beklommen vermerkte.

Der konservative Feminismus kommt nicht mehr so opferlämmerig daher wie bei den verbissenen Schwestern in den Jahrzehnten davor. Diese Generation operiert weniger mit Anspruch als mit Leistung. Das jedenfalls ist die Idee. Es schien vielen prominenten Frauen gleichsam wie eine Befreiung, sich in den Wochen zwischen Wahl und Koalition an die Seite ihrer harten Schwester zu stellen. Selbst Frauen, die man eigentlich im linksliberalen Milieu verortet hätte, zeigten Bekennermut: So rief zum Beispiel die international gefeierte Filmproduzentin Regina Ziegler unter der Überschrift »Lamentieren nützt nichts! Deutschland braucht Ehrlichkeit, Kraft und einen neuen Kurs!« in der *FAZ* zwei Wochen nach dem hauchdünnen Wahlsieg zur Solidarität mit Merkel auf. 130 Frauen unterschrieben, von Vicky Leandros bis Rita Süssmuth, von Jenny Elvers-Elbertzhagen bis Charlotte Link, von Alexandra Oetker bis zu Scharpings Gräfin Pilati, von Freya Klier bis Nicole Uphoff, Akademikerinnen wie Hausfrauen, Mütter wie Alleinstehende, Jüngere wie Gereifte. Und über 200 bekundeten danach ihre Solidarität. Im Vergleich zu den eher traurigen Listen derer, die sich öffentlich zu männlichen Kanzlerkandidaten bekennen, hatte Frau Ziegler eine beängstigende Heerschau deutscher Hochleistungsfrauen versammelt.

Fakt ist allerdings auch, dass diese Elite der deutschen Weiblichkeit ganz offensichtlich nicht die Mehrheit repräsentiert. Der »vertrackte Solidarisierungszwang«, den die Journalistin Charlotte Wiedemann ausgemacht hat, scheint im traditionellen bürgerlichen Lager auch Skepsis hervorzurufen. Angela Merkel bekam bei der Bundestagswahl weniger Frauenstimmen als Bayern-Macho Edmund Stoiber. Zwar weisen alle Kennzahlen aus Bildung, Wirtschaft und Gesellschaft aus, dass Frauen auf dem Vormarsch sind – doch anscheinend braucht der demographische Trend viel Zeit, um im deutschen Alltag anzukommen.

Das kulturelle Beben, auf das Frauen seit Jahrzehnten hoffen, rollt langsam und leise, wohl auch, weil viele Frauen von klein auf gelernt haben, den entscheidenden Schlag eher schweigsam auszuführen. »Oft werde ich gefragt, warum ich da bin, wo ich heute stehe. Ganz einfach: Weil ich es wollte. Ich habe hart dafür gearbeitet.« So beschreibt die ehemalige grüne Fraktionschefin Katrin Göring-Eckardt, wie Merkel eine gelernte Ostdeutsche, die Motivationslage der neuen Frauen.

Silvana Koch-Mehrin von der konkurrierenden FDP hat ähnliche Erfahrungen gemacht. »Hart schuften, Umsatz machen, innovativ sein, Kinder nach den neuesten Erkenntnissen der Pädagogik aufziehen, abends ohne Murren die Spülmaschine ausräumen, Wäsche aufhängen, zu guter Letzt, bitte schön, den Partner gut gelaunt und kunstfertig unterhalten. Und dabei noch umwerfend gut aussehen« – das sei nicht zu viel verlangt, sondern Alltag jeder Erfolgsfrau, erklärt die umtriebige Europa-Abgeordnete der Liberalen. Dass die modernen Männer in einer arbeitsteiligen Beziehung über ein solches Tagesprogramm stöhnten, sei ja wohl die Höhe, findet die Liberale. »Multitasking wird uns Frauen schon seit einigen Jahrzehnten ganz selbstverständlich abverlangt. Willkommen in der Realität, meine Herren.«

Derlei Debatten hat Angela Merkel nie mit Begeisterung geführt, nicht einmal als zuständige Ministerin. Der Kanzlerin kam es sehr gelegen, dass die Polit-Prinzessin Ursula von der Leyen vom Start der Regierung an das Thema Frauen und Familie abdeckte. Aus der DDR war sie es gewohnt, dass Frauen arbeiteten, Verantwortung trugen und bisweilen mehr leisteten als Männer. Frauenbewegten Geschlechtsgenossinnen stand sie anfangs ähnlich ratlos gegenüber wie Atomkraft-Gegnern. Beide verkörperten für sie ein gewisses Maß an Kindisch-Sein.

Ihr Leitbild ist Katharina die Große, von der sie ein Porträt auf ihrem Schreibtisch stehen hat. Als junge Prinzessin war Katharina nach Russland geholt worden. Deutsche Bräute standen wegen ihrer Anpassungsfähigkeit im Ruf der perfekten Zarengattin. Diszipliniert und etwas undurchsichtig muss Katharina gewesen sein und, wie Frau Merkel, in Kleidungsfragen sehr praktisch orientiert. Sie ließ sich im Militärmantel malen, dessen Entsprechung heute der Hosenanzug sein dürfte. Nach 17 Jahren Ehe entsorgte die Prinzessin ihren Mann, den Zaren, und übernahm das Amt selbst, um Reformen, insbesondere auf dem Gebiet der Bildung, durchzusetzen und Eroberungskriege zu führen.

Für Angela Merkel war der Marsch durch die Stereotypen besonders anstrengend, weil sie sich den üblichen Frauen-Klischees so beharrlich entzog. Erst war sie Kohls ewig pubertierendes Mädchen, dann die killende schwarze Witwe, mal verantwortungslose Nicht-Mutter, dann kalte Physikerin, und auf dem Höhepunkt des Wahlkampfs alles zusammen. Die damalige Kanzler-Gattin Doris Schröder-Köpf griff die Herausforderin gleich mehrmals persönlich an.

Zugleich geschah im Wahlkampf etwas, das Angela Merkel überhaupt nicht ausstehen kann: Sie wurde vereinnahmt. Auf einmal nahmen zahlreiche Geschlechtsgenossinnen ihren

Aufstieg für sich in Anspruch. Plötzlich hatte ihr die grüne Frauenpolitik den Weg geebnet, Rita Süssmuth, Heide Simonis, Jutta Limbach. Nie wurde eine Frau so oft darauf hingewiesen, eine Frau zu sein, wie das bei Angela Merkel der Fall war.

Die Verkrampftheit der Deutschen im Umgang mit den Geschlechtern dokumentierte sich selten so eindringlich wie in diesen Herbsttagen im Jahre 2005, in denen alle Größen der Republik einander tapfer versicherten, wie egal es doch sei, ob ein Kanzler männlich oder weiblich sei – um gleich darauf alle Unterschiede haarklein zu debattieren. »Ich erwarte von einer Kanzlerin Angela Merkel, dass sie ihr Frausein nicht versteckt«, mahnte die Ober-Grüne Claudia Roth auf ihre unbeschreiblich altmodische Art. Im Bewusstsein, dass erfolgreiche Politik das Gegenteil dessen ist, was Frau Roth macht, war von der angehenden Kanzlerin nur zu hören, dass ihr die ewig gleichen Rollenanalysen gehörig auf die Nerven gingen. Ihre Mitteilung, sie wolle Kanzlerin aller Deutschen sein, versteht so manche Schwester schlicht als Verrat.

Warum nun hat es ausgerechnet diese Frau Merkel bis ganz nach oben geschafft und nicht etwa Heide Simonis, Rita Süssmuth, Annemarie Renger? Sicher auch deshalb, weil sie nicht den Ästhetik- und Verhaltensterror des Westens durchgemacht hat. Über Frauenrollen hat sich die Physikerin in der DDR nie Gedanken gemacht. Über Klamotten und Frisuren auch nicht. Das fand sie nicht so wichtig. Diese relative Immunität gegen die ewigen Haar- und Mundwinkeldebatten hat sie den Westfrauen voraus. Angela Merkel ist eine Spur schmerzfreier, uneitler, eher am Denken orientiert. Ihre naturwissenschaftliche Art passt nicht in das gewohnte Rollenarsenal. Den Typus Merkel gab es bislang einfach nicht. So dient sie erst einmal als Projektionsfläche für Gewohntes. Besonders beliebtes Klischee: die ödipale Vatertochter, die sich lange an übermächtigen Männern orientiert hat. Ihre Idole sind nun mal Erhard und Adenauer.

Zur Wahrheit gehört allerdings auch, dass die Frauenrolle bisweilen hilfreich war. Wenn es Angriffe hagelte, erwies es sich als praktisch, dass die Öffentlichkeit sie als schutzwürdiges Bambi wahrnahm und die Berichterstattung diesen sanften Ton bekam: So geht man mit einer Frau aber nicht um, Herr Merz, Herr Stoiber, Herr Koch. Selbst auf internationalem Parkett, bei G8 oder EU, ist die Ungeübtheit der Machtmänner mit einer Kollegin deutlich zu spüren. Gelegentlich kommt es zu Über-Galanterien, häufiger jedoch zu Hilflosigkeiten. Angela Merkel weiß um die Unsicherheiten der Männer – und genießt inzwischen das Spiel damit. Die Kanzlerin hält es mit dem Spruch von Hillary Clinton: »Frauen sind wie Teebeutel: Man weiß erst, wie stark sie sind, wenn man sie in kochendes Wasser taucht.«

V. Naturwissenschaftlich denken

Die Politik wird von Juristen dominiert, die bevorzugt in abgeschlossenen Vorgängen denken. Angela Merkel funktioniert anders. Sie sieht die Welt in einer offenen Versuchsanordnung mit Energiebündeln und langen Wellen. Damit ist sie ihren Rivalen häufig voraus.

Wer ein rauschendes Fest erwartet hatte, sah sich enttäuscht. Die Feier zu ihrem 50. Geburtstag spiegelte den rationalen wie experimentellen Politikstil der Jubilarin perfekt wider. Statt Champagner und Kaviar gab es Bier und Rollmops, statt stundenlanger Lobhudeleien sorgte ein akademischer Vortrag für Kurzweil. Sein anspielungsreicher Titel lautete: »Das Gehirn. Ein Beispiel zur Organisation komplexer Systeme«, gehalten von Wolf Singer, dem Direktor des Frankfurter Max-Planck-Instituts für Hirnforschung. Ihn hatte die promovierte Physikerin kommen lassen, um die geladenen Gäste einem »Intelligenztest« zu unterziehen, wie die *Frankfurter Allgemeine Zeitung* frech kommentierte. Für Angela Merkel war es ein Vergnügen, für ihre meist juristisch oder geisteswissenschaftlich ausgebildeten Kollegen eine Lehrstunde in Sachen naturwissenschaftlichem Denken.

Der international renommierte Neurophysiologe Singer stellte in seinen denkwürdigen Ausführungen erst einmal klar, es sei eine Illusion zu glauben, »dass hier in Berlin mehr Intelligenz vorhanden ist als anderswo«. Damit hatte der Redner die ersten verlegenen Lacher auf seiner Seite. »Wir sollten uns als Agenten begreifen, die nach wie vor in einen evolutionären Prozess eingebunden sind, den wir durch unsere Taten befördern, den wir aber nicht wirklich lenken können«, erklärte Singer.

Was wie eine leicht verrückte Idee der CDU-Chefin daherkam, hatte einen tieferen pädagogischen Sinn. Der Hirnforscher zerstreute die Allmachtsfantasien der Gäste. Er zerstörte den Mythos von Vision und großem Entwurf. Singer appellierte an eine Politik der kleinen Schritte. Unser System sei zu komplex, es lasse sich nicht detailliert steuern. Die Kunst bestehe darin, im richtigen Moment das Richtige zu tun. Auf diese Handlungsfenster müsse ein Politiker vorbereitet sein. Flexibilität zähle, nicht Ideologie. Große Entwürfe mit ewiger Gültigkeit bringe das menschliche Hirn kaum zustande.

Aber hatten die anwesenden Berufspolitiker auch verstanden, was der Hirnforscher mit den biologischen Schranken menschlicher Erkenntnisfähigkeit, der Illusion vom freien Willen und dem einzig gültigen Denkprinzip des »trial and error« gemeint hatte? Am Ende hatte es den Anschein, als könnten Merkels Kollegen mit der Einsicht in die Begrenzung des menschlichen Denkens nur wenig anfangen. Das bewiesen die Anmerkungen von FDP-Chef Guido Westerwelle in seiner anschließenden Gratulationsrede: »Gemerkt habe ich mir, dass Fünfjahrespläne unpraktikabel sind. Mit Verlaub: Das wusste ich schon.« Tiefer konnte oder wollte der Liberale in die fremde Materie nicht vordringen.

So ging es den meisten Gästen. Merkels politische Weggefährten und Widersacher waren und blieben an diesem Abend so schlau als wie zuvor. Sie hatten nicht begriffen, wie ihr eigenes Gehirn tickt, das eines Naturwissenschaftlers oder das von Angela Merkel. Dabei hätten sie an Singers Ausführungen erkennen können, wodurch sich naturwissenschaftliches Denken vom üblichen Politikerdenken unterscheidet. Ihre andersartige Herangehensweise hat die Kanzlerin bislang nicht nur vor den Überheblichkeiten der politischen Mitbewerber geschützt, sondern ihr auch die nötige Distanz zum politischen Treiben und deren Akteuren verschafft.

Nahezu allen Spitzenpolitikern fehlt qua Ausbildung der naturwissenschaftliche Durchblick. Als Juristen respektive Geisteswissenschaftler sind sie daran gewöhnt, deduktiv zu denken, also das Besondere vom Allgemeinen abzuleiten. Naturwissenschaftler gehen dagegen nach den Regeln der Induktion vor: Sie finden durch das Besondere zum Allgemeinen. Sie gehen von den beobachteten Phänomenen aus und machen sich dann ein Bild von den gesetzmäßigen Zusammenhängen. Bei Juristen ist es exakt umgekehrt. Sie ordnen die beobachteten Phänomene bestehenden Gesetzen zu und orientieren sich an eingespielten Verfahren.

Merkels naturwissenschaftliche Denkweise macht es den Konkurrenten so schwer, ihre Pläne frühzeitig zu durchschauen und rechtzeitig zu durchkreuzen. Dass die anderen sie oft falsch beurteilen, sie gleichzeitig aber die anderen richtig einzuschätzen vermag, macht einen Gutteil ihres politischen Erfolges aus. Am Ende ist sie ihren Kontrahenten oft einen Schritt voraus, weil sie nach rational-experimentellen Gesichtspunkten handelt, eine Methode, die gängigen Denk- und Verhaltensweisen häufig überlegen ist.

Merkel hat ihr politisches Handwerk nicht wie die meisten westdeutschen Politiker in den Jugendorganisationen der Parteien erlernt. Die Gehirnwäsche der politischen Organisation blieb ihr erspart. Sie ist mit erst 35 Jahren als erfahrene Physikerin in die Politik gegangen, geprägt vom naturwissenschaftlich-mathematischen Denken, für das sie bereits als Kind eine besondere Begabung zeigte. Mathematik bereitete ihr während der Schulzeit keine Probleme, das Lösen von Gleichungen mit zahlreichen Unbekannten war für sie ein Kinderspiel. Obwohl sie in Physik sogar einmal eine Fünf nach Hause brachte, bestand kein Zweifel daran: Das Denken in rationalen und logischen Kategorien ist ihre Sache. Es störte sie nicht, dass ihr nur im Fach Physik ein Studienplatz sicher war. »Mich haben die physikalischen Theorien sehr interessiert«, sagt sie. An der renommierten Universität in Leipzig bekam sie davon reichlich.

Die naturwissenschaftlichen Fakultäten in der sächsischen Großstadt besaßen über die Grenzen der DDR hinaus einen exzellenten Ruf. In Merkels Studienfach konnte die Uni Leipzig mit einer ganzen Reihe großer Namen der Experimentalphysik aufwarten. Der Studienführer für das Fach Physik forderte von den etwa siebzig Anfängern: »Fähigkeiten zum Erkennen logischer Zusammenhänge, gutes Experimentiergeschick, gepaart mit Freude und Forschergeist für die Bearbeitung naturwissenschaftlicher Fragestellungen«. Inhaltlich stand die »Vermittlung der die klassische Physik und die Quantenphysik der Atome bestimmenden Gesetzmäßigkeiten« im Vordergrund.

Im Verlauf ihres Studiums verfeinerte und verfestigte Angela Merkel jenen naturwissenschaftlich-experimentellen Denkstil, der ihren politischen Führungsstil bis heute maßgeblich beeinflusst. Auch wenn sie behauptet, »Experimentalphysik war nicht meine Stärke. Mit dem Löten hatte ich Schwierigkeiten. Und meine Schaltpläne haben in der Praxis meistens nicht funktioniert«, hat sie damals doch die erkenntnistheoretischen Grundlagen und Techniken des Experimentierens vollständig verinnerlicht. Ihre Diplomarbeit, mit Note eins bewertet, beweist das ebenso wie ihre in acht Jahren an der Berliner Akademie der Wissenschaften entstandene Dissertation mit dem Titel »Die Untersuchung des Mechanismus von Zerfallsreaktionen mit einfachem Bindungsbruch und Berechnung ihrer Geschwindigkeitskonstanten auf der Grundlage quantenmechanischer und statistischer Methoden«. Auf

153 Seiten berechnete die Physikerin nach theoretischen Modellen unterschiedliche Reaktionen von Kohlenwasserstoffen.

Wer sich so lang und so tief in die physikalische Materie vergraben hat, sieht auch das wirkliche Leben mit anderen Augen. So abstrahiert Angela Merkel aus den durch Beobachtung gewonnenen Erfahrungen die funktionalen und dynamischen Beziehungen zwischen Menschen, erkennt darin Gesetzmäßigkeiten und richtet ihr eigenes Handeln darauf aus. Bundestrainer Jürgen Klinsmann etwa war sehr überrascht, dass die Kanzlerin sich ausgiebig für Rolle und Funktion der Nationalspieler sowie die Beziehungen untereinander interessierte. Eine Mannschaft ist für sie eher ein System von Kräften als eine Sammlung von Individualisten.

Lerntheoretiker wie Jean Piaget behaupten, dass Menschen ihre einmal erlernten und verinnerlichten Muster zur Betrachtung, Analyse und Lösung von Problemen auch in veränderten Lebenssituationen beibehalten. Als Angela Merkel nach der Wende die ihr bis dahin fremde politische Arena betritt, ist genau dies zu beobachten. Zu Beginn ihrer Laufbahn verfügt sie zwar weder über politisch relevantes Fachwissen noch ist sie in juristischen oder administrativen Angelegenheiten beschlagen. Doch die naturwissenschaftlich geschulte Neugier gegenüber neuen Phänomenen und Konstellationen sowie die permanente Lernbereitschaft als Forscherin erleichtern ihr den Einstieg ins Politikgeschäft.

Als Naturwissenschaftlerin erfasste sie das politische Entscheidungssystem in seinen Grundstrukturen und Zusammenhängen analytisch genauso wie kurz zuvor noch die physikalischen Theorien. Das ist einer der Gründe, wieso sie sich als Ministerin in Bonn bald zurechtfand, ohne gleich eine ausgewiesene Expertin ihres Ressorts sein zu müssen. Die Neue betrachtete das politische Aktionsfeld als ein frisches Experiment. Der Politikwissenschaftler Karl-Rudolf Korte erkennt in Merkels politischem Wirken gelernte Muster »der Entscheidungsfindung, die naturwissenschaftlichen Versuchsanordnungen folgen: Versuch plus Irrtum«.

Viele Entscheidungen, die sie während ihrer Zeit als Familien- und Umweltministerin traf, sind von diesem Trial-and-Error-Prinzip durchdrungen. Ein Grundsatz, hinter dem weniger experimentierfreudige Politiker bei Merkel einen Mangel an Fachkenntnis und Führungsqualität zu erkennen glauben. Doch die Physikerin funktioniert einfach anders: Politische Entscheidungssituationen haben für sie Modellcharakter; nur unter bestimmten Bedingungen bilden sie die Wirklichkeit ab. Modelle sind für sie von heuristischem Wert, das heißt, sie helfen ihr, Sachverhalte besser zu verstehen, Erkenntnisse zu gewinnen und Handeln zu optimieren. Diese bei klassisch ausgebildeten Berufspolitikern eher selten anzutreffende Denkweise hat 1998 den damaligen Partei-Chef Wolfgang Schäuble dazu bewogen, Angela Merkel zur Generalsekretärin zu machen. Er sah einen Vorteil darin, dass sie »nicht in den abgelatschten Bonner Verhaltensweisen und Kommunikationsformen« sozialisiert worden war, sondern über ein großes Kapital verfügte: den frischen Blick.

Mit ihrem Aufstieg zur Partei- und Fraktionsvorsitzenden hat sie die Mechanismen der Herrschaft noch systematischer analysiert, um sie für Ziele zu instrumentalisieren. Um Macht ausüben und ausbauen zu können, muss das Zusammenspiel zwischen einer Vielzahl von Akteuren und Gremien beobachtet und in seiner machtpolitischen Bedeutung eingeschätzt werden. Das erfordert die Fähigkeit, in physikalischen Zusammenhängen von Kraft und Wirkung zu denken. Politische Aktion und Reaktion soll wie in einer mathematischen Gleichung berechenbar werden. Merkel denkt in Kategorien der Machtphysik.

Physik ist jene Naturwissenschaft, die die grundlegenden Gesetze der Natur, ihre elementaren Bausteine und deren Wechselwirkungen untersucht. Sie befasst sich sowohl mit den Eigenschaften und dem Verhalten von Materie und Feldern in Raum und Zeit als auch mit der Struktur von Raum und Zeit selbst. Zentraler Begriff ist die Kraft. Die Physik beschreibt die Natur quantitativ mittels naturwissenschaftlicher Modelle, sogenannter Theorien, und ermöglicht damit insbesondere Vorhersagen über das Verhalten der betrachteten Systeme.

Ziel der Physik ist es, sämtliche Vorgänge der Natur durch eine möglichst geringe Anzahl möglichst einfacher Naturgesetze zu erklären. Das Beschreiben der Bewegung von Körpern unter der Einwirkung von Kräften einschließlich der Kräfte, die zwischen den Körpern wirken, war bereits Ziel der Newtonschen Physik, die als Beginn der modernen Physik gilt.

Es fällt auf, dass Grundlagen der Newtonschen Physik in neueren Forschungsansätzen der Sozial- und Wirtschaftswissenschaften eine wachsende Rolle spielen. Basierend auf Annahmen der klassischen Ökonomie Adam Smiths und der erklärenden Soziologie Max Webers verfolgen diese Ansätze das Ziel, für komplexe soziale Handlungen soziale Gesetze zu finden, die so klar und eindeutig sind wie die der Newtonschen Physik.

So wie in der Physik Kraft einer der zentralen Begriffe und intensiv beobachtetes Phänom ist, gehört in der Politikwissenschaft das besondere Interesse der Macht. Kraft wie Macht bilden die Elementarenergien ihrer Disziplinen. Diese sind jedoch nicht a priori vorhanden, sondern müssen erzeugt werden. Die physikalische Größe Kraft ist durch die Formel Arbeit mal Weg definiert, also veränderlichen Variablen unterworfen; Ähnliches gilt für die Macht. Auch wenn Macht sich nicht mathematisch präzise messen lassen kann, so sind Zuwachs oder Abnahme doch deutlich erkennbar. Macht im Sinne Hannah Arendts bedeutet zunächst ein »Machtpotenzial«, eine nicht festgelegte Menge, sondern eine stets veränderbare Größe, die infolge klugen politischen Handelns zu vermehren ist.

Das Ausüben von Macht in einer Entscheidungssituation ähnelt tatsächlich einem physikalischen Versuchsaufbau. Das Moderieren einer wachsenden Zahl von Akteuren, verbunden in Verhandlungssystemen, die einzeln aber auch interagierend zu betrachten sind, erfordert die Fähigkeit, in physikalischen Kategorien von Kräften, Wirkungen und Wechselwirkungen zu denken. Entscheidende Begriffe in modernen politikwissenschaftlichen Theorien – Wirkungsmechanismen, Stabilitätsgebot, Machtverteilung, Kräfte der Selbstkoordination – sind Adaptionen aus der naturwissenschaftlichen Begriffswelt.

In Merkels Spezialgebiet, der Quantenphysik, ist die Definition des Experiments um einen wichtigen Zusatz erweitert worden, der auch für strategisch erfolgreiches Verhalten im Politbetrieb von großer Bedeutung ist. Die von dem Physik-Nobelpreisträger Werner Heisenberg erkannte »Unschärferelation« besagt, dass in einem Experiment zwischen dem Beobachter und dem Beobachteten eine Wechselwirkung besteht. In der Mikrophysik etwa stellt die Beobachtung in Form des Experiments häufig einen derart schweren Eingriff in das beobachtete System dar, dass ein wichtiges Charakteristikum des klassischen Experiments, nämlich die prinzipielle Wiederholbarkeit am selben Objekt, aufgegeben werden muss.

Das Bewerten und Infragestellen der eigenen Rolle gehört also ebenso zum physikalischen Denken wie die Einsicht in die Relativität der Erkenntnisse. Im politischen Alltagsgeschäft bedeutet dies nicht nur, Entscheidungssituationen so überschaubar und kontrollierbar wie möglich zu halten, sondern auch, die eigene Position und die eingesetzten Mittel immer wieder neu zu überdenken. Maximale Steuerbarkeit bei größtmöglicher Flexibilität, das ist Merkels Macht-Credo. Die Fähigkeit zu emotionsloser und egoarmer Distanz, sich selbst also ungerührt als einen von vielen Akteuren zu betrachten, hat der Physiker dem Normalpolitiker voraus.

Merkels Denken trägt noch weitere naturwissenschaftliche Züge. Wolfgang Schäuble hat diese Eigenschaften an ihr schon frühzeitig erkannt: »Sie hat einen spieltheoretischen Ansatz. Sie betrachtet Politik als einen Versuchsaufbau, an dessen Ende der Erfolg steht, und zwar ihr Erfolg.« Die auf mathematischer Logik basierende Spieltheorie, deren Vertreter in den letzten Jahren regelmäßig mit Nobelpreisen bedacht wurden, wendet man bei der Analyse von realen Situationen an. Den Mitspielern wird ein rationales ökonomisches Verhalten zugeschrieben, das bei kleinstmöglichen Kosten den größtmöglichen Gewinn verspricht. Das Verhalten der Mitspieler ist absehbar, kalkulierbar und durch Strategien steuerbar. Da das politische Ränkespiel aber auch durch weiche Faktoren wie Emotionen oder Eitelkeiten beeinflusst wird, hat die Kanzlerin bisweilen ein Übersetzungsproblem zwischen Physik und richtigem Leben.

Angela Merkel ist eine Machtphysikerin. Sie beobachtet die Kräfte, die Macht verschiedener Akteure, versucht, Wahrscheinlichkeiten zu ermitteln. Wer länger mit ihr zusammenarbeitet, ist fasziniert von ihrem permanenten Scannen von Konstellationen. Sie behält ihre Mitstreiter und Gegner, deren machtgeleitete Aktivitäten und Unterlassungen, auf allen Ebenen im Blick. Als Experimentator hält sie sich zunächst im Hintergrund, hat eventuelle Störfaktoren aber bereits berechnet. Ihr Handeln ist geprägt von der Einsicht, dass politische Entscheidungen nicht Resultat eines freien Spiels der

Kräfte oder spontaner Interventionen sind, sondern Folge eines permanenten Machtgebrauchs. So gerät Politik zu einer endlosen Welle experimenteller Anordnungen.

Eines fällt dabei immer wieder auf. Angela Merkel versucht, politische Vorgänge so zu steuern, dass ihr eine maximale Anzahl von Handlungsoptionen bleibt. Denn Macht bedeutet maximale Handlungsfreiheit, den Luxus, ohne Zwang entscheiden zu können. Die Optionen reichen dabei von geradliniger Befehlspolitik bis hin zu trickreichen Kurvenfahrten mit finaler Kehrtwendung. Berechenbar ist ihr Verhalten nicht immer. Das macht es ihren Gegnern so schwer, sie zu erwischen. Oberstes Ziel jedes Experiments ist: Erfolg, ihr Erfolg.

Merkels politische Rivalen sind aber nicht nur geltungssüchtige »Auerhähne«, wie Wirtschaftsminister Michael Glos einmal ihre gescheiterten Gegner tituliert hat. Sie sind vor allem akten- und fachkundige Juristen. Jeder fünfte Abgeordnete im derzeitigen Bundestag hat Jura studiert, eine verschwindende Minderheit ein naturwissenschaftliches Fach. Juristen sind Technokraten der Macht, die sich im Dschungel der Gesetzestexte und Verfahrensordnungen besser auskennen als Merkel und ihr Spezialwissen machttaktisch zu nutzen wissen. Allerdings verengt die juristische Denkweise mitunter den Blick und erschöpft sich in der Auslegung von Details, Regeln und Prozessen. Nicht selten treibt diese Denkweise logisch-absurde Blüten wie das Bundessteuerblatt belegt: »Es ist nicht möglich, den Tod eines Steuerpflichtigen als ›dauernde Berufsunfähigkeit‹ im Sinne von § 16 Abs. 1 Satz 3 EstG zu werten und demgemäß den erhöhten Freibetrag abzuziehen.«

Dem juristischen Denken fehlt bei Problemlösungen zwar nicht das rationale und logische, wohl aber das experimentelle Moment, das zu neuen Methoden und Erkenntnissen führen kann. Ministerpräsident Edmund Stoiber ist ein beispielhafter Juristenpolitiker. Er hat sich selbst einmal als »Sachüberzeugungstäter« bezeichnet. Seine öffentlichen Statements illustrieren, dass es ihm kaum gelingt, aus juristischen Sprach- und Denkmustern auszubrechen. Stoibers Politikstil wird von Konventionen, nicht von Experimenten beherrscht.

Angela Merkels physikalische Denkweise hingegen bewährt sich auch fächerübergreifend. Damit ist sie auf der Höhe der Zeit. Angehende Physikstudenten werden inzwischen mit einer neuen Berufsperspektive an die Hochschulen gelockt: »Natürlich gibt es auch in den ungewöhnlicheren Bereichen wie Politik, Fernsehen und Literatur immer wieder Physiker, in der Politik zählen Angela Merkel und Oskar Lafontaine zu den bekanntesten Beispielen. Sie zeigen, dass ein Physikstudium mit seiner effektiven und problemorientierten Ausbildung konkurrenzfähig in zahlreichen Berufsbereichen macht«, wirbt etwa die Universität Münster.

Doch nicht jeder Physiker ist ein erfolgreicher Politiker. Auch Oskar Lafontaine hat sieben Jahre lang Physik studiert. Die Etablierung der Linkspartei als fünfter Kraft in deutschen Parlamenten wäre einem Durchschnittsjuristen wohl kaum gelungen. Bereits während seines Studiums hatte der Saarländer allerdings mehr Gefallen an politischen als an physikalischen Problemen gefunden. Das naturwissenschaftliche Denken hat Lafontaine nie so deutlich geprägt wie Angela Merkel, die sich auf wesentlich höherem Abstraktionsniveau und mit größerer Ausdauer physikalischen Theorien gewidmet hat. Sie nimmt den Diplomphysiker Lafontaine deshalb auch nicht für voll. »Der hat den Beruf nie ausgeübt«, vertraute sie dem Publizisten Hugo Müller-Vogg an.

Gleichwohl versteht es Lafontaine ebenso wie Merkel, gesellschaftliche Probleme in naturwissenschaftlichen Kategorien zu analysieren und zu formulieren. Allerdings fehlt ihm Merkels Selbstbeherrschung, er neigt zu Selbstmitleid und zur Anklage. Sein Blick für langfristige Entwicklungen, für Verschiebungen politischer Kräfte und von Wählerströmen hebt Lafontaine aus der Masse der Volksvertreter heraus.

Eines der Modelle, die Angela Merkel zur Erklärung ihres Denkens heranzieht, ist die Brownsche Molekularbewegung. Ein Beispiel zur Veranschaulichung: Wenn Pollen in einem Wassertropfen zucken, entsteht die scheinbare Eigenbewegung deshalb, weil die kleineren, unsichtbaren Wassermoleküle unentwegt an die großen Pollen stoßen. Erhöht man die Temperatur, werden die Bewegungen schneller. In einem geschlossenen Raum, wie etwa auch in der Politik, stoßen sich die Moleküle wie wild gewordene Billardkugeln gegenseitig unkontrolliert hin und her. So ungefähr betrachtet Angela Merkel ihren Beruf, wobei sie lieber stößt als gestoßen wird.

Wie erfolgreiche Machtphysik funktioniert, bewies Angela Merkel exemplarisch in der Bundespräsidentenfrage 2004. Bei der Kandidatenwahl für das höchste deutsche Staatsamt achtete sie weniger auf die fachliche Qualifikation des Bewerbers als vielmehr auf dessen strategische Bedeutung. Mit seiner Nominierung wollte sie Führungskompetenz zeigen und das Signal für eine bürgerliche Alternative zu Rot-Grün setzen. Sie selbst bezeichnete die Kandidatenkür als eine »Gleichung mit vielen Variablen«.

Innerhalb dieser Gleichung gab es zunächst nur wenige Konstanten. Der Machtwille und die politischen Kräfte der Mitstreiter waren immerhin einigermaßen genau einzuschätzen. Zu den Variablen gehörten die potenziellen Kandidaten und die von ihren Unterstützern angewandten Taktiken. Sowohl die Konstanten als auch die Variablen behielt Merkel fest im Blick, definierte sie und brachte sie so miteinander in

Beziehung, dass die Gleichung in ihrem Sinne aufgehen musste. Mit völliger Sicherheit ließ sich das Ergebnis natürlich nicht vorhersagen. Eine politische Wahrscheinlichkeitsrechnung konnte die mathematisch versierte Naturwissenschaftlerin jedoch allemal anstellen.

Merkel beobachtete zunächst, wer mit welcher Begründung welchen Kandidaten ins Rennen schickte. Aus spieltheoretischer Sicht ein geschickter Auftakt: Sie überließ den anderen Mitspielern den ersten Zug, um deren Strategien durchschauen zu können, ohne selbst durchschaut zu werden. Zu ihrer Strategie gehörte es auch, die frühzeitigen Kandidatenvorschläge aus den eigenen oder fremden Reihen gar nicht erst zu kommentieren, da Frühgenannte bekanntermaßen so lange durch die Medienmangel gedreht werden, bis sie am Ende nicht mehr vorzeigbar sind.

Stattdessen wertete sie die Reaktionen und Interessenlagen aus. So kristallisierten sich nebenbei jene Kriterien heraus, die ein konkurrenzfähiger Kandidat erfüllen musste. Als deutlich wurde, dass dem amtierenden Bundespräsidenten Johannes Rau die nötige Mehrheit für eine zweite Amtszeit fehlen und der CDU-Kandidat nur mit den Stimmen der FDP eine Chance haben würde, bekamen die Gleichung und damit das Profil des eigenen Kandidaten schärfere Konturen. Verdeckt und somit für die anderen Mitspieler nicht kalkulierbar, nahm Merkel über vertrauensvolle Mittelsmänner Kontakt zum potenziellen Erfolgskandidaten Horst Köhler auf. Sowohl Jürgen Rüttgers als auch Christian Wulff trafen Köhler in den USA und erstatteten der Vorsitzenden Bericht, ohne jedoch exakt zu wissen, warum und wozu.

Trotzdem wollte sie sich bei der Kandidatenauswahl bis zum Schluss alle Optionen offenhalten und verschob deshalb ihre Entscheidung immer weiter in Richtung Wahltermin. Denn nur wer einen hinreichend akzeptablen Kandidaten in allerletzter Minute präsentiert, kann angesichts des Zeitdrucks weitere Diskussionen im Keim ersticken. Als ihre schärfsten Konkurrenten zwischenzeitlich Wolfgang Schäuble mit großem Druck ins Spiel brachten, antwortete sie mit Gegendruck. Angela Merkel begrenzte den Entscheiderkreis auf drei Personen: Stoiber, Westerwelle und sie. Ihr Interesse musste es sein, Schäuble zu verhindern, vor allem aus symbolpolitischen Gründen. Eine unabhängige, machtvolle Vorsitzende lässt sich einen Kandidaten nicht diktieren. Ein deutliches Signal für eine künftige schwarz-gelbe Koalition war zudem im Sinne aller Beteiligten.

Merkel wusste, dass es den Chefs von FDP und CSU vor allem darauf ankam, als mächtige Mitentscheider wahrgenommen zu werden. Gerade der innerparteilich unter Dauerfeuer stehende Westerwelle brauchte einen Renommeeschub, und die Bundespräsidentenfrage war traditionell fast immer unter liberaler Mitwirkung entschieden worden. Kandidatennamen waren den Herren weit weniger wichtig als der Umstand, dass sie mit auf dem Foto waren.

So hatte Merkel die unkalkulierbare Variable Schäuble weitgehend eliminiert und auf diese Weise ein kontrollierbares Entscheidungsarrangement geschaffen. Bei dem legendären Geheimtreffen in Westerwelles Wohnung zog sie ihren finalen Trumpf: Horst Köhler, Direktor des Internationalen Währungsfonds. Die Männer, die keinen überzeugenden Kandidaten in der Hinterhand hatten, waren überrumpelt. Einen Ökonomen, den konnten beide schlecht ablehnen. Mit Köhler präsentierte Merkel das Ergebnis ihrer lange im Voraus berechneten Machtgleichung – zum Erstaunen der Unionsparteien und der rot-grünen Regierungskoalition, die als müde Reaktion darauf die Politikprofessorin Gesine Schwan ins Spiel brachte. Absichtsvolle Unklarheit und kalkulierte Überraschung, das sind Prinzipien, die Merkels erfolgreiche

Machtphysik kennzeichnen. Sie hatte weiter gedacht als die anderen. Die Nominierung Horst Köhlers war ein Triumph der Naturwissenschaft. Leider tritt er als Bundespräsident oft genau so auf.

In vielen sensiblen Entscheidungssituationen erweist sich die Physikerin als rationale und strategisch kluge Spielerin. Den jeweiligen Kräfteverhältnissen, Konstellationen und Interessenlagen passt sie ihre Instrumente und Techniken an, um die Gleichung in ihrem Sinne aufzulösen und das Spiel für sich zu entscheiden. Flexibilität gehört dabei ebenso zu Merkels machtphysikalischen Denk- und Handlungsmustern wie Zähigkeit.

Ähnlich virtuos wie in der Causa Köhler hat Angela Merkel ihre Talente auch 2003 im Irak-Konflikt eingesetzt. Trotz der weit verbreiteten Friedenssehnsucht in der Bevölkerung stellte sie sich offensiv an die Seite der kriegsbereiten USA. Ein heikles Spiel, zumal es in der Union starke pazifistische und antiamerikanische Stimmen gab. Doch Merkel musste das im Wahlkampf erfolgreich von Schröder kommunizierte Nein zum Irak-Krieg mit einer ebenso eindeutigen Haltung parieren, wollte sie nicht von der dominanten Strategie des Bundeskanzlers überrollt werden.

Diesmal wies Merkels Machtgleichung vergleichsweise wenige Variablen auf, dafür aber umso mehr Konstanten. Merkels Strategie war langfristig angelegt und basierte im Wesentlichen darauf, die Union als Sachwalter des traditionell guten Verhältnisses zwischen den USA und der Bundesrepublik darzustellen. Das Ziel der Operation war klar. Merkel litt unter dem Vorwurf, kaum verlässliche Positionen zu repräsentieren. Ihre Büroleiterin Baumann hatte eine ganze Liste möglicher Themen zusammengestellt, bei denen die künftige Kanzlerkandidatin Standfestigkeit beweisen konnte. Was eignete sich für eine Frau da besser als ein Krieg? Auch

Maggie Thatchers Ruf als »Eiserne« wurde vom vergleichsweise albernen Falkland-Krieg begründet.

Trotz ihrer proamerikanischen Einstellung operierte Merkel vorerst noch zurückhaltend. Sie wartete nach Stoibers Schlappe in Berlin erst einmal die Landtagswahlen in Niedersachen und Hessen ab, um die Wahlsiege der CDU nicht zu gefährden. Anders als in der Bundespräsidentenfrage wählte sie gleich danach den konfrontativen Weg über Medien, Vorträge und einen demonstrativen Besuch bei US-Präsident George W. Bush.

Unter spieltheoretischen Gesichtspunkten konnte dieses selbstbewusste Vorgehen in der Irak-Frage schlimmstenfalls als Nullsummenspiel enden. Dem Gewinn einer starken Position in der Partei stand womöglich ein bedeutender Verlust an Wählerstimmen entgegen. Dieses Risiko nahm Merkel bewusst in Kauf, denn ihr Ziel war ein anderes: Sie wollte als standfest wahrgenommen werden.

Die Versuchsanordnung dieses Experiments war zwar relativ überschaubar, die langfristigen Folgen und das Kräftefeld dagegen schwer zu bestimmen. In dieser Situation gewann das naturwissenschaftliche Prinzip von Trial and Error an Gewicht. Obwohl die Störfaktoren angesichts der pazifistischen wie antiamerikanischen Stimmung inner- und außerhalb der CDU extrem hoch waren, hatte Merkel am Ende ihre Partei und die Konjunkturen der öffentlichen Meinung richtig eingeschätzt. Im Falle eines Krieges würde die traditionell transatlantisch orientierte Union eher auf Seiten der amerikanischen Demokraten als auf der des irakischen Diktators stehen. Nachträgliche Absolution für ihren damaligen außenpolitischen Kurs erhielt sie Anfang 2006 nicht nur von der Partei und den Medien, sondern auch von der Bevölkerung, die ihre ersten Auslandsauftritte als Bundeskanzlerin äußerst positiv bewerteten. Kontrolliertes Risiko und demonstrative Härte sind prägend für Merkels Macht-physik.

Die Schwächen dieses kalkulierten, abwartenden Entscheidens werden immer dann offenkundig, wenn ein Problem nicht allein mit der Ratio zu erfassen ist. Insbesondere Themen aus der westdeutschen Aufregungskultur, die der gelernten DDR-Bürgerin Merkel nicht von klein auf vertraut sind, stellen sie immer wieder vor Probleme. In den bisweilen sonderbaren Gefühls- und Ritualwelten der Bundesbürger funktioniert ihr Newtonscher Kompass nicht immer zuverlässig.

Besonders deutlich wurde diese Schwäche im Fall des Parlamentariers Martin Hohmann. Der einer größeren Öffentlichkeit bis dahin kaum bekannte CDU-Bundestagsabgeordnete hielt am 3. Oktober 2003 in seinem osthessischen Heimatort Neuhof bei Fulda während einer Feierstunde der örtlichen CDU eine Ansprache. So hatte es Hohmann auch in den vergangenen Jahren am Tag der deutschen Einheit gepflegt, seit er 1998 erstmals als direkt gewählter Kandidat und Nachfolger Alfred Dreggers in den Bundestag eingezogen war.

Im Publikum sitzen 150 Zuhörer, meist Parteifreunde, Vereinsvertreter und Bürger. Die zehn Manuskriptseiten lange Rede mit dem Titel »Gerechtigkeit für Deutschland« wird im Bürgerhaus ohne Proteste aufgenommen und anschließend auf der Internetseite der CDU Neuhof präsentiert. Dreieinhalb Wochen später lösen einige Passagen daraus eine internationale Welle der Entrüstung aus, die derart anschwillt, dass die Debatte über die Führungsleistung Merkels eine besorgniserregende Dynamik annimmt.

Folgende Sätze aus Hohmanns Vortrag sind die Ursache:

Das deutsche Volk hat nach den Verbrechen der Hitlerzeit sich in einer einzigartigen, schonungslosen Weise mit diesen beschäftigt, um Vergebung gebeten und im Rahmen des Möglichen eine milliardenschwere Wiedergutmachung geleistet, vor allem gegenüber den Juden. Auf diesem Hintergrund stelle ich die provozierende Frage: Gibt es auch beim jüdischen Volk, das wir ausschließlich in der Opferrolle wahrnehmen, eine dunkle Seite in der neueren Geschichte, oder waren Juden ausschließlich die Opfer, die Leidtragenden? Wir haben gesehen, wie stark und nachhaltig Juden die revolutionäre Bewegung in Russland und mitteleuropäischen Staaten geprägt haben. Das hat auch den amerikanischen Präsidenten Woodrow Wilson 1919 zu der Einschätzung gebracht, die bolschewistische Bewegung sei »jüdisch geführt«. Mit einer gewissen Berechtigung könnte man im Hinblick auf die Millionen Toten dieser ersten Revolutionsphase nach der »Täterschaft« der Juden fragen. Juden waren in großer Anzahl sowohl in der Führungsebene als auch bei den Tscheka-Erschießungskommandos aktiv. Daher könnte man Juden mit einiger Berechtigung als »Tätervolk« bezeichnen. Das mag erschreckend klingen. Es würde aber der gleichen Logik folgen, mit der man Deutsche als Tätervolk bezeichnet.

Nach Hinweisen von Internetnutzern greift die ARD das Thema am Donnerstag, den 30. Oktober, in der *Tagesschau* sowie ausführlich in den *Tagesthemen* auf. Damit ist der Fall Hohmann bundesweit publik. Umgehend folgt die erste Stellungnahme durch CDU-Generalsekretär Laurenz Meyer: »Die Parteiführung der CDU distanziert sich von dieser Rede. Ich kann Herrn Hohmann nur den Rat geben, sich möglichst schnell dafür zu entschuldigen.« Paul Spiegel, Vorsitzender des Zentralrats der Juden in Deutschland, sagt: »Die Äußerung von Herrn Hohmann ist ein Griff in die unterste Schublade des widerlichen Antisemitismus.« Spiegel erklärt, er habe bereits mit Frau Merkel telefoniert, und sie teile seine Auffassung. Dies sei für ihn »im Großen und Ganzen sehr zufriedenstellend«. Wie würde die CDU-Spitze und insbesondere Angela Merkel reagieren?

Der Fall Hohmann gewinnt an Dynamik. ARD-Journalisten fragen, ob der Abgeordnete im Bundestag bleiben könne. Der sich rasch verbreitende Unmut entzündet sich vor allem am Begriff »Tätervolk«. Angela Merkels erste Erklärung am Tag darauf fällt ebenso knapp wie deutlich aus: »Das sind völlig inakzeptable und unerträgliche Äußerungen, von denen wir uns auf das Schärfste distanzieren.« Dies habe sie in einem Telefonat mit Hohmann »unmissverständlich« zum Ausdruck gebracht. Angaben über mögliche Konsequenzen macht sie nicht.

Offenbar geht es darum, Zeit zu gewinnen. Die Eskalierung scheint das strategische Zentrum Merkels unvorbereitet getroffen zu haben. Die Versuchsanordnung ist übersichtlich. Die Chefin scheint zu hoffen, der Fall würde sich von selbst bereinigen, wenn Hohmann seine Äußerungen widerrufe. Sie macht den Vorgang nicht zur Chefsache. Scharfe Reaktionen kommen stellvertretend von Generalsekretär Meyer. Hohmanns vierzeilige Presseerklärung von Freitag, 31. Oktober 2003, in der er auf die sprachlichen Feinheiten seiner Formulierung verweist, wird als unzureichend empfunden.

Angela Merkel fordert Schützenhilfe an. Roland Koch, als Vorsitzender der hessischen CDU auch Hohmanns Landesparteichef, hat bisher vermieden, sich öffentlich zu äußern. Erst am Samstagnachmittag verbreitet der hessische CDU-Fraktionssprecher Michael Brand den Inhalt einer telefonischen Zurechtweisung Hohmanns durch Koch. Dieses Gespräch zeigt Wirkung. Wenig später lässt Hohmann per Fax eine Erklärung verbreiten, in der von einer Entschuldigung die Rede ist. Unterdessen fordern am gleichen Tag mehrere

CDU-Fraktionsmitglieder öffentlich den Ausschluss Hohmanns aus der Bundestagsfraktion.

Am Montag, dem 3. November, vier Tage nach Bekanntwerden der Affäre, verkündet Angela Merkel in Präsidium und Fraktionsvorstand, wie mit Hohmann verfahren werde: Erstens ergehe an den Abgeordneten eine scharfe Rüge, zweitens werde ihm der Posten des Berichterstatters für die Zwangsarbeiterentschädigung im Innenausschuss entzogen. Im Falle weiterer Vorkommnisse würden sich Partei und Fraktion »parallele Schritte« vorbehalten. Diese Entscheidung dokumentiert die Schwächen des naturwissenschaftlichen Entscheidungsprinzips. Die Variable »Emotion« kommt häufig zu kurz.

Nach der Präsidiumssitzung bekommt Hohmann einen Anruf von Fraktionsgeschäftsführer Volker Kauder, der dessen Einsichtsbereitschaft testen soll. Hohmann gibt eine Erklärung ab, dass er die Rüge akzeptiere und fügt hinzu: »Ich distanziere mich von den umstrittenen Passagen dieser Rede.« Er kündigt außerdem an, keine weiteren Stellungnahmen abzugeben. Nach dieser Erklärung sieht der Fraktionsvorstand Merkels Bewährungsstrafe als ausreichend an, Widerspruch wird nicht geäußert. Hohmann solle eine letzte Chance bekommen. Der Fall gilt als erledigt, sofern keine neuen Entgleisungen hinzukommen. Ein kapitaler Fehler, wie sich herausstellen soll. Denn Merkel verbaut sich alle Optionen, in neuen Konstellationen flexibel handeln zu können. Sie hat sich in eine Sackgasse manövriert, wie sich bald zeigen wird.

Schon am Tag darauf kommt es zur Eskalation. Bereits am Vormittag kursiert eine Vorabmeldung des ZDF über einen Bericht des Magazins *Frontal 21*, in dem Hohmann Passagen aus einem Dankesbrief des Bundeswehrgenerals Reinhard Günzel vorliest. Günzel schrieb: »Sehr geehrter Herr Abgeordneter, für Ihren Vortrag zum Nationalfeiertag bedanke ich mich sehr herzlich. Eine ausgezeichnete Ansprache, wenn ich mir dieses Urteil erlauben darf, wie man sie mit diesem Mut zur Wahrheit und Klarheit in unserem Land nur noch sehr selten hört und liest. Ich hoffe, dass Sie sich durch Anwürfe aus dem vorwiegend linken Lager nicht beirren lassen und mutig weiterhin Kurs halten.«

Verteidigungsminister Peter Struck ordnet umgehend die Entlassung des Brigadegenerals an. Günzel habe mit seinen Äußerungen das Ansehen Deutschlands beschädigt, begründet Struck und fügt hinzu: »Es handelt sich hier um einen einzelnen verwirrten General, der einer noch verwirrteren Auffassung eines Bundestagsabgeordneten zugestimmt hat. Ich will hinzufügen, dass ich der Meinung bin, dass die CDU-Fraktion dem Beispiel folgen sollte und ebenso schnell Herrn Hohmann aus ihrer Fraktion ausschließen sollte.«

Das Presseecho ist gewaltig. Der Druck auf die CDU hat eine neue Stärke erreicht. Der Gegensatz zwischen Strucks Führungsstärke und einer zaudernden Oppositionsführerin, die weder Kraft noch Abgrenzungswillen zum rechten Rand zeigt, ist überdeutlich. Merkel ist auf solche Machtspiele nicht vorbereitet. Sie will Zeit gewinnen, beobachten. Die Parteivorsitzende bleibt bei ihrer Linie und bezeichnet die bisherigen Maßnahmen gegen Hohmann als »notwendig und wichtig« und verwahrt sich gegen den Vorwurf zu großer Nachsicht: »Wir haben sehr hart und sehr konsequent gehandelt.« Doch nun erlebt sie, wie eine sicher geglaubte Situation unversehens entgleiten kann.

Den Auftakt macht der Parlamentarische Geschäftsführer der SPD-Fraktion, Wilhelm Schmidt, der die Fraktionschefin auffordert, alle Unions-Abgeordneten auf ihre Gesinnung zu überprüfen. Er sei sich »absolut sicher«, dass Hohmann kein Einzelfall sei. Dieser strategische Kniff der verallgemeinernden Verdächtigung treibt Angela Merkel weiter in die Enge. Aus einem Einzelfall wird ein Generalverdacht gegen ihre Partei. Verschärfend kommt hinzu, dass sich der Konflikt auch durch die CDU und die Unions-Fraktion zieht. Die Meinungen klaffen weit auseinander. Von Rausschmiss bis Nachsicht reichen die Vorschläge.

Eine öffentliche wie innerparteiliche Debatte bricht los, die immer wieder um die Kernfrage kreist: Warum hat Merkel nicht durchgegriffen und Hohmann aus der Fraktion ausgeschlossen? Entgegen aller offiziellen Erklärungen wird innerhalb der CDU-Spitze plötzlich bezweifelt, ob die bisherigen Maßnahmen ausreichen, um weiteren Schaden für die Partei abzuwenden. Die Parteivorsitzende sitzt in der Falle. Sie hatte sich festgelegt, dass Hohmann keine weitere Strafe drohe, sofern er sich nichts mehr zuschulden kommen lasse. Das hatte er nicht. Dennoch könnte der Fall Hohmann ihre Partei aufreiben. Die Zeit läuft ihr davon.

Denn nun beginnt eine Phase der Hysterie. In den Schlagzeilen tauchen weitere Verdachtsmeldungen über extremistisches Gedankengut in der Union auf. Hohmann kontaminiert die ganze Partei. Gewaltig sind dagegen die Proteste der Parteibasis. Mitarbeiter der Parteizentrale, der Bundestagsfraktion und der Geschäftsstellen werden mit Anrufen, Briefen und E-Mails überhäuft: Viele möchten wissen, warum die CDU Hohmann nicht schütze, er sage doch nur die Wahrheit.

Nun meldet sich auch der Bundeskanzler zu Wort. Schröder bezeichnet die Äußerungen als »gefährliche Rede«, die »niedrigste Klischees mobilisiert« habe. Unverständnis über den nachsichtigen Umgang der CDU-Führung mit Hohmann äußert auch der israelische Botschafter in Deutschland, Schimon Stein, der daran erinnert, dass der frühere Bundestagspräsident Philipp Jenninger im Jahr 1988 wegen einer missverständlichen Rede zur NS-Vergangenheit habe zurücktreten müssen, während nun ein Bundestagsabgeordneter, der eine »klar antisemitische Rede« gehalten habe, dafür lediglich eine Rüge seiner Parteiführung empfange. Stein wies auf den nahen 9. November hin, den 65. Jahrestag der Reichspogromnacht – ein Datum, an dem auch die internationale Presse auf Deutschland blickt. Eine Rede aus Neuhof hatte es zu weltpolitischer Aufmerksamkeit gebracht. Und zu einer gefährlichen Konstellation für die CDU-Vorsitzende. Die Affäre Hohmann droht zu einer Affäre Merkel zu werden. Die Merkelsche Machtphysik erfährt ihre Grenzen. Das Instrumentarium reichte nicht aus. Keine Spur von Optionenvielfalt, die sie so schätzt.

Am Wochenende des 9. November lotet die CDU-Chefin mit ihrem Beraterkreis die Möglichkeiten aus, Handlungsmacht zurückzugewinnen. Nach außen zeigt sie sich weiterhin gewillt, Hohmann in der Fraktion zu halten. Doch in Wirklichkeit ist die Vorsitzende von großer Sorge erfüllt. Eine Woche länger, so soll sie vor Vertrauten gesagt haben, und die Causa könne eine nicht mehr kontrollierbare Eigendynamik erreichen. Sofortiges Handeln war gefragt. Von einem nahe bevorstehenden Kurswechsel erfahren weder Journalisten noch Stoiber oder Koch.

Beide sehen sich am Jahrestag der Reichspogromnacht in der undankbaren Rolle, die Parteistrategie im Fall Hohmann vor einer aufgebrachten Öffentlichkeit zu rechtfertigen. Edmund Stoiber sucht bei der Zeremonie zur Grundsteinlegung für das neue Jüdische Zentrum am Münchner Jakobsplatz die Flucht nach vorn, nachdem Zentralratspräsident Spiegel durch den Vergleich Hohmanns mit »rechtsextremen, antisemitischen Brandstiftern« die Richtung vorgegeben hat. Wer »mit verrückten, dümmlichen Geschichtsvergleichen die Einzigartigkeit der Shoah relativiert, der stellt sich außerhalb des Verfassungsbogens«, sagt der CSU-Vorsitzende. Doch lediglich »für den Fall einer Wiederholung« rät Stoiber der Schwesterpartei zum Ausschluss und hält sich mit der Drohung an die Linie der Bewährungsstrafe.

Auch der hessische Ministerpräsident bleibt tapfer auf dem Kurs der Parteichefin und wirbt in der Frankfurter Westend-Synagoge um Verständnis für den Umgang mit Hohmann. Die Rede des Abgeordneten verdiene keine Toleranz, doch habe er Probleme mit einem Parteiausschluss. »Ich will weiter mit ihm ringen«, erklärt Koch. Es kommt zum Eklat: Etwa 50 der 400 Zuhörer verlassen unter Protestrufen die Synagoge.

Die Vermutung, dass die Parteivorsitzende zu diesem Zeitpunkt bereits beschlossen hat, Hohmann aus der Fraktion zu entfernen, liegt nahe. Nun stellt sich die Frage, warum sie nicht umgehend die Spitzen der Partei, insbesondere den zuständigen hessischen Landesvorsitzenden Koch davon unterrichtet. In Wiesbaden mutmaßt man, die Chefin habe ihren Rivalen absichtlich nicht informiert, um ihn in seinem ihm treu ergebenen Landesverband zu schwächen. Angela Merkel hat sich längst entschieden, Hohmann in die Falle zu locken: Er selbst muss den Grund liefern, der zum Rauswurf führt. An das Duo Bosbach/Kauder ergeht die Order, mit Hohmann das entscheidende Gespräch zu führen. Die Emissäre haben einen klaren Auftrag: Entweder er schwört ab, oder er fliegt.

Zum Glück für Merkel ziert Hohmann sich. Warum er denn nicht sagen dürfe, was doch in den Geschichtsbüchern stehe? Nach einer halben Stunde spricht Hohmann den entscheidenden Satz. In der Politik sei doch alles Taktik, und er müsse nun überdenken, was taktisch besser sei für ihn: zu widerrufen oder nicht zu widerrufen. Endlich. Aus dieser Allerweltssentenz konnten Merkels Boten ableiten, dass Hohmann unbelehrbar sei. Bosbach brach das Gespräch umgehend ab. Das politische Ende des Abgeordneten Hohmann war perfekt. Die

Unverzüglichkeit, mit der die Kanzlerin Angela Merkel reagierte, als die missratene Trauerrede des baden-württembergischen Ministerpräsidenten Hans Filbinger bekannt wurde, zeigte einen deutlichen Lerneffekt.

Der Fehler, sich aufgrund einer falschen Einschätzung öffentlicher Aufregungen vorschnell festzulegen, unterlief Merkel als Oppositionsführerin noch ein weiteres Mal, ausgerechnet im Bundestagswahlkampf 2005. Die Benennung des schwer zu kontrollierenden und nicht eben uneitlen Wissenschaftlers Paul Kirchhof zum Steuerexperten lief nach anfänglich trügerischer Ruhe ebenfalls aus dem Ruder. Auch wenn der Sachverhalt ein gänzlich anderer war, so zeigten sich doch ähnliche Muster. Ein gerade im Westen emotional hoch besetztes Thema, in Kirchhofs Fall die soziale Gerechtigkeit, wurde vom politischen Gegner systematisch skandalisiert. Die CDU-Vorsitzende hatte die Gefühlslage bei Bürgern und Medien völlig falsch eingeschätzt und sich durch frühzeitige Festlegungen selbst blockiert. Die Personalie Kirchhof hätte Merkel fast das Kanzleramt gekostet.

Hier war es der Angreifer selbst, der sie in der Wahlnacht rettete. In der Elefantenrunde des ZDF ebnete Schröder ihr durch sein anmaßendes Aufbrausen den Weg ins Kanzleramt. Merkel hingegen bewahrte Contenance, zeigte sich ein wenig empört und ließ Schröder reden. Die Strategin hielt sich zurück. Wie üblich beobachtete sie die Situation erst einmal und konnte so Zeit gewinnen. Die negativen Auswirkungen unkontrollierter Kräfte in komplexen Versuchsanordnungen sind der Physikerin bestens bekannt.

Und Emotionen sind unkontrollierbare Kräfte. Schröders Politikstil war für Merkel ein Beweis, dass sich dauerhafter politischer Erfolg nicht durch das freie Spiel der Kräfte, durch Symbolpolitik oder kurzfristige Interventionen einstellt, sondern auf langfristig kalkuliertem Machtgebrauch basiert.

Merkel und Schröder repräsentieren die beiden Pole politischen Handlungsstils: das Über-Bedachte und das Über-Spontane. Der Naturwissenschaftlerin Angela Merkel ist das Freund-Feind-Denken eines Schröder, Kohl oder Stoiber fremd. Es verringert nur die Anzahl der Optionen. Polarisieren und Übertreiben geht auf Kosten der Berechenbarkeit und letztlich zu Lasten der eigenen Karriere. Schon Max Weber wusste: »Politik wird mit dem Kopfe gemacht, nicht mit anderen Teilen des Körpers oder der Seele.«

VI. Männer lesen

Angela Merkel, so will es die Legende, sei eine männermordende Frau. Doch das Gegenteil ist der Fall. Ihre vermeintlichen Opfer haben sich fast immer selbst erledigt, durch Ungeduld, Eitelkeit oder beides. Sie versteht es, ausdauernd darauf zu warten.

Das Buch lag tagelang wie unberührt im Allerheiligsten, dem Kommandoflur der hessischen Staatskanzlei. Es schien kontaminiert zu sein, so groß war der Bogen, den die engsten Mitarbeiter Roland Kochs darum schlugen. Vom Titel des druckfrischen Werkes strahlte Angela Merkel. Das Bild hatte eine Modefotografin gemacht. »Starkes Foto«, raunte einer von Kochs Leuten leise, als er sich sicher vor Ohrenzeugen wähnte, »so kennen wir die Oberschwester gar nicht.«

Etwa zur gleichen Zeit, im Herbst 2003, tagte in der Berliner CDU-Zentrale Angela Merkel mit ihrer Frauenrunde. Man beratschlagte wieder einmal, wie der ungestüme hessische Ministerpräsident am besten zu isolieren sei. Zuschütten mit unzähligen lästigen Detailfragen aus dem Bundesrat, lautete diesmal die Strategie. »Damit Schweinchen Babe nicht auf dumme Gedanken kommt«, sagte eine Teilnehmerin nach dem Treffen grienend.

»Die Oberschwester« und »Schweinchen Babe«, diese niedlichen Kosenamen illustrieren einen erbitterten Kampf in der CDU, der zwischen der Parteivorsitzenden und dem hessischen Ministerpräsidenten lange Zeit mit allen Mitteln geführt wurde. Oft kam Hinterlist zum Einsatz, schlimmer waren nur die perfiden Treuebekundungen.

Schließlich ging es im Jahr nach jener Bundestagswahl, die den CSU-Vorsitzenden Edmund Stoiber erledigt hatte, um die langfristige Ausrichtung der CDU, vor allem aber um die nächste Kanzlerkandidatur. Angela Merkel hatte zum Parteivorsitz auch die Führung der Bundestagsfraktion übernommen, was ihr eine bislang ungekannte Machtfülle bescherte. Koch, der sich als Gralshüter der wahren CDU verstand, sah nach dem Gewinn der absoluten Mehrheit in Hessen die Zeit gekommen, die Machtfrage zu stellen. Stoiber, Merz, Wulff – alle anderen Kandidaten waren bereits aus dem Weg geräumt oder hatten sich freiwillig in die zweite Reihe gestellt.

Es ist die Zeit für den Showdown, die letzte große Schlacht in der CDU vor der nächsten Bundestagswahl. Merkel und Koch wissen: Wer diese Auseinandersetzung gewinnt, wird auf Jahre die Geschicke der Partei und womöglich Deutschlands bestimmen. Denn Rot-Grün würde kein weiteres Mal regieren. Der CDU-Vorsitz des Jahres 2003 war ein Posten mit allerbesten Kanzler-Chancen. Der gehörte natürlich einem Mann.

»Ich unterstütze Sie als Parteivorsitzende, aber nicht als Kanzlerkandidatin«, hatte Koch die Konkurrentin gleich nach ihrer Wahl zur CDU-Chefin wissen lassen. Angela Merkel war klar, dass er jede Schwäche nutzen würde, die sie zeigte. Oft genug hatten sie einander unterschätzt. Jetzt belauerten sie sich. »Er ist loyal, weil es keine Alternative gibt«, sagte einer von Kochs langjährigen Wegbegleitern, »aber wehe, sie erlaubt sich zu viele Patzer – dann wird er zuschlagen.«

Koch und Merkel sind zwar Mitglieder einer Partei, aber sie stehen für zwei grundverschiedene Kulturen. Hier der Kohl-Erbe, Aufstiegs-Unionist, stramm katholische Familienvater, Hoffnungsträger derer, die alles gern so wie früher hätten, der Konservative an sich. Dort die Aufsteigerin aus dem

Osten, kinderlos, seiteneingestiegen, protestantisch – Symbol für Chance und Wagnis. Das Herz der Partei bedient sie dennoch nicht. Das erledigt Koch. Wie kein anderer repräsentiert der kantige Ministerpräsident die gute alte CDU, während die Vorsitzende für einen etwas diffusen, modernistisch-liberalen Kurs steht. Für eine Frau an der Spitze scheint die Partei nicht reif. Es ist allein den Wirren der Spendenaffäre geschuldet, dass Angela Merkel die CDU führt.

Das Verhältnis der beiden, widersprüchlich und gleichsam verwoben, erinnerte eine Weile an das Duo Lafontaine/Schröder, genauso machtbewusst, genauso grundverschieden. Koch ist der bessere Analytiker, Merkel die bessere Strategin. Er spricht eher die Bosse an, sie die Basis. Sie verfügt über einen Werkzeugkasten, der alles bietet vom Skalpell bis zur Dampframme, er fährt am liebsten Panzer. Er denkt mechanisch, sie systemisch. Er will recht haben, sie will siegen. Vor allem aber: Sie ist nur Frau. Er dagegen gehört dem edlen Geschlecht an, das in der CDU von Natur aus führt. So jedenfalls sehen es die Hirsche der Partei.

Fast die gesamte Oppositionszeit über bestimmte der leise, aber beharrliche Wettlauf zwischen Merkel und Koch das Innenleben der CDU. Der Kampf der Geschlechter wirkte sich durchaus stabilisierend aus. In beiden Lagern wurde hochkonzentriert gearbeitet, denn das Belauern erfordert permanente Aufmerksamkeit. Jede Lässigkeit könnte die letzte sein. Der Wettbewerb belebte.

Inhaltlich stimmen sie oft sogar überein. Bei der politischen Hardware sei man sich »sehr ähnlich«, sagt Angela Merkel: »In Fragen der Wirtschafts- und Sozialpolitik sind wir ganz schnell einig, da brauchen wir keine zehn Minuten.« Eigentlich schätzt sie Koch. »Es macht Spaß, mit ihm über Politik zu reden, weil er sehr gut schlussfolgert und Sachen auf den Punkt bringt.« Was sie befremdet, ist der Umstand, dass »er so unerbittlich gegen sich selbst ist«. Und die Tatsache, dass er ihr nach dem Job trachtet.

Wie sie Koch schließlich als Rivalen losgeworden ist, zeigt prototypisch Merkels Umgang mit Männern. Sie hat ihn nicht erledigt; die Kraft dazu hätte sie kaum gehabt. Aber sie hat ihm Fallen gestellt und auf den Moment gewartet, an dem sich einige typisch männliche Wesenszüge von allein Bahn brechen würden, vor allem Ungeduld und Eitelkeit. Angela Merkel ermordet ihre Konkurrenten nicht. Sie wartet darauf, dass die sich selbst erledigen. Koch wählte einen anderen Weg, die Loyalität, und ließ sich 2006 zum stellvertretenden CDU-Vorsitzenden wählen.

Der Mythos von der Schwarzen Witwe, die jeden Kerl schafft, passt zwar hervorragend in die Fantasiewelt von Männern, die sich beim besten Willen nicht vorstellen können, dass eine Frau schlauer sein soll als sie. Aber er stimmt nicht. Es war nicht Gift, sondern Geduld, die die Männer erledigte. Und manchmal kam Glück dazu. Sie musste nur warten.

Wie sie die Männer sieht, illustriert eine kleine Geschichte, mit der Angela Merkel den Unterschied zwischen Jungen und Mädchen erklärt. Setze man beide an einen Experimentierapparat, dann zögere das Mädchen erst, gucke, überlege, denke herum und schreibe womöglich etwas auf. Erst dann beginne es vorsichtig, mit dem Gerät zu arbeiten. Der Junge hingegen stürze sich auf den Apparat und verbreite umgehend den Eindruck von Kompetenz. Nach dem zehnten Fehlversuch allerdings sei klar, »dass er überhaupt nichts weiß«, sagt Merkel. Und man könne froh sein, wenn das Gerät überlebe. Das jedenfalls sei ihre Lebenserfahrung. Wenn sie das so erzählt, sieht man sofort die Herren Merz, Koch, Stoiber und auch Schröder vorbeihetzen, wild entschlossen, sich auf das nächste Experimentiergerät zu werfen.

Ihre Konsequenz daraus ist simpel: Männer muss man einfach machen lassen. Sehr häufig hat das, wenn auch mit sanfter Nachhilfe, funktioniert. Fast alle Erfolge von Angela Merkel resultierten aus männlichen Misserfolgen. Natürlich haben ihr Günther Krause oder Lothar de Maizière beim politischen Aufstieg geholfen. Aber den Schaden zugefügt haben sich die beiden Ostdeutschen selbst. Lothar de Maizière etwa hatte nach den Stasi-Vorwürfen offenkundig die Nase voll von der Politik und keinerlei Interesse, die Kritik einfach durchzustehen, so wie andere es kaltblütig taten. Krause wiederum scheiterte an der gefühlten eigenen Großartigkeit. Dass Merkel beide Förderer politisch beerbte, ohne sich auffällig für ihren Verbleib stark gemacht zu haben, wäre unter Männern keiner Erwähnung wert gewesen.

Kohl wiederum hatte die Spendenaffäre am Hals, Schäuble den unerklärlichen Umschlag mit 100 000 Mark in den Händen. Stoiber hatte eine Bundestagswahl verloren. Koch disqualifizierte sich für eine ganze Weile durch unüberlegte Angriffe. Merz schließlich tat das, was man eigentlich nur von Frauen erwartet: Er verließ sich in geradezu berückender Naivität auf eine vermeintliche Absprache und war total traurig, dass es anders kam. Sein Rückzug aus der Politik war eine Kapitulation erster Klasse.

Dass die CDU-Vorsitzende zwecks Ausbaus ihrer Macht gar nicht anders konnte, als nach der verlorenen Bundestagswahl 2002 den Fraktionsvorsitz anzustreben, so wie Helmut Kohl fast ein Vierteljahrhundert zuvor, kam dem langen Sauerländer offenbar nicht in den Sinn. Schließlich war er es gewesen, der als Fraktionschef der CDU-Vorsitzenden das Leben zur Hölle gemacht hatte. Dass Stoiber auf ihrer Seite stand, war ebenfalls klar. Das war der Preis für die Kandidatur 2002, abgesprochen oder nicht.

Angela Merkel verfügt über eine besondere Begabung, die

sie über die Jahre immer weiter verfeinert hat: Sie ist eine Männerversteherin. Sie weiß, wie Männer funktionieren, kennt deren Schwächen und Eitelkeiten, aber auch deren Stärken. Männer sind keine Variablen mehr in ihren polit-strategischen Berechnungen, sondern Konstanten. Sie funktionieren berechenbar.

Diese Erkenntnisse kann man als empirisch abgesichert bezeichnen. Das Forschungsobjekt Mann beobachtet Merkel seit ihrer Kindheit. Da war ihr Vater, Musterexemplar eines Alpha-Männchens, an dem sie maskulines Verhalten früh studieren und testen konnte. Es gab den Bruder Marcus, die Jungs in der Klasse, die sie gern überflügelte, die meist umfassend gebildeten Priester im Waldhof, schließlich die Physiker in Leipzig an der Universität, später an der Akademie in Berlin, unter denen sie die einzige Frau war. Auch in der CDU hatte sie es vorwiegend mit den Herren der Schöpfung zu tun, zumal sie frauenbewegten Geschlechtsgenossinnen gegenüber eher Skepsis hegte.

Immer besser lernte sie, Männerrituale zu deuten, aber auch, sie in vollendeter Art und Weise nachzumachen. Angela Merkel kann unglaublich gut den Schröder geben, wenn sie Leute absichtsvoll übersieht, ihnen das Wort abschneidet oder Anmerkungen anderer nicht der leisesten Geste für Wert befindet. Den gelangweilten Blick hat sie perfektioniert. Majestätisches Wedeln mit der Hand zum Zeichen, dass man sich entfernen möge, hat sie auch drauf. Von Nero bis Napoleon reicht das Repertoire.

Mag sie jemanden nicht, wachsen in Sekunden Eiszapfen von der Decke. Sie beherrscht die Kunst, mit kleinen, gewollt bösartigen Signalen oder aber winzigen Gunstbekundungen einen Raum in kürzester Zeit unter ihre Kontrolle zu bringen. Bei den Königstigern des Weltwirtschaftsforums in Davos erprobt sie sich besonders gern als Dompteuse. Mit zoologischem Interesse nimmt sie wahr, welcher Supermann sich durch Missachtung provozieren lässt. Emotionskontrolle hat sie sich über die Jahre beigebracht. Derzeit arbeitet sie daran, etwas offener zu werden. Eine Kanzlerin habe für alle da zu sein und müsse das auch zeigen, sagen ihre Mitarbeiter. Angela Merkel ist immerhin geneigt, darüber nachzudenken.

Am Anfang ihrer politischen Karriere hatte es sie noch schwer genervt, wenn Männer sie von oben herab oder gönnerhaft behandelten. Dass Kohl jemals »mein Mädchen« zu ihr gesagt haben soll, dementiert sie aufs Schärfste. Das hochnäsige Auftreten der Enkel machte sie rasend, wie etwa das erste Zusammentreffen mit Kohls Liebling Roland Koch, auf einem Parteitag Mitte der Neunzigerjahre. Er mäkelte über das strahlende Blau hinter der Bühne und die neue Form der drei Buchstaben C, D und U, so als wolle er ihr gleich klarmachen, wer sich am besten auskennt im Fach Parteitradition. Genüsslich vorgetragene Herablassung, das war es, was ihr entgegenschlug.

Koch funktioniert nach dem Prinzip Pavianfelsen. Bei jeder Gelegenheit macht er den Rivalen durch kleine Signale der Überlegenheit klar, dass sie auf die Stufen unter ihm gehören. Bei Frauen stellt er solche Überlegungen gar nicht erst an. Keine Frage: Koch nahm die Neue nicht übermäßig ernst. Schließlich war er Fraktionschef im Wiesbadener Landtag und sie als Kohls Umweltministerin nur Quotenfrau. »Er war der kommende Mann«, erinnert sich Merkel und fügt mit feinem Lächeln hinzu: »In Hessen«. Christian Wulff fand sie spannender. Wirklich kennengelernt haben sich Koch und Merkel in den letzten 15 Jahren nicht. Außerhalb der Gremien trafen sie fast nur in Stresssituationen aufeinander. Nur einmal war sie bei ihm zu Hause in der Eschborner Südstaaten-Villa, die sie durchaus gelungen eingerichtet fand.

Nach Kohls Niederlage 1998 begegneten sie sich erneut.

Parteichef Schäuble und Koch hatten die ebenso gruselige wie wirkungsvolle Doppelpass-Kampagne für den Hessen-Wahlkampf erfunden. Die neue Generalsekretärin Merkel war überaus skeptisch. Sie war es, die darauf pochte, dem »Nein zum Doppelpass« auf den Plakaten ein ebenso großes »Ja zur Integration« mitzugeben. Koch fand das nicht so wichtig. Später bedankte er sich immerhin bei ihr dafür. Nach seinem überraschenden Wahlsieg korrigierte sie sich ebenfalls. Nicht den Inhalt, aber die handwerkliche Inszenierung der Kampagne und die Konsequenz der Umsetzung fand sie »bewundernswert«. Vier Jahre später, in der USA-Debatte, sollte sie diese Strategie des »Stehens im Sturm« nahezu eins zu eins verwenden. Die beiden haben sich nicht nur belauert, sondern auch kopiert.

Die erste Ahnung, dass diese Frau knallhart kämpft, beschlich Koch während der hessischen Spendenaffäre im Jahr 2000. Ihre Solidaritätsbekundungen empfand er als dünn. Offenbar betrachtete sie ihn nicht ohne Genugtuung als nahezu erledigt. In Wiesbaden wurde man den Verdacht nicht los, sie nutze die Krise brutalstmöglich aus. Dass Koch diese prekäre Situation fast unbeschadet überstand, überraschte sie mindestens so wie ihn die Tatsache, dass sie diesen märchenhaften Aufstieg hinlegen konnte.

Glück, Instinkt oder kühle Berechnung – Angela Merkel hat in Machtfragen kaum je einen Grundsatzstreit gesucht. Solcherlei Zwiste hätte sie ja verlieren können. Also wartete sie. Das dauerte zwar länger, aber die Schlappen der Herren fielen dafür auch wesentlich gründlicher aus. Zugleich blieb ihr Risiko gering. Einsatz und Ertrag standen oftmals im optimalen Verhältnis. Merkels Macht ist auch ein Triumph der Wahrscheinlichkeitsrechnung. Und zuweilen auch der Fortune: Denn Stoiber hätte 2002 durchaus gewinnen können.

Wenn sie tatsächlich einmal einen Mann erledigte, dann tat

sie das aus der sicheren Position der Hierarchin. So wie bei Clemens Stroetmann, einst Staatssekretär im Bundesumweltministerium. Der selbstbewusste Beamte hatte gleich im ersten Gespräch den tödlichen Fehler begangen, seiner neuen Chefin lässig mitzuteilen: »Ich mach das hier schon.« Was blieb ihr, die sie Eigenständigkeit und Kompetenz nachweisen musste, anderes übrig, als den Großsprecher umgehend vor die Tür zu setzen?

Dass sie individuelle Fehlleistungen der Männer zu ihrem Vorteil nutzte, gehört weniger zu ihren machtstrategischen Spitzenleistungen als zum Alltagsgeschäft des fortgeschrittenen Volksvertreters. Keine Fehler zu machen, jedenfalls keine kapitalen, das ist für eine politische Laufbahn allemal wichtiger, als pausenlos Grandioses zu vollbringen. Politiker scheitern fast immer an Fehltritten, kaum je dagegen an Durchschnittlichkeit oder Langeweile.

Gerade weil Angela Merkel oft einfach nach Nützlichkeitskriterien und Erfolgswahrscheinlichkeiten funktionierte, herrschte im Lager der Männer ein umso größerer Bedarf, diese Frau zu mystifizieren. Es konnte ja nicht angehen, dass sie einfach nur schlauer war.

Die erste Kanzlerin beflügelt Ängste und Fantasien, weil sie sich den typischen Mann-Frau-Klischees gerade in den ersten Jahren beharrlich entzogen hat. Sowohl die selbst gestrickten Wollsocken, die sie anfangs auf Auslandsflügen anlegte, als auch ihr offenkundiges Unwissen über politisch korrekte Frauenlektüre (»*Emma*? Nö, habe ich nie gelesen. Das ist was anderes als *Elle*, oder?«) widersprachen den Vorstellungen von Politikern und Bürgern. Dass sie gegen die Quote war, dem Allerheiligsten der Frauenpolitikerin Rita Süssmuth, verstärkte das Unverständnis noch. Dabei weigerte sich Angela Merkel lediglich, aus der Position des ewigen Opfers zu argumentieren. Gute Frauen hätten eine Quote gar nicht nötig, fand sie. Doch das war wohl zu selbstbewusst für die meisten deutschen Frauen.

Wie groß die Missverständnisse zwischen den Geschlechtern sein konnten, bewies der Kampf um die Kanzlerkandidatur 2002. In diesen Monaten um den Jahreswechsel 2001/2002 bekam Angela Merkel ihre letzte große Lektion in Männerkunde. Während sie fest davon ausging, dass für sie die gleichen Regeln gelten würden wie für einen Mann, nämlich zum Beispiel das Recht des ersten Zugriffs bei der Kandidatur, mussten die Männer lernen, dass diese Frau nicht spielen, sondern tatsächlich jenen Job ergattern wollte, auf den sie es abgesehen hatten.

Das Beharren auf dem Zugriff irritierte insbesondere die Mitglieder des Andenpaktes, jener Gruppe mächtiger CDU-Politiker, die sich für den wahren Kern der CDU hält und für sich in Anspruch nahm, über die K-Frage zu entscheiden. Die Macht dieses Herrenklubs war Angela Merkel bis dahin nicht geläufig. Sie glaubte damals noch daran, dass sich Mehrheiten allein durch Überzeugungskraft und hierarchische Automatismen gewinnen ließen.

Doch in den Augen der Herren war diese Frau nichts als ein Unfall der CDU-Geschichte, der jedoch leicht reparabel schien. Sie musste einfach nur weg. In der schönen alten Westmännerpartei CDU hatte sie nichts zu suchen. Die K-Frage 2002 schien eine perfekte Gelegenheit zu bieten, die unliebsame Mitspielerin zu entsorgen. Die Rolle des Spielentscheiders fiel Roland Koch zu, der durchaus eigene Interessen verfolgte. Der Hesse hatte zuvor eine informelle Abmachung mit Stoiber getroffen, die eine Nachfolgeregelung beinhaltete. Koch sollte dem CSU-Chef bei dessen Kandidatur behilflich sein, als Kompensation würde er den Bayern eines Tages beerben. Dumm nur, dass Paktbruder Peter Müller im Dezember herumerzählte, es habe ein Geheimtreffen wichtiger

CDU-Vertreter gegeben, die Merkel zum Rückzug bewegen wollten – der Andenpakt hatte getagt.

Den Höhepunkt des Kampfes zwischen der einsamen Frau und dem Männerbund erreichte die Auseinandersetzung in der zweiten Woche des Jahres 2002, als Angela Merkel ihre Bereitschaft zur Kanzlerkandidatur erklärte und ihren Anspruch als historisch selbstverständlich begründete. Das sahen Koch & Co. ganz anders. Außerdem lag Stoiber in allen Umfragen vorn.

Die Männerpaktierer hielten sich nach wie vor bedeckt und pflegten ihr Verwirrspiel. Angela Merkel plagten Zweifel: Konnte sie sich des NRW-Chefs Rüttgers wirklich sicher sein, des Niedersachsen Wulff, Peter Müllers von der Saar? In der Parteizentrale rechneten die Vorsitzende und ihre Vertrauten alle denkbaren Optionen durch. Hatte eine Kampfkandidatur gegen Stoiber Aussicht auf Erfolg?

Insbesondere Koch war nicht zu durchschauen. Disziplinierter als alle anderen hielt er sich in den Präsidiumssitzungen mit Sympathiebekundungen für den einen oder die andere zurück. Er wahrte strenge Neutralität, aus keinem Interview war auch nur eine Spur von Bevorzugung herauszulesen. Was hatte das zu bedeuten? Die Vorsitzende spürte, dass sie von wichtigen Kommunikationskanälen ihrer eigenen Partei abgeschnitten war. Um sie herum wurde über sie geredet, doch kaum einer sprach offen mit ihr. »Die Angst vor mir muss groß sein«, sagte Frau Merkel.

Langsam begann sie zu ahnen, was da gespielt wurde, vor allem, als das von Peter Müller im Dezember angedeutete Szenario tatsächlich ablief. Zuerst rief der Andenpaktierer Christoph Böhr an, um ihr die Kandidatur auszureden. Andere folgten, auch Christian Wulff. Doch Angela Merkel beharrte weiter auf ihrem Zugriffsrecht. Die Ordensbrüder wurden nervös. Es hieß, in der Parteizentrale werde bereits an einer Kampagne gebastelt mit dem Titel »Eine Frau muss Kanzler werden«. Koch und Wulff ließen verschiedene Tageszeitungen berichten, dass es keine Mission geben werde, die CDU-Vorsitzende zum Verzicht zu überreden. Eine paradoxe Intervention, denn die Botschaft lautete: Genau diese Mission steht unmittelbar bevor.

Angela Merkel glaubte immer noch, sie könne die K-Frage zu ihren Gunsten entscheiden. Von ihrer Entschlossenheit berichtete Merz nach Tirol, wo Roland Koch am Skilift stand. Er hielt es für geschickt, sich in der Woche der Wahrheit weit entfernt vom Ort des Geschehens aufzuhalten. Er wollte nicht in die Rolle des Meuchlers geraten. Solche Typen schätzt die Partei gar nicht. Merz meldete, dass großer Druck auf Merkel ausgeübt werde. Doch die Zweifel, ob sie die Signale auch sehen wollte, wuchsen. Der Hesse ließ seine Vorsitzende telefonisch wissen, dass sie keinerlei Berechtigung zur Kandidatur habe. Merkel antwortete heftig, argumentierte, analysierte, drohte, musste am Ende aber einsehen, dass sie allein war. Der Geschlechterkampf kulminierte. Und sie hatte keine Chance.

Auch diese politische Konstellation behandelte Angela Merkel wie eine mathematische Gleichung, in der man es mit Wahrscheinlichkeiten und Variablen zu tun hat. Bei der Berechnung kam die Naturwissenschaftlerin zu dem Schluss, dass ein Rückzug weniger Risiken bergen und größere Perspektiven aufweisen würde. Hätte ein Mann den offenen Kampf gesucht, eine Entweder-oder-Entscheidung? Manche sicherlich. Bei ihr siegte wieder einmal Mathematik über Eitelkeit. So kam es zum Frühstück von Wolfratshausen – eine ganz und gar unmännliche Symbolwelt. Aber sie ist die Handelnde. Sie trägt dem Bayern die Kandidatur an. Es ist kein Canossa-Gang, sondern eine Geste der Größe, zumindest solange es keine Bilder geben wird von einem triumphierend grinsenden Stoiber.

Also gibt die CDU-Vorsitzende Anweisung, kein Lufthansa-Ticket zu buchen, sondern eine kleine private Maschine zu chartern. Maximale Diskretion ist nötig. Nur ihre engsten Mitarbeiter wissen von der Reise. Sie will Stoiber noch am selben Abend treffen, aber der Ministerpräsident hat seinen Neujahrsempfang. Vom Flughafen ruft sie Stoiber per Handy in der Münchner Residenz an und drängt auf einen nächtlichen Termin. Auf keinen Fall dürfen Bilder von diesem Treffen entstehen, millionenfach vervielfältigte Dokumente einer Niederlage. Aber der Ministerpräsident vertröstet sie auf den nächsten Tag. Er steckt im Smoking. Am nächsten Morgen wird sich Angela Merkel endlich aus einer ausgesprochen misslichen Situation befreien können.

Dass sie als Lohn nach der Wahl den Fraktionsvorsitz erhalten soll, entspricht allen Regeln politischer Verhandlungskultur. Die Frau erscheint plötzlich weiser, verantwortungsvoller als die unablässig um die Macht wieselnden Kerle. Genau das war ihr Ziel – maximale Schadensbegrenzung. Stoiber hatte zwar gewonnen, aber sie auch. Diese strategische Meisterleistung war weiblich geprägt; die meisten Männer hätten es fertiggebracht, heldenhaft, aber eben als Verlierer aus einer derart schwierigen Lage hervorzugehen.

In diesen Tagen hat Angela Merkel viel gelernt über geheime Parteistrukturen und Männer-Psyche. Sie beschließt, die Maximen ihres Handelns noch strikter zu fassen. Denn der Kampf um die K-Frage hatte ihr schonungslos eine Schwäche aufgezeigt. Formale Macht allein genügte nicht, ein klar umrissenes Ziel, die Kanzlerkandidatur, innerhalb der eigenen und gegen die Schwesterpartei CSU durchzusetzen. Ihr Versuch, gegen ein gewachsenes Männer-Netzwerk eine Mehrheit zu organisieren, war gescheitert. Der Andenpakt hatte sich als stärker erwiesen.

Mit dieser Lehrstunde und den Schlüssen daraus hat Merkel ihre Männerstudien weitgehend abgeschlossen. Sie hatte begriffen, dass das teilweise seit Jahrzehnten bestehende Bindungsgeflecht der Männer schwer zu knacken war. Ihr Vorteil war ein anderer. Durch ihren historisch bedingten Späteintritt in die CDU war sie unabhängig, musste keine Rücksicht nehmen auf alte Mitstreiter, die es zu versorgen galt. Sie konnte sich eine eigene Gefolgschaft aufbauen aus Leuten, die in keinem der üblichen Netzwerke steckten. Ihr psychologischer Trumpf, so interpretiert es eine Mitstreiterin, sei »die Abwesenheit von Neid« gewesen. Während die Männer sich gegenseitig von Jugend an eifersüchtig belauerten, konnte sie vergleichsweise unbefangen agieren. Sie musste niemandem etwas beweisen, nur sich selbst.

Es war ein langer Weg gewesen. Sie war zunächst davon ausgegangen, dass dieses Mann-Frau-Rollenverständnis überschätzt sei. Doch da hatte sie den Westen noch nicht ganz verstanden. Ihr war entgangen, dass sich mit dem Wohlstand auf der anderen Seite der Mauer auch die Rollen verfestigt hatten. Die Gleichberechtigung in der DDR war ja vor allem eine Folge der ökonomischen Zwänge gewesen. Der Geschlechtergraben im Westen war wesentlich tiefer.

In den ersten Jahren im Westen reagierte Angela Merkel meist ungehalten auf die rituellen Emanzipationsfragen. Sie wollte durch Leistung überzeugen. Die Westkultur des ewigen Vergleichens und Aufrechnens zwischen den Geschlechtern war ihr zuwider. Den professionellen Opfergestus der Emanzenbrigade hielt sie für eine intellektuelle Zumutung, die Quote für eine perfide Art der Diskriminierung.

Mit zunehmender Macht allerdings wurde der CDU-Chefin klar, dass ihre Rolle als Frau in der Spitzenpolitik durchaus strategische Vorzüge barg. Denn die Politikerin Merkel konnte sich zu einem Gegenentwurf entwickeln, gegen den parteiübergreifend vorherrschenden Typus des Polit-Pfaus.

Ob Schröder, Stoiber, Fischer, Westerwelle, Lafontaine – alle gingen dem Publikum mit ihren ähnlich vorgetragenen Machtinszenierungen gehörig auf die Nerven. Im Kampf um Images besaß sie die unschätzbare Waffe des Rollenmonopols. Eine Frau war es, die beim Frühstück von Wolfratshausen jene Verantwortung für Partei und Land demonstrierte, die die Männer immer nur forderten. Sie wollte offenbar nicht die Macht um jeden Preis, sondern stellte sich diszipliniert in den Dienst einer gemeinsamen Sache. Angela Merkel zelebrierte preußischen Bescheidenheitsterror. Und entlarvte damit zugleich alle Männer als rücksichtslose Karrieristen.

Langsam, aber zielstrebig bewegte sich die Parteivorsitzende fortan in eine Doppelrolle, die sie zunehmend unangreifbar machte. Sowohl als Angreiferin als auch in der Abwehr war sie bestrebt, die Öffentlichkeit auf ihre Seite zu bringen. Kühl bedient sie sich dabei der leicht auszurechnenden Klischeereflexe. Greift sie die Männer an, erfährt sie oftmals Zuspruch und Solidarisierung. Was man bei Männern womöglich als brutale Attacke empfinden würde, wird bei ihr als putzig bis tapfer bewertet: Toll, wie die sich durchsetzt. Hätte man gar nicht gedacht von ihr. Die hat es faustdick hinter den Ohren. Wird sie dagegen angegriffen, werden automatisch Schutzreflexe mobilisiert: Das kann man mit der armen Frau doch nicht machen. Angela Merkel ist listig genug, ihre Frauenrolle nie demonstrativ als Schutzschild vor sich her zu tragen, wie es die weiblichen westdeutschen Routine-Opfer seit Jahrzehnten praktiziert haben. Die Rollenverteilung erledigten Medien und Bürger von ganz allein.

Am besten funktioniert das Schema der weißen Massai: Hochzivilisierte Frau unter wilden Männern. Sie imitiert ihre Laute und Gebräuche. Wenn sie verstanden wird oder sich gar durchsetzt, freut man sich für sie. Macht sie Fehler, dann findet das Publikum, das sei nicht so schlimm. So gehört sie immer zu den Guten. Seit Jahrhunderten bildet dieser *clash of cultures* eines der erfolgreichsten Muster der Frauenliteratur.

Sie durfte die Opferrolle nur nicht überstrapazieren. Wer Kanzlerin werden will, muss gleichzeitig auch in der Lage sein, männliche Symbolpolitik zu zelebrieren. Daher waren die Bilder von Nachtsitzungen im Vermittlungsausschuss oder vom Jobgipfel im Kanzleramt im März 2005 von immenser Bedeutung. Die Signale lauteten: Die kann das. Die bewegt sich da ganz selbstverständlich. Die hat keine Angst. Die Männer nehmen sie ernst. Das waren die Botschaften an Partei und Wähler. Die politischen Ergebnisse waren nachrangig.

Alle Aufnahmen aus dieser Zeit belegen, wie unwohl sich die mächtigen Männer an ihrer Seite fühlen. Während ihr Blick immer selbstverständlicher wird, gelingt es kaum einem der Herren, nicht belustigt, nicht höhnisch oder nicht in irgendeiner Art fassungslos in die Kamera zu schauen. Eine Frau im Arkanum der Macht, daran wollten sie sich nicht gewöhnen.

Dass es praktisch unmöglich war, mit den üblichen Angriffsmethoden gegen diese Frau vorzugehen, musste Roland Koch erfahren, nach seinem Wahlsieg, der ihm die absolute Mehrheit brachte. Die Zeit drängte. Wulff hatte in Hannover ebenfalls gewonnen. 2006 stand eine Bundestagswahl an mit allerbesten Siegchancen für die Union. Koch sah sich im kleinen Kreis der K-Kandidaten angekommen. »Eine neue Ära«, verkündete er: »Ich bin kein Geselle mehr, ich habe den Meisterbrief.«

Umgehend begann der landesweit als Finsterling Wahrgenommene, sich als parteiübergreifender Großpolitiker zu positionieren. Mit NRW-Ministerpräsident Peer Steinbrück kooperierte er im Bundesrat in Finanzfragen, zugleich planten sie das gemeinsame Vorgehen beim Subventionsabbau. Auslandsreisen zu den großen Staatsmännern der Welt wurden gebucht, in seiner Staatskanzlei liefen die Mitarbeiter auf Hochtouren. Diskret wurden Immobilienpreise und Wohnlagen an der Spree erkundet.

Doch das Jahr seines größten Triumphs sollte ihn auch aus dem Berliner Rennen befördern. Denn endlich tat er, worauf Angela Merkel geduldig gewartet hatte: Er ließ sich zu Fehlern hinreißen. Aus Ungeduld und Eitelkeit. Ausgerechnet Koch, der bei jeder Gelegenheit nach Steuersenkungen rief, wandte sich im Sommer 2003 gegen die Steuerreform von Kanzler Schröder, der Angela Merkel unter bestimmten Bedingungen zustimmen wollte. Ein kapitaler Patzer. Und sogleich stellten sich alle Unions-Granden, von Neid nicht frei, gegen ihn, als hätten sie auf einen Fehler des Emporkömmlings nur gewartet.

Ohne Merkels Zutun hatte sich der Hesse selbst in die Isolation manövriert; er galt plötzlich als Übertaktierer, Quertreiber, Streithansel, der auch noch den bayerischen Landtagswahlkampf störte. Nun saß er in der von Merkel aufgestellten Geschlechter-Falle: Was immer er gegen die Vorsitzende sagte, wurde in das Täter-Opfer-Schema eingeordnet; das galt sogar für Lob. Koch war für eine ganze Weile nicht in der Lage, inhaltlich zu kommunizieren. Er wurde immer nur als der böse Wolf wahrgenommen. Und so fand er sich unversehens in einer Reihe mit seinem Freund Merz, der seit dem Verlust des Fraktionsvorsitzes die beleidigte Leberwurst gespielt, Merkel bei jeder Gelegenheit grob angegriffen und ihr damit reihenweise Loyalitätsbekundungen aus der CDU beschert hatte.

Da die Rollen derart klar verteilt waren, fiel der Öffentlichkeit auch kaum auf, dass Merkel den Rivalen Koch auf dem Höhepunkt der Hohmann-Affäre äußerst unfein behandelt hatte. Denn während die Parteiführung in Berlin längst beschlossen hatte, den rechten Schwatzbeutel Hohmann zu entsorgen, kämpfte Koch in Wiesbaden ausgerechnet in einer Synagoge für das, was er irrtümlich noch für die Parteilinie hielt: den Verbleib Hohmanns in Partei und Fraktion. Dass Merkel ihn nicht informiert hatte, nahm man in Wiesbaden als Bösartigkeit wahr.

Anfang 2004 unternahm Koch seinen letzten Vorstoß: Er wollte seiner Parteivorsitzenden Wolfgang Schäuble als Bundespräsidenten aufzwingen, wohl wissend, dass der Kandidat in der Bundestagsfraktion umstritten sein und der Vorsitzenden arge Probleme bereiten würde. Doch Kochs Votum für Schäuble erledigte den Kandidaten gleichsam. Merkel konnte gar nicht anders, als einen anderen Anwärter zu erfinden. Das sedierende Gegenmittel hieß Horst Köhler.

Koch schmollte, überlegte und gab dann nach. Er sah ein, dass gegen die Frau kein Ankommen war. Wollte er sich ewig in der Buhmann-Rolle bewegen? Oder wieder mitmachen? Der Hesse entschied sich für die Strategie der leisen Versöhnung. Nun gehört er neben Edmund Stoiber, und teils auch Wolfgang Schäuble, zu den wenigen Männern, die aus Einsicht von Merkel-Feinden zu relativen Merkel-Freunden wurden.

Auf dem Parteitag der Hessen-CDU im Frühjahr 2004 zelebriert Koch den Kurswechsel vom Angreifer zum Charmeur. Geradezu befremdlich finden die knapp 400 Delegierten seine Rede, in der Koch erklärt, dass Angela Merkel »unangefochten die Nummer eins der CDU« sei, und »ganz besonders meine Unterstützung hat«. Trotzdem wird er am Ende mit 95 Prozent wiedergewählt. Als der Parteitag vorbei und das Licht in der Halle erloschen ist, sitzt Roland Koch in der Gaststätte nebenan noch auf ein Glas Mineralwasser mit seiner Frau. Anke Koch ist nicht unglücklich, dass diese Kanzlerei jetzt mal aufhört, vorübergehend jedenfalls. Bald sind die Jungs aus dem Haus, haben ihren Führerschein, kriegen den alten Audi, es ist Zeit zum Reisen. Sie will nicht nach Berlin. Plötzlich zittert es in Kochs Hosentasche, das Handy vibriert, eine SMS ist gekommen, von der Vorsitzenden. Sie gratuliert zur Wiederwahl und endet: »Auf gute Zusammenarbeit, Angela Merkel.«

Diese SMS hat einen radikalen Kurswechsel der ehemaligen Konkurrenten eingeleitet. Die beiden bilden seither ein stilles Duo in der CDU, eine Art geheimer Achse. Der gemeinsame Feind heißt Christian Wulff, man neidet ihm seine guten Umfragewerte. Sie sprechen nicht viel darüber, aber sie verlassen sich aufeinander. »Wir sind uns in vielem ähnlich«, hat Angela Merkel festgestellt. Das beginnt schon bei ihrem leicht tapsigen Gang, der kein sonderlich ausgeprägtes Körpergefühl verrät. Beide sind Kopfmenschen, die, wenn es technisch möglich wäre, gut ohne den Rest des Leibes auskommen könnten. Die permanenten Flirtreflexe mit der Öffentlichkeit, die Schröder, Fischer, Wulff, Westerwelle befallen, sobald eine Kamera auftaucht, weisen weder Koch noch Merkel auf. Sie schulmeistern lieber, als Charme zu versprühen.

Beide stammen aus Elternhäusern, in denen das Repräsentieren wichtig war. In der Politikerfamilie Koch galt ebenso wie bei den Kasners die Regel, dass man sich notfalls auch ein wenig verstellen musste, sobald man nach draußen ging. Glaubwürdigkeit und Ansehen bei den Mitmenschen wurden als wichtigstes Sozialkapital empfunden. Koch wie Merkel sind zudem von einer inneren Mission getrieben. Es eint sie das unbestimmte Gefühl der Bestimmung, für ihre Aufgabe von einer höheren Macht auserwählt worden zu sein.

Zugleich arbeiten sich beide ihr Leben lang an ihren Eltern ab, die ein gutes Stück deutscher Geschichte repräsentieren.

Hier der hessische Ministerhaushalt der Kochs, Kriegsteilnehmer und demokratische Aufbauhelfer mit Wirtschaftswunderaufstieg, dort die Kasners, die für den Traum von einer gerechteren Gesellschaft das bequeme Leben im Westen aufgaben, um drüben der Kirche zu dienen. Diesen Übereltern zu gefallen, ihre Anerkennung zu erringen und ihr Werk fortzusetzen, das ist bei Koch wie bei Merkel ein Motor, der sie bis heute antreibt.

Wobei Vater Kasner wohl eine Spur strenger war als der zur Güte neigende Koch senior. Merkels Biograph Gerd Langguth sieht in Horst Kasner den Mann, der im Leben der Kanzlerin die größte Rolle spielt. Kasner forderte immer etwas mehr, als seine Kinder zu leisten imstande waren. Es war nicht leicht, ihn zufriedenzustellen. Wenn es Sätze gibt, die Kindern auf ewig im Gedächtnis bleiben, dann war es in diesem Fall womöglich der: »Weit gebracht hast du es ja noch nicht.« Das sagte Merkels Vater in einer Mischung aus Spott und Herablassung, Enttäuschung und Triumph, als er sie, die Physikerin, in Ost-Berlin in ihrer wenig repräsentativen kleinen Wohnung besuchte. So wurde das Beweisenwollen, das Immerweiter, Immerhärter, Immerbesser, Immermehr auch bei der Erwachsenen noch angestachelt. Nach der Wende verkomplizierte sich das Verhältnis zusätzlich: In einem Kommentar für die *Kirchenzeitung* klagte Horst Kasner über die Missstände des Parteienstaats und einer entfesselten Wirtschaft, all das also, wofür seine Tochter letztendlich stand.

Betrachtet er sie als eine von der Macht korrumpierte Überläuferin? Arbeitet Angela Merkel auch deswegen so hart, um ihm das Gegenteil zu beweisen? Sie möchte von diesem innerfamiliären Zwist, der sie offenbar quält, nichts publiziert wissen. Fest steht jedoch, dass die Anerkennung ihres Vaters zu den wenigen Dingen gehört, die sie sich auch mit noch so viel Fleiß nicht erarbeiten konnte. Bei Roland Koch verliefen die Muster in Kindheit und Jugend spiegelbildlich: Hier war es die Mutter, die den Jungen behütete, protegierte und immer weitertrieb.

Der Küchenpsychologe käme zu dem Schluss, dass es in Merkels Welt einen Übermann gibt, ihren Vater, der Rest sind überwiegend Unterlinge: wohl hoch qualifiziert, ansonsten aber treu ergeben. Männer auf Augenhöhe sind dagegen rar. Ihr Gatte Joachim Sauer gehört zweifellos dazu, aber auch Roland Koch. Der wäre schon in dieser Legislaturperiode gern als Minister eingestiegen, was Zick-Zack-Stoiber jedoch verhindert hat. Also wird es das Outing dieser politischen Liaison erst zur nächsten Wahl geben. Koch und Merkel haben verstanden, dass sie als Gegner nur Verletzungen produzieren, als Team dagegen unschlagbar sind.

Seine Loyalität bewies Koch in einer besonders prekären Situation, am Abend der Bundestagswahl 2005. Die Partei brodelte, als gegen 16 Uhr die verheerenden ersten Zahlen bekannt wurden. Koch war es, der um 18.30 Uhr, dem Moment höchster Irritation in der CDU, vor die Kameras trat und den Anspruch Angela Merkels auf die Kanzlerschaft unterstrich – ein Zeichen der Kraft in schwieriger Lage. Er hätte sie auch dezent in Frage stellen und damit dem rapide wachsenden Gefühl des Unmuts in der Partei nachgeben können. Nicht auszuschließen, dass in diesen Stunden ein letztes Mal jenes *window of opportunity* offenstand, sich der Oberschwester zu entledigen. Koch tat es nicht.

Die wahre Rettung der schwer angeschlagenen Kandidatin aber bewerkstelligte an diesem Abend ein anderer Mann, wieder einmal getrieben von Eitelkeit und Ungeduld: der Bundeskanzler persönlich. Durch seinen unangemessenen Auftritt in der Elefantenrunde des ZDF kurz nach 20 Uhr, mit dem er der unglücklichen Siegerin die Mehrheit sowie die Qualifikation absprechen wollte, zwang Gerhard Schröder die CDU geradezu zur Loyalität mit ihrer Kandidatin. Innerhalb weniger Minuten war die Wackelgewinnerin Merkel zur gestählten Siegerin geworden.

Sie selbst registrierte erst auf der Rückfahrt vom Studio, dass Schröder ihr soeben eine politische Wiedergeburt beschert hatte. Der adrenalinstrotzende Kanzler hatte sie im letzten Moment aus dem Straßengraben zurück ins Rennen befördert, und das auch noch vor den Augen der Republik. Der rot-grüne Kanzler war freiwillig von jenem Siegerpodest gesprungen, das er mit seinem Überraschungsergebnis erst wenige Momente zuvor erklommen hatte.

Koch war es auch, der in der Wahlnacht an ihrer Seite blieb und ihr spätabends den entscheidenden Rat gab, sie solle die Wahl zur Fraktionsvorsitzenden schnellstmöglich veranlassen, um die Abgeordneten und damit weite Teile der Partei hinter sich zu zwingen. Dafür ist sie ihm bis heute dankbar. Merkel und Koch gehören zu den wenigen in der deutschen Politik, die die Geschlechterebene inzwischen verlassen haben und rational machtpolitisch operieren. Koch wird auf Merkels Wunsch stellvertretender Parteivorsitzender; er wird zum wichtigsten Mitstreiter bei ihrer Reformpolitik als Kanzlerin. Ihr gemeinsames Ziel: Deutschland nach der nächsten Wahl umzustülpen. Wo Koch und Merkel gemeinsam agieren, wird die FDP zum Statisten.

Als einer der Ersten hat Roland Koch vollzogen, was das politische Berlin noch üben muss: die Frau Kanzlerin ernst zu nehmen. Es ist schon ulkig zu beobachten, wie breitschultrige Herren, die jahrelang nicht brachial genug über die CDU-Chefin herziehen konnten, sich nun plötzlich in Kratzfuß und Handkuss üben. Als Angela Merkel am 24. November 2005 das ARD-Hauptstadtstudio erstmals als Kanzlerin betritt, spürt sie die Aura der Macht. So viel Charme war selten. Ihre Leute müssen die Kanzlerin bisweilen etwas bremsen, dass sie sich nicht mit Spott und Spitzen an jenen rächt, die sie noch vor Kurzem von oben herab behandelten. Ihr Gedächtnis für Fehltritte anderer ist phänomenal. Dass Schäuble und Merz sie auf jener Klausurtagung im Januar 2002 in Magdeburg spätabends an der Bar johlend verhöhnten, wird sie nie vergessen.

Im Hauptstadtstudio der ARD schreitet sie wie selbstverständlich auf eine Männerwand aus Wichtigen zu, die sich wie von Geisterhand für sie teilt. Voreilig ausgefahrene Hände bleiben ungeschüttelt. Nur selten bleibt sie stehen. Viele gucken aus sicherer Entfernung, die wenigsten wagen sich näher. Distanz ist eines ihrer bevorzugten Herrschaftsmittel. Wirklich dicht lässt sie kaum jemanden an sich heran; das sichere »Sie« verwendet sie im Vergleich zu Kohl und Schröder geradezu inflationär. In den Genuss des »Du« kommen Chirac und Barroso, Bush und Putin, Kauder und Schavan, Müller und Glos, Pofalla und Röttgen sowie Koch und Stoiber. Anders als ihr Vorgänger duzt sie Menschen außerhalb der Politik kaum.

Umso beflissener wieseln insbesondere Deutschlands Wirtschaftsbosse nun um die Neue herum. Besonders verräterisch ist ein Foto, das die Spitzen der deutschen Industrie im Kanzleramt zeigt, Männer, von denen manche noch ein Jahr zuvor gar nicht kumpelig genug auf den Schultern von Gerhard Schröder herumklopfen und Herrenwitze loswerden konnten. Da stehen sie nun, die Bosse, die insgesamt über 250 Milliarden Euro Umsatz repräsentieren, lächeln artig und schauen ehrfurchtsvoll auf die Person in ihrer Mitte, die soeben die Treppen herabgeschritten kam, gleichsam aus dem Olymp. Ehrfurcht herrscht. Es sind die Industriellen, die die Initiative »Partner für Innovation« bilden, gegründet von Gerhard Schröder. Angela Merkel lacht befreit, gerade so, als habe sie zum ersten Mal begriffen, wie schön das Leben als Alpha-

Tier sein kann. Besonders dicht drängt sich Heinrich von Pierer, der früher nicht nah genug an Schröder heranrobben konnte.

Jeder der Bosse, der einen großen Deal plant, eine Fusion, ein Auslandsgeschäft, der ruft im Kanzleramt an. Und die Chefin versucht, sich persönlich ins Bild zu setzen. Dabei hält sie stets Abstand, selbst Vertrauten gegenüber wie dem BASF-Chef Jürgen Hambrecht oder Jürgen Kluge von der Beratungskrake McKinsey, der ihr oft Zahlen und Papiere besorgt. Von Bankern lässt sie sich bisweilen die Feinheiten des Investmentbankings erklären und von Hartmut Mehdorn einfühlsame Führungstechniken: »You have to be ready to kill«, doziert der Bahn-Boss gerne.

Wie Schröder zeigt sie sich allen größeren ökonomischen Vorgängen gegenüber aufgeschlossen. Anders als bei ihrem Vorgänger aber hält sich der Wirtschaftsminister dabei in vorauseilender Einsicht zurück. Auch Michael Glos weiß, dass Angela Merkel eine Cowboy-Allergie hat. Den Umgang mit Machtmännern hat die Kanzlerin inzwischen auch auf internationalem Parkett perfektioniert. Und das Muster erinnert stark an die Fälle Stoiber oder auch Merz. Mit ihrem sicheren Gespür für schwache Positionen hat Angela Merkel beim G8-Gipfel in Heiligendamm zum Beispiel den amerikanischen Präsidenten George W. Bush systematisch in die Enge getrieben. Die weltweit geführte Klimadebatte im ersten Halbjahr 2007 setzte den US-Präsidenten zusehends unter Druck und organisierte zugleich eine stabile Front der europäischen Regierungschefs. Wenig später machten die Kaczynski-Brüder aus Warschau eine ganz ähnliche Erfahrung. Auch sie hatten nicht mit der tückischen Geduld der deutschen Kanzlerin gerechnet. Die Kanzlerin funktioniert nicht nach dem gewohnten Männchen-Weibchen-Schema. Männliche Wesen bevorzugt sie in der dienenden Rolle. Als Zuarbeiter für wirtschaftliche Fragen hält sie sich zum Beispiel einen nach maskulinen Gesichtspunkten eher unauffälligen Menschen namens Jens Weidmann, einen Spitzenbeamten vom Internationalen Währungsfonds, der auf Empfehlung von Horst Köhler zu ihr kam. Weidmann ist ein Wirtschaftsliberaler, hat jedoch kaum Kontakte zu den Bossen. Die hat die Chefin natürlich monopolisiert. Sie hat die Männerwelt komplett inhaliert.

Weidmänner gibt es viele in Merkels Umgebung. Sie heißen Pofalla und von Klaeden, Röttgen oder de Maizière, Kauder oder Altmaier. Schon immer hatte die Chefin eine Vorliebe für Männer mit unauffälligem Testosteronspiegel, die etwas blässlich und mit hängenden Schultern daherkommen, dafür aber erstklassige Manieren, großen Fleiß, einen zackigen Scheitel und hundertzwanzigprozentige Ergebenheit bieten. Sie alle haben sich in den letzten Jahren um Merkel gesammelt, oft nur aus dem Grund, weil sie keiner anderen Bande angehörten und eine Heimat suchten. Der Macho, wie ihn Schröder oder Clement in unterschiedlicher Eleganz gaben, ist in ihrer Umgebung allenfalls in der massigen Gestalt eines Bodyguards anzutreffen.

Schon verrückt, wie sich die Zeiten ändern. Ausgerechnet der einfühlsame Typus Mann, der auch einmal zuhört und den Müll runterbringt, dient bei einer konservativen Kanzlerin. Und die rot-grünen Frauen, die sich zeit ihres Lebens einen gediegenen Herrn zu Dinkelkeks und Gurkentee wünschten, mussten sich mit den ungehobelten Exemplaren der Sorte Fischer herumschlagen.

VII. Risiken minimieren

Kein Leichtsinn, kein Risiko, und wenn spontanes Handeln, dann nur, wenn es gut vorbereitet ist. Angela Merkel ist eine Sicherheitstechnikerin. So hat sie es zu Hause gelernt, so regiert sie heute noch: mit Kontrolle, Planung und Redundanzen. Wichtiger als jeder Sieg ist es ihr, Misserfolge zu vermeiden.

Eines sonnigen Nachmittags im Berliner Regierungsviertel. Eine Mittvierzigerin marschiert vom Café Einstein aus an der amerikanischen Botschaft entlang Richtung Reichstag. Sie trägt die Haare kurz, ein zeitlos lachsfarbenes Sakko, flache Schuhe. Sie könnte eine Buchhändlerin sein, eine Bankangestellte oder eine Bundestagsmitarbeiterin. »Ich bin nur eine kleine Büroleiterin«, sagt die studierte Anglistin über sich, während sie am Parlament vorbei Richtung Kanzleramt strebt. Das ist eine extreme Untertreibung. Beate Baumann ist die zweitmächtigste Frau Deutschlands. Wer zu Angela Merkel will, muss an Frau Baumann vorbei. Keine Rede, keine Entscheidung, kein Vorstoß, den die Kanzlerin nicht mit Frau Baumann besprochen hätte. Sie weiß alles über Angela Merkel, sie war in den schwersten Stunden bei ihr und erlebte an ihrer Seite die größten Erfolge.

Beate Baumann und Angela Merkel könnten Schwestern sein. Beide sind sie unauffällig, unprätentiös, von quälender Zurückhaltung, aber von tückischer Schläue. Frau Baumann könnte mit der colorverglasten Limousine ins Café fahren. Aber sie geht zu Fuß. Sie redet sogar ein wenig, in einer geradezu herzig erscheinenden Geradlinigkeit. Zur Großen Koalition gebe es keine Alternative, sagt sie. Beide Seiten stünden dazu. Auf Müntefering sei Verlass. Auf Steinbrück und Steinmeier auch. Eigentlich auf alle. Der Laden laufe. Schönen Tag noch.

Wo Frau Baumann regiert, da ist die Welt normal und leise. Ob sie einen Zeitungskiosk leitet oder ein Kanzlerbüro, das scheint egal zu sein. »Man muss sich einarbeiten«, sagt sie, »aber das kann man ja lernen.« Sie tut das seit 14 Jahren. So lange leitet Beate Baumann Merkels Büro. Und zwar nicht in der Rolle der Sekretärin mit gelegentlicher Ratgeber-, Entspannungs- oder Lebenshilfefunktion, sondern eher als kongeniale Erweiterung der Person selbst, als zusätzliches Gewissen, Gehirn, Gefühl, als externe Festplatte der Kanzlerin.

Beate Baumann kommt aus Osnabrück. Ihr Stil, der sich dadurch auszeichnet, dass er versucht, kein Stil zu sein, zieht sich seit Ende 2005 durch die gesamte Republik. Die Machtübernahme durch Angela Merkel hat eine Osnabrückisierung an den Schaltstellen der deutschen Politik bewirkt. Merkels Vertraute stammen zwar aus allen Gegenden der Republik, aber sie weisen ähnliche Verhaltensmuster auf wie Frau Baumann. Sie sind ruhig, diskret, fleißig, betrachten Politik als etwas kontinuierlich Abzuarbeitendes und nicht als dauerndes Feuerwerk. Ob Fraktionschef Volker Kauder, CDU-General Ronald Pofalla, der außenpolitische Ideengeber Christoph Heusgen, Kanzleramtschef Thomas de Maizière, Kanzleramtsministerin Hildegard Müller, Peter Hintze, Peter Altmaier, Eckart von Klaeden, der Werber Thomas Heilmann, die CDU-Frauen Maria Böhmer und Tanja Gönner, Bildungsministerin Annette Schavan, Senior-Berater Willi Hausmann, CDU-Bundesgeschäftsführer Johannes von Thadden, Planungsstabschef Matthias Graf von Kielmannsegg, die Presse-Profis Eva Christiansen und Ulrich Wilhelm, selbst die aparte Hof-Fotografin Laurence Chaperon – sie alle sind von geradezu quälend ergebener Loyalität. Sie haben Unauffälligkeit und provozierende Zurückhaltung verinnerlicht, Schweigsamkeit ist ihr Beruf, das immerwährende Flachhalten des Balles ihre Mission. Sie alle könnten eine Reihenhaussiedlung in Osnabrück bewohnen.

Selten war eine Machtzentrale so gut abgeschottet wie das Kanzleramt unter Merkel, nicht bei Kohl, erst recht nicht bei Schröder. Merkels Machtzentrum lebt entscheidend vom kollektiv eingehaltenen Schweigegebot. Wenn etwas durchdringt, dann war es meistens mit Absicht lanciert und verfolgte einen Zweck. Das System Merkel gleicht einer Sekte, deren Mitglieder sich einig sind, dass außerhalb ein großer böser Feind lauert, der sie zu vernichten trachtet. Nur maximale Sicherheit kann die Gruppe schützen. Ihre Kommunikation verläuft via Dauer-SMS, die man allerdings umgehend löscht.

Angela Merkel ist eine sensationell schnelle SMSerin, unter dem Tisch, ohne hinzugucken: schnelle Befehle, eine knappe Frage, bisweilen ein kurzer Dank, so kommuniziert die Sicherheitstechnikerin.

Sie denkt nicht primär in Siegen, wie viele ihrer männlichen Kollegen, sondern sie will vor allem Niederlagen vermeiden. Vor wichtigen Entscheidungen fragt sie ihre Vertrauten Löcher in den Bauch: Kielmannsegg, Kauder, Wilhelm, Baumann und noch einmal zurück. »Das ist wie bei einem Flugzeug«, sagt jemand, der immer wieder dabei ist, »alle wichtigen Systeme werden gecheckt und wieder gecheckt und sicherheitshalber werden die meisten Funktionen doppelt und dreifach abgesichert.« Wenn die Kanzlerin in entscheidende Verhandlungen geht, etwa zur Gesundheitsreform, hat sie ein halbes Dutzend Experten und Abgeordnete in Bereitschaft versetzt, die bisweilen mitten in der Nacht per SMS die Aufforderung erhalten, umgehend eine wichtige Statistik zu besorgen und zu übermitteln. »Sie hat immer alle Zahlen parat«, stöhnt Vizekanzler Müntefering, »und die stimmen auch noch.«

Zum Sicherheitssystem der Kanzlerin gehört es auch, nie alle Informationen einem einzigen Vertrauten zukommen zu lassen. »Wir bekommen im Präsidium immer nur Häppchen«, mault ein Ministerpräsident. Dieses Schicksal teilen die CDU-Oberen mit fast allen Mitgliedern in Merkels Machtmannschaft. Sie legt Wert auf Herrschen durch Verteilen. Plump vertrauliche Runden mit weingelöster Offenheit gibt es bei ihr nicht.

Die politische Wissenschaft hat ermittelt, dass für modernes Führungshandeln eine Kultur der kurzen Wege und der schnellen Entscheidung unerlässlich ist. Über alle Hierarchien und Formalien hinweg braucht ein Regierungschef ein informelles, strategisches Zentrum, das aus nicht mehr als drei bis fünf Akteuren bestehen sollte.

Die Mitglieder ihres strategischen Zentrums kennt Angela Merkel fast durchweg schon aus Wendezeiten. Thomas de Maizière lernte sie 1990 im Wahlkampf kennen wie auch den Journalisten Ulrich Wilhelm, der später Stoiber als Sprecher diente. Dass Wilhelm immer dabei war, wenn es ernst wurde, fiel ihr ebenso auf wie der Umstand, dass Stoibers Niedergang begann, als Wilhelm ihn verließ. Ihn wollte sie unbedingt haben. Ihren inzwischen pensionierten Staatssekretär aus ersten Ministertagen, Willi Hausmann, konsultiert sie ebenfalls regelmäßig. Volker Kauder ist einer der wenigen, der ihr Vertrauen erst in den letzten Jahren errungen hat. Den Kern dieser kleinen Truppe hat sie von 1990 an vom Rande der Macht immer weiter ins Zentrum verschoben, bis ins Kanzleramt. Mit der Großen Koalition sind noch ein paar Figuren dazugekommen in die innere Führungsriege. Franz Müntefering zum Beispiel, der Vizekanzler, der gleichfalls beredtes Schweigen zelebriert. Mit ihm tauschte die Kanzlerin während der Koalitionsverhandlungen SMS über den Tisch aus. Auch Finanzminister Peer Steinbrück genießt inzwischen das Vertrauen der Chefin und selbst Außenminister Frank-Walter Steinmeier. Schröders einstiger Kanzleramtsminister brauchte allerdings eine ganze Weile, bis er »Frau Bundeskanzlerin …« über die Lippen brachte.

Angela Merkel weiß, dass sie zutiefst misstrauisch ist. Sie hat auch kein Problem damit. Es ist eine Kindheitsprägung, die ihr immer das Gefühl von Sicherheit gab: »Ich habe früh gelernt, dass man im Freundeskreis alles besprechen kann, aber draußen eben vorsichtig ist.« Diese Distanz wird oft als Kälte beschrieben. Aber es ist Vorsicht. Leutseligkeit ist keine politische Erfolgsstrategie.

Dass es sträflicher Leichtsinn ist zu prahlen, zu plaudern oder arglos zu quatschen, das lernte sie früh im staatsüberwachten Pastorenhaushalt. Schon als Kind habe sie darauf geachtet: »Was kannste sagen, wie weit kannste gehen?« Aufpassen, Relativieren, Ausweichen, das waren Überlebenstechniken. Draußen waren zu viele Ohren, zu viele übel wollende Zeitgenossen, draußen drohte Gefahr. Offenheit gab es allenfalls in den eigenen vier Wänden, und selbst da war sie überlegt zu dosieren. Es gibt kaum einen Unterschied zwischen dem Merkelschen Haushalt damals und dem Kanzleramt. Nur drinnen darf man offen reden.

Die Verteidiger des Arbeiter- und Bauernstaates haben diese bürgerlich-protestantischen Nischen nie völlig ausräuchern können. Um sich intellektuelle Freiräume zu sichern und die Chancen der Kinder auf ein Studium zu erhöhen, übten sich alle Familienmitglieder in sozialistischer Mimikry. Zumindest wurde den Kindern immer wieder eingebläut, in der Schule durch Leistung zu glänzen und sich nicht zu verplappern. »Man durfte ja dem Lehrer auf keinen Fall erzählen, dass bei Pfarrers zu Hause der Westsender gesehen und auf Honecker geschimpft wurde, und auch nicht, was für Witze am Abendbrottisch erzählt wurden«, erinnert sich Angela Merkel: »Grundsätzlich galt für uns Kinder das Gebot der Unauffälligkeit.« Daran hielt sie ihr Leben lang fest.

Die mangelnde Erfahrung der DDR-Bürger mit medialer Öffentlichkeit ist tief in ihr verwurzelt. Das Private blieb damals grundsätzlich Vertrauenssache, Medien waren gleichbedeutend mit Schnüffelstaat. Exhibitionisten-Shows im Fernsehen machen Angela Merkel fassungslos. Sie wird immer noch unruhig, wenn Dutzende von Kameras irgendwo auf sie warten. »Was wollen die?«, fragt sie ihre Leute. Manisches Ans-Licht-Zerren-Wollen und gnadenlose Bilder von jeder menschlichen Empfindung regen sie seit den ersten Einheitstagen auf. Neugier, Fragesteller, interessierte Mitmenschen, das alles hat sie in ihrer Kindheit auch als Bedrohung wahrgenommen.

Zwar herrschte keine beklemmende Atmosphäre im Waldhof, es war eher ein selbstverständlicher Umgang mit der Realität einer omnipräsenten Staatssicherheit. »Wir hatten gelernt, damit zu leben.« Auch auf den Kindern lag eine hohe Verantwortung. Jeder wusste: Eine unachtsame Bemerkung kann die Familie, kann jeden Einzelnen gefährden. Kommunikative Disziplin war Voraussetzung für den Erhalt der Sippe. So lernte Angela Merkel früh, was Identität, Zusammenhalt und Sicherheit bedeuten. Das kunstvolle Stammeln, der fragende Blick, die ausweichenden Antworten – all die Techniken von früher gebraucht sie noch heute virtuos.

Risikominimierung war eine der Strategien, die der Pfarrerstochter von ihren Eltern als überlebenswichtig eingeschärft worden war. Provozieren, das unterließ sie in der Schule. Ihre Anwesenheit war Provokation genug. Kurz vor ihrem Abitur hatte es Angela Merkel mit notorischer Unauffälligkeit, exzellenten Leistungen und dem verborgenen Wirken ihres Vaters tatsächlich geschafft, einen Studienplatz zu ergattern. Das war nicht selbstverständlich. Vielen Kindern von Geistlichen wurde die Universität, manchen sogar die Oberschule verwehrt.

Angela Merkel hatte mehrfach miterlebt, dass Eltern oder Kinder mit kirchlichem Hintergrund sich höchst unwürdigen Prozeduren unterziehen mussten, um vielleicht doch noch einen Platz auf der höheren Schule zu erlangen. Sie konnte froh sein mit ihrem Studienplatz in Physik. Ein geisteswissenschaftliches Fach hätte ihr das System niemals zugestanden. Da könnte man sich ja womöglich eine Querulantin heranziehen, die an der Hochschule nichts als Unruhe verbreiten würde. Bei den Physikern konnte nicht viel passieren.

Dieses Gefühl, es geschafft zu haben, hat die Abiturientin Angela leichtsinnig gemacht. Es muss ein Moment halbstarker Allmachtsfantasie gewesen sein, der sie und einige Mitschülerinnen bewogen hat, kurz vor dem Abitur sehr unsozialistisch aus der Reihe zu tanzen. Gänzlich überflüssig suchte sie das Risiko, aus purem Leichtsinn, aus einer plötzlichen Lust heraus, die Lehrer herauszufordern. Dabei hatte Vater Kasner die Mädchen noch mehrfach gewarnt.

Merkels Klasse war aufgefordert worden, einen Beitrag zu einer Kulturaufführung zu leisten. Doch mit dem Studienplatz in der Tasche war die Motivation nicht mehr übermäßig groß. Und so erschallte in der Pause aus dem Schullautsprecher die Mitteilung, dass die Klasse 12 b es nicht für nötig erachte, sich zu beteiligen. In letzter Sekunde fanden sich die Mädchen zusammen, natürlich unter Merkels Anführung, um doch noch etwas beizusteuern. Lieder, Gedichte, Szenen zum Krieg in Vietnam waren gefragt, Belege für das imperialistische Streben des Klassenfeindes.

Doch die 12 b übte sich in Konterrevolution. Kernstück ihrer Aufführung war das Gedicht »Mopsenleben« von Christian Morgenstern.

Es sitzen Möpse gern auf Mauerecken,
die sich ins Straßenbild hinaus erstrecken,
um von sotanen vorteilhaften Posten,
die bunte Welt gemächlich auszukosten.
Oh Mensch, lieg vor Dir selber auf der Lauer,
sonst bist Du auch ein Mops nur auf der Mauer.

Das konnte eine sensible Lehrkraft durchaus auf sich beziehen. Als dann zum Abschluss auch noch die Internationale auf Englisch zum Vortrag gebracht wurde, eskalierte die Lage. Der Gatte der Deutschlehrerin war Kreisschulrat und sorgte dafür, dass am nächsten Morgen die Staatsmaschinerie unnachgiebig anlief. Sämtliche Morgenrituale entfielen, dafür mussten sich Schüler anderer Klassen auf Wandzeitungen gegen die 12 b äußern. Die Staatssicherheit marschierte auf und verhörte alle Schüler der Klasse, außer den sechs Täterinnen. Was als Spaß gedacht war, entwickelte einen bizarren Ernst. Hass brach sich Bahn bei Lehrern. Die Schülerinnen, das war klar, mussten bestraft werden; der Studienplatz für Physik war in höchster Gefahr.

Die Eltern verfassten eine Petition, die Angela persönlich zu Manfred Stolpe, dem obersten Kirchenjuristen der DDR, nach Berlin bringen musste. Das Unglaubliche geschah: Der Lehrer wurde gemaßregelt, die Schüler kamen mit einem Verweis beim Fahnenappell davon. Eine Intervention Horst Kasners bei Bischof Schönherr soll hilfreich gewesen sein. Sicherheitshalber fuhren Vater und Tochter Kasner nach Leipzig, um sich an der Universität zu erklären. Doch die Herren an der dortigen Karl-Marx-Hochschule hatten von dem Vorfall gar nichts mitbekommen.

Diese Geschichte ist der Schülerin Merkel gehörig in die Knochen gefahren. Der Umstand, dass man sich mit einem vergleichsweise harmlosen Jux sein ganzes Leben ruinieren konnte, erzeugte Zorn in ihr, aber auch Hilflosigkeit. Das Kasnersche Unauffälligkeitsprinzip schien wohl doch die vernünftigste Methode zu sein, um mit einem drangsalierfreudigen System zurechtzukommen.

So ist es bis heute geblieben, und das führt bisweilen zu gespenstischen Szenen. Als Angela Merkel auf ihrer Wahlkampftour 2005 auf dem Marktplatz von Templin Station macht, zupft eine ältere Dame sie am Ärmel. Sie hat sich fein gemacht. Sie sagt: »Ich will dich nicht aufhalten, aber gib mir doch ein paar Autogramme.« Angela Merkel fragt: »Hast du schon wieder alle verteilt?« Dann schreibt sie Autogramme. Kurz blickt sie auf und fragt: »Ist Papa auch da?« Die Dame schüttelt den Kopf. Keine Umarmung, keine Herzlichkeit zwischen Mutter und Tochter. Nicht in der Öffentlichkeit. »Ja, so ist das«, sagt Frau Kasner zu einer Bekannten, als Angela Merkel längst verschwunden ist. Das ist wohl der Preis, wenn man sein Privatleben privat halten will.

Immerhin, es ist Angela Merkel weitgehend gelungen. So bleibt das Ehepaar Merkel/Sauer in seinem unspektakulären Wochenendhaus in der Uckermark von Reportern wie von Bürgern weitgehend verschont. Die Nachbarn haben sich etwas zurückgezogen und wundern sich über die Kanzlerin, die flotten Schrittes über die Dorfstraße eilt. Ob das nun schnelles Spazierengehen sei oder sehr langsames Joggen, fragen sie sich. An die großen schwarzen Autos und die kräftigen Personenschützer haben sich die Ureinwohner gewöhnt. Dass Frau Merkel nicht mehr im Angelverein ist, sehen sie ihr nach. Und dass der Kanzlergatte so wortkarg neben ihr sitzt beim Dorffest, das finden sie auch normal für einen Physikprofessor. Abends kann man durch die gardinenlosen Fenster sehen, wie sie in der Küche rumort und er einfach nur am Tisch sitzt. Wenn man kaum Privatleben hat, dann ist auch nicht viel zu verhüllen.

Über die Jahre ist eben schon so ziemlich alles ans Licht gekommen, was es an Berichtenswertem aus dem Leben der Angela Merkel gibt. Jeder Templiner Bürger, der wollte, stand schon mal vor einer Kamera, um seine Sicht preiszugeben, Schulkameraden berichteten den üblichen Teenie-Kram. Einhellig erwähnten die Zeitungen ihre vorsichtige, bisweilen zurückhaltende Art. Sie selbst hatte als Pfarrerstochter »dieses Gefühl, dass ich ständig in einem öffentlichen Raum lebte, in dem man nie völlig aus sich herausgehen durfte, in dem immer ein hohes Maß an Beherrschtheit notwendig war«.

Daraus ist ein Sicherheitssystem auch für die Politik entstanden. Angela Merkel hat die Erfahrung gemacht, dass maximale Sicherheitsvorkehrungen, Ausweichmöglichkeiten, Ausstiegsluken und vollständige Konzentriertheit am Ende stets den Erfolg bringen. Weil vor allem Bedrohung und Druck dieses Sicherheitsverhalten erfordern, ist Angela Merkel in prekären Lagen meist am besten. Ob im Finale der K-Frage oder den Koalitionsverhandlungen – immer, wenn es bisher um alles ging, hat sie gewonnen. Eine unsichere Lage, das ist immer auch ihre Chance. Den Kohl-Brief hat sie in solch einer Situation ersonnen und verbreitet, auch die souveräne strategische Leistung bei der Inthronisierung von Horst Köhler entstand unter Druck.

Es gilt aber auch die Umkehrung. Hart am Rande der Niederlage war sie immer dann, wenn sie ihren Sicherheitssystemen nicht vertraute, wenn sie sich auf eigene Faust durchsetzen wollte, wenn sie andere Meinungen nicht ernst nahm, wenn sie sich zu sicher fühlte. Der anfängliche Kampf mit Stoiber in der K-Frage 2002 war eine solche Situation wie auch die Hohmann-Affäre, die sie komplett falsch einschätzte. Am dichtesten vor dem Aus war Merkel allerdings am 18. September 2005. Weil sie dickköpfig blieb und meinte, man könne mit einer Mehrwertsteuererhöhung und einem zum Pfauentum neigenden Professor wie Paul Kirchhof eine Bundestagswahl gewinnen, blickte sie am Nachmittag des Wahlsonntages in den Abgrund. »In 100 Jahren nicht« werde sie eine Wahl mit Steuererhöhungen gewinnen, hatte ihr US-Präsident George W. Bush noch mit auf den Weg gegeben. Aber sie wusste es ja besser.

Die permanente Aufmerksamkeit, die die fragile Große Koalition erfordert, ist das Beste, was ihr passieren kann. Die Kanzlerin ist zur dauernden Vorsicht gezwungen. Sie kann nicht loslegen, wie es bei einer schwarz-gelben Koalition sicher geschehen wäre. Die Balance der beiden nervösen Volksparteien erfordert ihre ganze Aufmerksamkeit. Lange vor den entscheidenden Sitzungen verteilt sie Rollen und Argumente. Diskussionen in Parteispitze, Kabinett und Koalitionsrunde sind akribisch vorbereitet. Zur Not werden in laufender Sitzung letzte Unklarheiten per SMS geklärt. Franz Müntefering ist beeindruckt von so viel Steuerungswillen. Das wäre in seiner SPD gar nicht möglich. Beruhigt nimmt er zur Kenntnis, dass es auch in der CDU nicht immer funktioniert.

Die Kanzlerin genießt das Spiel mit der Macht, vor allem dann, wenn alles so abläuft, wie sie es sich ausgedacht hat. Mediale Öffentlichkeit braucht sie dabei nur aus strategischen Gründen. »Manchmal«, so hat sie der Fotografin Herlinde Koelbl verraten, »gehe ich nach Hause, weil ich nicht will, dass wieder alle gucken.« Andererseits hat Angela Merkel inzwischen auch die Vorzüge von etwas Öffentlichkeit für sich entdeckt: »Guckt gar keiner, ist es natürlich auch nicht so schön.«

VIII. Brücken bauen

Ost-West-Biographien gibt es viele in Deutschland.
Doch Angela Merkel bietet mehr: Kein Politiker,
kaum ein Prominenter in diesem Land vereint so viele
Gegensätze in seiner Person wie die Kanzlerin. Sie
repräsentiert einen gesamtgesellschaftlichen Vermitt-
lungsausschuss.

Die Theorie von den »cleavages« ist nicht wirklich brillant, aber sehr solide. Vor allem hilft sie beim Verständnis von Parteistrategien. Und sie erklärt, warum in jedem Wahlkampf seit Gründung der Republik immer das gleiche Dutzend Begriffe bemüht wird. Seymour Martin Lipset und Stein Rokkan begründeten bereits in den Sechzigerjahren den Cleavage-Ansatz. Demnach diktieren »die Konfliktlinien einer Gesellschaft die Entwicklung der Parteien«. Sozialstruktur, Religion oder historische Gegebenheiten bestimmen letztlich, zu welcher Größe sich die Anhängerschaft einer Partei entwickeln kann. Gegensätze wie katholisch/evangelisch, Arbeiter/Unternehmer oder Stadt/Land gibt es seit Generationen. Sie bilden die relativ stabilen Unterscheidungsmerkmale einer Partei.

»Cleaver«, so heißt im Englischen die Axt, das Schlachtermesser. Cleavage ist die Kluft, die die Parteien dauerhaft trennt und damit erkennbar und unterscheidbar macht. Koalitionen mit gesellschaftlichen Großgruppen wie Gewerkschaften oder der Kirche, ethnischen oder sozialen Verbänden, bekräftigen die Macht von Parteien. Die klassische deutsche Teilung lautet: hier die Union als Nachfolgerin der katholischen Parteien aus Kaiserzeit und Weimarer Republik, dort die Sozialdemokratie als Vertreterin der deutschen Arbeiterschaft. Die Volksparteien repräsentieren noch immer einige der großen Konfliktlinien der deutschen Gesellschaft.

Der Cleavage-Theorie steht ein anderer, modernerer Entwurf entgegen, der Catch-all-Ansatz, mustergültig von Bill Clinton, Tony Blair und Gerhard Schröder Ende des vergangenen Jahrhunderts zelebriert. Absichtsvoll übersprangen diese Politiker die gewohnten Gräben, insbesondere in der Wirtschaftspolitik. Im Widerspruch zu den Traditionsbataillonen ihrer Partei bekannten sie sich klar zum Primat der Ökonomie. Die Vertreter des Dritten Wegs wilderten auf der verbotenen, der konservativen Seite. Sie wollten alle Wähler fangen, indem sie die postmoderne Marktdynamik mit sozialdemokratischer Fürsorge-Tradition vereinten. »Innovation und Gerechtigkeit« lautete der Slogan von Gerhard Schröder und Oskar Lafontaine 1998, zu übersetzen auch als »Markt und Mitgefühl«. Dem hatte Kohls Union nichts entgegenzusetzen.

Die Balance zwischen scharfem Profil und breitem Angebot gehört zu den zentralen Herausforderungen moderner Politik. Die SPD und Schröder sind daran gescheitert. Nun ist Angela Merkel an der Reihe, das Bedürfnis der CDU-Mitglieder mit den politischen Erfordernissen zu versöhnen. Ihre Voraussetzungen sind prächtig. Denn sie vereint als einzige Spitzenkraft der deutschen Politik nahezu alle Cleavages der Gesellschaft in ihrer Person, meistens sogar überzeugend.

Hinter Merkels Erfolg steckt nicht nur ein strategisches Konzept, sondern auch die Kraft einer gesamtdeutschen Biografie: geboren in Hamburg, aufgewachsen in der DDR, früher Landpomeranze, heute Großstadtmensch, Protestantin in katholischer Partei, Frau im Männergeschäft Politik, Naturwissenschaftlerin aus gesellschaftswissenschaftlich geprägtem Bildungsbürgerhaushalt, die im Osten unter West-

verdacht stand. Später war es umgekehrt. Mit der historischen Erfahrung des Mauerfalls im Rücken schaffte sie es
sogar, einen kontaminierten Begriff wie »Patriotismus« mit
einer sehnsüchtig erwarteten Unbefangenheit aufzuladen.
Wenn Frau Merkel sagt, sie sei stolz auf ihr Land und wolle
ihm dienen, dann hört niemand braune Vergangenheit heraus.

Kein Politiker vereint so viele konträre gesellschaftliche
Gruppen, Konfliktlinien und durchaus auch erratische Befindlichkeiten wie Angela Merkel. Sie ist nirgendwo richtig
zu Hause, aber überall dabei. So stellt die Kanzlerin eine
idealtypische Gesamtdeutsche dar, sie repräsentiert in ihrer
Person einen viele Gräben überbrückenden Vermittlungsausschuss. Im Gegensatz zu vielen Wessis und Ossis ist Angela
Merkel als eine der wenigen Politikerfiguren im wiederver-
einigten Deutschland angekommen. Gleichwohl will sie sich
keiner Interessengruppe zuordnen lassen, bestenfalls dem
Klub der Opernfreunde.

Wer für vieles steht, hat jedoch das Problem, nur diffus
wahrgenommen zu werden. Genau das ist das Problem von
Angela Merkel. Manfred Güllner, Chef des Meinungsfor-
schungsinstituts Forsa und Chefdemoskop des früheren Kanzlers Schröder, vermutet ein latentes Misstrauen der Wähler
gegen die Politikerin Merkel. »Von den Ostdeutschen wird
sie nicht mehr als eine Ostdeutsche wahrgenommen, bei den
Westdeutschen noch nicht als im Westen angekommen. Deswegen traut ihr keiner so richtig«, erklärt Güllner.

Jenes Grundvertrauen, das ein Helmut Kohl den CDU-
Wählern gab, verströmt seine Nachfolgerin nicht. Kohl arbeitete mit dem Freund-Feind-Konzept: Er polarisierte. So sind
es die Deutschen gewohnt, deswegen schlägt der Kanzlerin
oftmals Verdacht entgegen. Die Protestanten betrachten sie
als Überläuferin, bei den Katholiken ist sie nicht angekom-

men. Manche Frauen mögen sie als männlich-vermachtet betrachten, die Männer akzeptieren sie aber noch lange nicht.

Als Frau zwischen den Stühlen, die ohne wirkliche politische Heimat wahrgenommen wird, taugt sie nur bedingt als Identifikationsobjekt. Obgleich der großbürgerliche SPD-Veteran Klaus von Dohnanyi findet: »Die Kanzlerin Merkel ist ein Glücksfall für das Zusammenwachsen von Ost und West.«

Immerhin steht sie für das Neue, für etwas Ungewöhnliches und Überraschendes namens Gemeinsamkeit. In Zeiten, da Schröder das Vertrauen verloren hatte und Stoiber mit staubigen Anti-Ost-Parolen zu punkten versuchte, erschien eine Kanzlerin Merkel zumindest weniger peinlich als die wohlbekannte Brigade der spaltenden Westmänner. Sie ist zwar Repräsentantin einer Partei, wird jedoch nicht als Produkt einer solchen empfunden. Die Verstrickung in einem Geflecht aus Gewohnheiten und Abhängigkeiten blieb ihr erspart. Die Naturwissenschaftlerin denkt oft jenseits parteipolitischer Kategorien und handelt gelegentlich auch so. Ihr fehlt einfach der in der Politik vorherrschende Wessi-Blick.

Die Westler hielten es zum Beispiel 1989 für selbstverständlich, dass der Lebensstandard der neuen Brüder und Schwestern auf Westniveau gehoben wurde. Inzwischen stimmt das Gegenteil. Der Osten setzt die Maßstäbe: mehr arbeiten für weniger Geld, machen statt quatschen, experimentelle Eigenverantwortung, mit vollem Risiko.

»Neo-Realisten« nennt der schlaue Soziologe Heinz Bude diese von den Selbstbindungen der alten Bundesrepublik ungefesselten Gesamtdeutschen, die die Probleme nicht in der Vergangenheit, sondern in der Zukunft sehen. Sie fühlen sich nicht mehr als gedemütigte, gebrochene Doofis, sondern haben eine uramerikanische Go-West-Mentalität kultiviert, brachial-liberal, weit weg von Zahnärzteparteien. Zukunfts-angst, die den Westen aus Gewohnheit quält, haben sie hinter sich. Der Verwestlichung der Lebensverhältnisse im Osten entspreche eine Veröstlichung der Gefühle im Westen, sagt der Schriftsteller Peter Schneider.

Angela Merkel wird weniger von Utopien, sondern von Fakten angetrieben. Wie viele ehemalige DDR-Bürger kennt sie nur eine Ideologie: Vernunft. Lernbereitschaft und Veränderungswillen über die gelernten Muster hinaus, das ist es, was viele erfolgreiche Ostdeutsche auszeichnet, vor allem Unternehmer. Sie zählen zur sogenannten »integrierten Generation«, die qua Geburt von den ideologischen Machtkämpfen der Fünfzigerjahre in der DDR verschont geblieben ist, aber zur Wendezeit noch jung genug war, noch einmal ganz neu anzufangen.

Ihr Leben in der DDR absolvierte die Generation meist mit oberflächlicher Anpassung und nüchterner Pflichterfüllung, ganz wie Angela Merkel. Für sie hatte die Wende nichts Bedrohliches, im Gegenteil. Jetzt endlich konnte sie loslegen. Umbruch und radikaler Neuanfang wurden als etwas durch und durch Positives empfunden, als Chance, ein ganzes Leben noch einmal in die Hand zu nehmen.

Die bisweilen sektiererische ostdeutsche Politikerschar aus einstigen Bürgerrechtlern oder Ex-Kommunisten hat Angela Merkel dabei ebenso hinter sich gelassen wie den dominierenden Typus des triumphierenden Westpolitikers. Sie verhedderte sich weder in basisdemokratischen Diskursen noch in hierarchischen Rollenmustern, schon gar nicht in einer angestrengten Frauen-Debatte. Diesen gesamtdeutschen Pragmatismus beginnen die Wähler an ihrer Bundeskanzlerin womöglich langsam zu schätzen. Der Ostmief, der früher als Makel galt, bildet jetzt die Grundlage für eine märchenhafte Aufsteigergeschichte vom Polit-Aschenputtel. Verachtung ist dem Stolz gewichen auf eine, die es geschafft hat, aber auf dem Boden geblieben ist.

Die Tochter aus gutem Pfarrhaus steht für gesamtdeutschen Minimalkonsens. Sie fährt Golf und mag Kohlrouladen. Die »Sehnsucht nach westlichen Werten« zerrte angeblich schon an ihrer Kinderseele, gestand sie einmal. Obwohl sie als Säugling aus Hamburg nach Brandenburg verpflanzt wurde, akzeptierte sie die DDR nie als Heimat. Sie orientierte sich nach Westen, wo ein großer Teil ihrer Familie wohnte. Sie trug Westklamotten, weniger aus Stilbewusstsein, sondern aus Not. Viel Geld hatte die Familie nie. Westkultur gehörte trotz der väterlichen Sympathien für sozialistisches Gedankengut zum Inventar ihrer Kindheit. Dass die Mutter im Westen glücklicher gewesen wäre und viel von drüben erzählte, stärkte ihre Bindung an den Osten nicht gerade. Aber hier war sie zu Hause.

Grenzen zwischen Ost- und Westdeutschland wurden im Pfarrhaus nicht gezogen. Der Glaube kannte keine Mauer. In Kasners Templiner Pastoralkolleg gingen westdeutsche Kollegen ein und aus, stapelten sich westdeutsche Zeitungen und Literatur. Angesichts des allgegenwärtigen Misstrauens der bekennenden Atheisten in Staat und Partei hielt sich der Widerstand der Kasners in Grenzen. Zugleich ließ sich die Familie intellektuell nicht einschnüren und distanzierte sich zumindest innerlich vom real existierenden Sozialismus. »Für uns gehörte es zur Lebensperspektive zu diskutieren, dass man im Prinzip schon irgendwie in den Westen kommen würde, wenn es einem mal ganz schlecht geht«, sagte Angela Merkel später. »Bei mir hat das Leiden am Ende doch nicht gereicht, dass ich tatsächlich den Entschluss gefasst habe wegzugehen. Ich hatte Freunde, ich hatte Bücher und Kleidung aus dem Westen, Westfernsehen, Besuch aus dem Westen. So ging es.«

Völlig imprägnieren konnte sie sich allerdings nicht gegen das DDR-System. Der Mauerbau ist eine der ersten politischen Erinnerungen der späteren Kanzlerin. Kurz bevor Honecker die Grenzen zu Westdeutschland dichtmachte, fuhr die damals 7-Jährige mit ihrer Familie im VW-Käfer noch unbeschwert durch Bayern. So hatte es sich ihre Großmutter aus Hamburg zu ihrem Geburtstag gewünscht. Der gesamtdeutsche Familienausflug sollte der letzte im Westen sein. Auf der Rückreise über Berlin ahnte ihr Vater schon etwas. Er hatte überall im Wald Stacheldraht gesehen. Am Sonntag, dem 13. August 1961, bestätigte sich die Vorahnung. Im sonntäglichen Gottesdienst soll furchtbare Stimmung geherrscht haben. Mutter Kasner weinte.

Das Mädchen Angela begriff nicht richtig, was geschehen war. Sie merkte jedoch, dass die Kontakte nach drüben zu den Tanten, Cousinen und der Großmutter intensiviert wurden. Die Verwandtschaft kam fortan regelmäßig zu Besuch und versorgte die pubertierende Angela mit Bluejeans, Pelikan-Füllern und anderen attraktiven Westwaren. Auch nach dem Mauerbau lebte Horst Kasner, so beschreibt es Merkels Biographin Jacqueline Boysen, »sowohl in seinem Beruf als auch privat mit der Familie ganz offen in einem gesamtdeutschen Bewusstsein«.

Für seine Tochter bedeutete das, sich mit den Verhältnissen im Osten zu arrangieren und mit denen im Westen so vertraut wie möglich zu machen. Mit neun Jahren kannte sie die Namen aller westdeutschen Minister und halbwegs den Text von »Yellow Submarine«. Mit 15 Jahren, so verriet sie dem *Spiegel*-Reporter Jürgen Leinemann, verfolgte sie auf dem Schulklo im Radio die Wahl Gustav Heinemanns zum Bundespräsidenten. Das war kein übliches Teenager-Verhalten in der DDR.

In täglicher Obstruktion sah sie jedoch keinen Sinn. Durchschnittliche Anpassung und überdurchschnittliche Leistung haben sich schließlich gelohnt. Sie bekam, für Pfarrerskinder ungewöhnlich, einen Studienplatz und erschloss sich als Physikstudentin in Leipzig zwangsläufig ein neues Wissensgebiet. Dass man ihr kein geisteswissenschaftliches Studium zugestand, wie es für ein Bildungsbürgerkind naheliegender gewesen wäre, sondern ein naturwissenschaftliches, stellte kein großes Problem für sie dar. Hier zählte logische, nicht sozialistische Vernunft. »Grundrechenarten und Naturgesetze konnten selbst in der DDR nicht außer Kraft gesetzt werden. Zwei mal zwei mussten auch unter Honecker vier bleiben«, sagt sie im Rückblick. Die humanistische Grundausbildung des Pfarrhauses erweiterte sie um das klare naturwissenschaftliche Weltbild.

In Leipzig steckte sie noch immer in amerikanischen Jeans, las internationale Fachzeitschriften wie *Science* und *Nature*, verkaufte in verrauchten Studentendiscos selbst gemixten Kirsch-Whisky und lauschte westlicher Rockmusik. Sie war eine der wenigen Frauen im Männerfach Physik. Auch hier war sie gezwungen, sich einzufühlen in eine andere Welt. Die junge Frau lernte, Männer und ihr Verhalten zu deuten und damit umzugehen. Der verbissene westdeutsche Geschlechterkampf ist ihr bis heute fremd geblieben.

Angela Merkel war keine Aufständische. Aber sie hoffte inständig, dass irgendwann irgendetwas geschehen würde. Die Ostpolitik Willy Brandts verfolgte sie erwartungsvoll. Mit dem Umzug nach Ostberlin wurde ihr erneut klar, welche Einschränkung die Teilung für sie bedeutete, jeden Morgen auf dem Weg zu ihrer Arbeitsstätte, der Akademie der Wissenschaften. »Man rannte ja in diesem Leben immer auf die Mauer zu. Ich wohnte Ecke Schlauch-Marienstraße. Mauer. Dann stieg ich Friedrichstraße um. Da hörte man schon morgens auf dem Nachbargleis die Hunde vom Westbahnsteig.

Dann fuhr man mit der S-Bahn immer schön an der Wand lang zum Ostbahnhof, nach Treptow rüber, dann weiter, Plänterwald, Schöneweide. Immer die Mauer. Dann kam Adlershof.«

Die Jungwissenschaftlerin diskutierte mit ihrem Bürokollegen Michael Schindhelm über die hoffnungslose Situation im eigenen Land und verfolgte in der *Prawda* seit Mitte der Achtzigerjahre die Perestroika. Aufmerksam registrierte sie die Entwicklungen im Westen. Soziale Marktwirtschaft, Grundgesetz, parlamentarische Demokratie – »wir haben immer mitgelebt mit der Bundesrepublik«. Wie manche DDR-Bürger kannte sie sich im Westen besser aus als mancher Westdeutsche. Als sie an der Hochzeitsfeier ihrer Cousine in Hamburg teilnehmen durfte, wurde ihr endgültig klar, dass es keinen demokratischen Sozialismus, keinen Wandel durch Annäherung, sondern nur das Westmodell geben könne. Umgehend habe sie sich »als bundesdeutsche Staatsbürgerin im passiven Gebiet des Grundgesetzes« gefühlt, das sich »nach seiner Präambel ja auch für die Menschen im Osten in der Pflicht und Verantwortung sah«.

Als sich die Lage im Herbst 1989 zuspitzte, bekannte sie sich auch in größerer Runde zum Klassenfeind. Am 23. September versetzte sie den Gesprächskreis ihres Vaters in Erstaunen, weil sie als Einzige unter diesen kritischen Geistern für die sofortige Öffnung der Mauer plädierte. Als sich die Schlagbäume in der Bornholmer Straße sechs Wochen später tatsächlich hoben, war sie zwar genauso überrascht wie alle anderen; aber geistig wie emotional war sie weit besser gerüstet für die neue Zeit als viele ihrer Landsleute.

Schnell war klar, dass sie sich in der Politik versuchen wollte. Mit ihrem vorwärtsgewandten Pragmatismus unterschied sie sich von den Bürgerrechtlern der neuen Ostparteien. »Die hatten ja in der DDR unentwegt darüber nachgedacht, was man gegen diesen Staat tun könnte, aber nicht, was man in einem freien vereinigten Staat tun würde.« Das Klima im »Neuen Forum« oder bei »Demokratie Jetzt« war nicht ihre Sache. Die basisdemokratische Diskussionsweise in den Kreisen der Bürgerrechtler war eine Zumutung für eine wie sie, die greifbare Resultate erzielen wollte.

Dass sie zum vereinigungswilligen »Demokratischen Aufbruch« fand, war keineswegs so überraschend, wie vielfach behauptet wird. In dieser eher konservativen Runde konnte sie ihre politische Karriere zudem am ehesten verwirklichen. »Für mich waren nach dem Mauerfall drei Dinge klar: Ich wollte in den Bundestag. Ich wollte eine schnelle deutsche Einheit, und ich wollte die Marktwirtschaft.« Damit funkte sie auf der Wellenlänge jener Demonstranten, die nicht mehr nur »das Volk«, sondern ausdrücklich »ein Volk« sein wollten. Und sie war mit ihren eigenen Vorstellungen nicht weit vom 10-Punkte-Plan entfernt, den Kanzler Kohl den Deutschen im November 1989 eilfertig präsentierte.

Wie fit sie war für den Westen bewies sie mit einem Aufsatz in der *Berliner Zeitung*. Am 10. Februar 1990 sinnierte sie über »Unser schweres Erbe und Ludwig Erhards Radikalkur«. Fazit: »Die CDU-West ist ein natürlicher Verbündeter beim Umbau der Gesellschaft in der DDR.« Mit ihrer patriotischen Go-West-Mentalität war sie, auch wenn Helmut Kohl das anfangs anders sah, mehr als nur die junge Quotenfrau aus dem Osten. Sie verkörperte alles, was der West-CDU zu einer glaubwürdigen gesamtdeutschen Partei fehlte, zum Beispiel einen beängstigend unbefangenen Patriotismus.

»Sie ist eben nicht vorgebildet und leicht verblödet, wie das bei Juristen und Volkswirten leider oft der Fall ist. Die können nur partiell denken, wissen nichts von Schiller und Goethe, aber auch nichts von moderner Literatur. Und von Naturwissenschaften haben sie überhaupt keine Ahnung.

Das Gute bei Angela Merkel war von Anfang an: Plötzlich ist da jemand in der Politik, der einen anderen Horizont mitbringt«, erinnerte sich Heiner Geißler an die junge Merkel in Bonn.

Das Paradoxe: Sie mochte für den von Kohlscher Bräsigkeit geprägten Politikbetrieb zwar eine Exotin sein, aber sie repräsentierte zugleich mehr Bürgernähe als die meisten der hauptberuflichen Volksvertreter. Sie wusste, wie es sich gelebt hatte in der DDR. Sie konnte mit 1000 Ostmark im Monat zurechtkommen. Sie hatte die Erfahrung eines radikalen Neuanfangs gemacht, sie kannte Ängste und Hoffnungen besser als viele andere. Dass sie die Regionalkonferenz konsequenter als jeder andere deutsche Politiker zum Führungsinstrument erhob, rührt aus dieser Basisnähe.

Schon als Frauen- und später auch als Umweltministerin machte sie bei ihren politischen Entscheidungen kaum Unterschiede zwischen Ost und West, sondern bewies Sinn für überparteiliche, undogmatische Lösungen. Sie wollte und musste es allen recht machen. Bei der gesamtdeutschen Regelung des Abtreibungsparagrafen bekam sie jedoch schnell zu spüren, dass die Frauen sich in den letzten 40 Jahren offenbar doch auseinander entwickelt hatten. Den konservativen Westfrauen in der CDU gingen die Regelungen zu weit, den liberaleren Ostfrauen nicht weit genug.

Merkel lernte in ihren Ministerjahren, welche Tücken die real existierende Demokratie besaß. Da gab es eine ganze Reihe von Gräben, die sie erst erkunden musste. An der Atomkraft etwa ließ sich beispielhaft erkennen, dass sich in der Republik zwei unversöhnliche Lager von Gewohnheitsdogmatikern gegenüberstanden. Als Physikerin und Braunkohle-Sozialisierte hatte sie mit der als relativ sicher erachteten westdeutschen Kernkraft kein größeres Problem. Der Unglücksreaktor von Tschernobyl allerdings war auch ihr nicht geheuer. So entwickelte sie die pragmatische Position: Ja zu sicherem Atomstrom, Nein zu Schrottmeilern. Diese Haltung allerdings integrierte nicht, sondern lag quer zu allem, was man im Westen je gelernt hatte. Das Thema Atomkraft war keine Vernunft-, sondern eine Glaubensfrage, in der es keine Kompromisse gab. Ihr Sowohl-als-auch prallte auf ein Entweder-oder. Eine einvernehmliche Lösung ist bis heute nicht gefunden, auch wenn das Klimaproblem den Druck erhöht.

Nach der Wahlniederlage Kohls 1998 war der Bedarf an frischem Personal enorm. Mit der ersten weiblichen Generalsekretärin in der Unionsgeschichte wollte sich die Partei als liberales Jugendlager verkaufen. Merkels selbstbewusst-freches Auftreten imponierte Partei und Wählern. Helmut Kohls störrisches Verhalten in der Spendenaffäre dagegen brachte Wähler und selbst treue Mitglieder in Rage. Nichts schien den Menschen wichtiger als Ruhe. Mit ihrer Mischung aus Besänftigungsformeln und Aufklärungsforderungen traf die Generalsekretärin den richtigen Ton. Plötzlich war die inhaltlich etwas unscharfe Frau aus dem Osten gefragt: unaggressiv und vernunftbetonter als die Männer, sauber und anständig, gerade so, wie sich die meisten der Mitglieder selbst empfanden.

Merkel hatte in den vorangegangen Jahren immer den Ausgleich gesucht und die Probleme selten beschönigt. Sie hatte sich inhaltlich in der Mitte eingependelt, gehörte weder dem rechten noch dem linken Flügel der CDU an und verwaltete nie ausschließlich ostdeutsche Interessen. Eine professionelle Versöhnerin, die zugleich ein bisschen aufräumte, anstatt sich mit den Herren gemein zu machen – das war genau das, was die Basis brauchte. Ihre schnörkellosen Auftritte auf den Regionalkonferenzen machten sie als Kandidatin für den Parteivorsitz konkurrenzlos. Im Gegensatz zu ihren westdeutschen Parteikollegen wirkte sie nach acht Jahren Politikbetrieb auf höchster Ebene immer noch unverbraucht und »erfrischend normal«, wie Wolfgang Schäuble sich erinnert. Nicht mehr die korruptionsgelähmten Altlasten aus dem Westen, sondern die korruptionsresistente Newcomerin aus dem Osten belebte die demokratischen Grundwerte der alten Bundesrepublik. Sie war eine für alle.

Für eine Mehrheit in der Bevölkerung reichte es jedoch nicht. In der K-Frage 2002 sprachen sich alle Umfragen für den westlichen Hardliner Stoiber aus, der wie Kohl das gute alte Deutschlandbild repräsentierte. Für Merkels Anstrengungs-Philosophie war das Land noch nicht reif. Sie musste die Mitte der Wählerschaft zurückerobern, die Gerhard Schröder den Konservativen abspenstig gemacht hatte. »Wenn wir die Mitte preisgeben und auf andere Felder ausweichen, dann hat Schröder uns in der Ecke, in der er uns haben will. Und in dieser Ecke sind keine Mehrheiten zu holen«, paukte Angela Merkel ihren Parteifreunden ein.

Wie aber konnte diese Mitte zurückerobert und möglichst verbreitert werden? Mit welchen Inhalten und welchen Werten waren die Deutschen in Ost und West gleichermaßen zu ködern? Merkel glaubte, die Gegensätze zwischen Ost und West mit ihrem Konzept von der »Wir-Gesellschaft« glätten zu können. Ihr Appell an das Leistungspotenzial der Deutschen bei christlich ausgerichtetem Wertekompass sollte den Weg aus der Krise und zu mehr vaterländischem Stolz weisen. In ihrer Mischung aus Zukunftsorientierung und Appell an die Wiederaufbaujahre war auch dies wieder eine Integrationsbotschaft, die allerdings verhallte.

Ihr selbstbewusstes Plädoyer für mehr Eigeninitiative und Patriotismus verunsicherte die wohlstandsverwöhnten und vergangenheitsgeschädigten Westdeutschen. Beide Botschaften waren sie nicht gewohnt von den Westparteien, die den

Mythos vom Staat als Rundum-Kümmerer pflegten. Doch aus dem Munde einer Ostdeutschen mit starker Westbindung hatte die nationalbewusste Melodie einen leichteren Klang. »Ich bin konservativ, was Patriotismus und Heimatliebe anbelangt. Ich habe einen Stolz auf das eigene Land, was vielleicht auch daher rührt, dass ich von der DDR ja immer davon abgehalten wurde, froh über und stolz auf Deutschland zu sein«, verriet Angela Merkel dem Magazin *Cicero*. Aus dem vaterländischen Bekenntnis zu Deutschland sprach Merkels Wunsch nach gesamtdeutscher Normalität, was auch die Anerkennung ostdeutscher Biografien einschloss.

Der Wahlkampf ihres altdeutschen Rivalen Edmund Stoiber im Herbst 2002 wird womöglich als vorerst letzte Kampagne eines parteipolitischen Polarisierers in die Geschichte eingehen. Ost gegen West, Nord gegen Süd, Inländer gegen Ausländer, das waren die überholten Kategorien, mit denen der Bayer gegen Schröder unterlag. Die CDU verlor vorrangig bei den Jüngeren, den Frauen und im Osten Deutschlands.

Mit älteren Westmännern war offenbar keine Wahl mehr zu gewinnen. Merkel präsentierte sich als integrativer Gegenentwurf, als sie 2004 auf dem Parteitag der CSU von der alljährlichen tränenreichen Verabschiedung ihrer westdeutschen Verwandtschaft am Grenzbahnhof der Ostberliner Friedrichstraße berichtete. Nun sei es Zeit für einen gesamtdeutschen Wahlsieg, verkündete sie – mit ihr an der Spitze.

Ihre Fähigkeit zum flexiblen Miteinander stellte sie gleich nach der knapp gewonnenen Bundestagswahl unter Beweis. Hatten Bürger, Experten und Parteikollegen mit einer radikalliberalen Kanzlerin gerechnet, so präsentierte sich die neue Regierungschefin fest an der Seite des SPD-Vizekanzlers Franz Müntefering als überparteiliche Supersozialdemokratin, die vor allem eine Botschaft sendete: keine Angst. Was passieren kann, wenn man die Bürger mit radikalen Plänen wie denen des Steuerexperten Paul Kirchhof überrascht, das hatte sie im Wahlkampf erlebt. Damals hatte sie ihre Integrationslinie verlassen und auf Reformen gesetzt. Dieses Konzept, so hat sie inzwischen begriffen, funktioniert erst, wenn man eine klare Mehrheit dafür hat. Vielleicht klappt es auch gar nicht.

Zum 60. Jahrestag der Union schwor die Kanzlerin ihre Partei bereits auf die neue Kultur des Miteinanders ein: »Wir Christdemokraten wollen die Spaltungen in unserer Gesellschaft heilen. Wir werden sie aber nur heilen können, wenn die Bürger unser Land als Schicksalsgemeinschaft – als eine Nation – begreifen. Wir brauchen ein erneuertes Bewusstsein dafür, dass wir nur gemeinsam vorankommen. Deutschland braucht eine große Koalition, und zwar eine große Koalition aller Bürger, die mit uns gemeinsam das Land voranbringen wollen.« Nach zwei Jahren Kanzlerschaft hat sie diese Integration so weit getrieben, dass der Koalitionspartner SPD an einer veritablen Identitätskrise leidet. Während die Merkel-CDU bei Themen wie Familie, Bildung und sogar in weiten Teilen der Sozialpolitik die Positionen der Mitte vertritt, besorgt die erstarkte Linkspartei den Protest. Für die Volkspartei SPD sind die Räume gefährlich eng geworden. Der Kanzlerin kann es recht sein. So steigen ihre Chancen bei der nächsten Wahl.

IX. Die Piratenseele

Angela Merkel steht in einer alten Frauentradition: Sie hat das Gemüt einer Seeräuberin. Mutig und verwegen, kalt und führungsstark hält sie sich nicht damit auf, Rollenerwartungen zu erfüllen, sondern nimmt sich, was sie will. Ihr Vorteil: »Ich fürchte mich vor nichts.«

Die Piraterie ist so alt wie die Seefahrt. Sie gilt, nach Prostitution und Heilkunst, als das drittälteste Gewerbe der Welt. Wie die Politik ist die Piraterie ein Männerberuf und speist sich aus einem ähnlichen Mythenarsenal: Banden bilden, Anführen, Recht, Gesetz und Macht verkörpern, für das Gute und Gerechte kämpfen, gegen dunkle Mächte oder mit ihnen. In diesem Kampf ist fast alles erlaubt.

Frauen hatten in dieser Welt der harten Kerle meist wenig zu suchen. Die Passagierin eines geenterten Schiffes fiel den Seeräubern als Erste zum Opfer oder wurde als sexuelle Dienstleisterin gehalten. Auf den meisten Piratenschiffen war es streng verboten, Gespielinnen mit an Bord zu nehmen. Männergesellschaften wie Armee und Marine untersagten die Anwesenheit von Frauen prinzipiell. In demokratischen Zeiten funktionierten diese Abwehrmechanismen etwas komplexer, aber nach wie vor effektiv. Umso interessanter sind Frauen, die es wagen, bei den rauen Kerlen mitzumischen.

Eine der ältesten bekannten Piratinnen ist Elissa von Phönizien, die sich vor fast 3000 Jahren, nachdem ihr Bruder ihren Mann erschlagen hatte, mit Raubzügen rächte. In der Mythologie gilt sie als Gründerin von Karthago. Oder Artemisia I. von Kilikien, Königin, Befehlshaberin und Marinesoldatin. Herodot beschreibt sie als überaus entschlossene Frau. Auch die gotische Prinzessin Altilda gehört dazu. Sie verschrieb sich der Seeräuberei, weil sich ihre Eltern gegen eine Vermählung mit dem Dänenprinzen Alf stellten. Oder die norwegische Prinzessin Sela, die den gewaltsamen Tod ihres Bruders, König Kolle, rächen wollte. In China legendär wurde Cheng I Sao. Die Prostituierte heiratete 1801 den Piratenführer Cheng I. Unter beider Führung vereinigten sich zahlreiche, untereinander zerstrittene Seeräuberbanden zu einer straff organisierten Konföderation. Die Regierung musste schließlich Verhandlungen mit den Piraten aufnehmen. Ihre Streitkräfte waren machtlos.

Die Bretonin Dame de Clisson machte im 14. Jahrhundert den Ärmelkanal unsicher. Sie gilt als Begründerin der französischen Seeräuberei. Immer wieder ist von ihrer Brutalität die Rede. Sie lähmte für Jahre die gesamte Schifffahrt auf Loire und Seine, ohne dass der König sie zu fassen bekommen hätte. Lady Killigrew dagegen unternahm kaum eigene Kaperfahrten. Sie operierte von ihrem fürstlichen Domizil im Hafen von Falmouth aus und führte im 16. Jahrhundert ein englisches Seeräubersyndikat an.

Hollywood hat Piratinnen meist als faszinierende, androgyne Femmes fatales dargestellt, die die Männer betörten und in Sicherheit wiegten, um sie anschließend ins Unglück zu stürzen. Titel wie *Cutthroat Island* (*Die Piratenbraut*, 1995) sprechen für sich. Diese Filme stehen am Ende einer jahrhundertealten Tradition der Mythenbildung um diese wenigen bekannten Frauen, die als verwegene Kämpferinnen, Kriminelle und jedenfalls als echte Heldinnen zur See gefahren sind.

Piratinnen waren seit jeher gesellschaftliche Außenseiter, ihre Motive zur damaligen Zeit wenig schicklich: Flucht vor einer ungewollten Ehe, Rache, Not und Gier. Sie wurden als Furien, Megären und Flintenweiber abgetan, vor allem, weil sie männliche Verhaltensweisen nicht nur übernahmen, sondern noch verfeinerten. Äußerlichkeiten waren ihnen egal, Hübschsein betrachteten sie nicht als Lebensaufgabe. Zur Not schnitten sie sich die Haare mit der blutbefleckten Klinge. Wo es um Großes ging, konnte man sich nicht mit Stylingfragen aufhalten. Das hatten zu viele zu lange getan. Ihnen ging es um mehr: um Macht.

Piratinnen faszinierten zu allen Zeiten, insbesondere aber im Gefolge der großen Entdeckungen und der darauffolgenden globalen Handelsfahrten im 17. und 18. Jahrhundert. Damals erregte vor allem das Thema Transvestismus die Gemüter. Es gab eine Fülle abenteuerlicher Beschreibungen von Frauen, die heimlich zur See fuhren. Die Historiker Rudolf Dekker und Lotte van de Pol decken in ihrer Untersuchung *Frauen in Männerkleidern. Weibliche Transvestiten und ihre Geschichte* auf der Grundlage von Gerichtsakten 120 Fälle von niederländischen Matrosinnen in Männerkleidern auf. Viele von ihnen wurden erst enttarnt, wenn sie ihren Oberkörper auf dem Schafott entblößen mussten.

Die Lebensweise der Piratinnen stand in scharfem Kontrast zum gewohnten Rollenverständnis des weiblichen Geschlechts. Hier brach sich eine Stärke Bahn, die Frauen bislang nicht zugestanden worden war. Schlimm genug, dass sich die Seefahrerinnen durch Können, Klugheit, Durchhaltevermögen und Mut auszeichneten. Darüber hinaus verkörperten sie auch noch eine beängstigende Unabhängigkeit, die sich Moral und Gesetz fröhlich widersetzte. Kraft, Abenteuer und individuelle Freiheit – das waren eigentlich Männerdomänen. Die Irritation über dieses scheinbar anormale Rollenverhalten reicht bis ins 21. Jahrhundert, direkt in die CDU.

»Ich wehre mich dagegen, so zu tun, als wäre Macht etwas, was man eigentlich gar nicht haben möchte. Das Gegenteil von Macht ist ohne Macht, also Ohnmacht. Was nützt mir eine gute Idee, wenn ich sie nicht umsetzen kann?«, sagte eine, die sich gut in der Liste berühmter Piratinnen machen würde, eine, die sich immer »als Anführerin« sah, wie sie sagt, der der »Mut zur Entscheidung nie gefehlt hat« – Angela Merkel. Ihr Motto: »Wenn der Kampf das ist, was einen reizt, dann kann er auch nicht stören. Aber man muss den Kampf auch mögen.« Ihr Credo: »Ich fürchte mich vor gar nichts.« Genau das ist ihr Vorteil: Ihre männlichen Rivalen handeln vielfach aus Angst heraus. Sie will einfach nur Macht gewinnen.

Angela Merkel wäre eine große Piratin geworden. Wie ihre Vorgängerinnen ist sie eine untypische Frau, die sich nicht damit aufhält, Rollenerwartungen zu erfüllen, sondern großes Vergnügen an einem Leben auf der Planke empfindet. Sie ist eine politische Freibeuterin. Mutig und verwegen, kalt und führungsstark, entschlossen und listig hat sie sich im Männergeschäft Politik durchgesetzt. Ihr Wahlkreis ist Rügen, unweit des Boddens, jener Flachwassergegend an der Ostsee, wo sich Klaus Störtebeker mit seiner Bande versteckt hielt.

Die Kanzlerin hat das Gemüt einer Freibeuterin. Sie mag sich nicht einsperren lassen. Unterordnung hält sie für eine vorübergehende Notwendigkeit. Eine gewisse Gnadenlosigkeit ist für sie selbstverständlich. Von ihrer Mannschaft erwartet sie unbedingte Gehorsamkeit. Doch ihr größter Triumph war ihre vermeintliche Harmlosigkeit.

Weil sie die Männerpartei weder warnen noch beunruhigen wollte, kam sie auffallend unauffällig daher, kaschierte ihre Weiblichkeit. Es war ein stilles Entern, mit Hilfe ihrer kleinen Schar von Vertrauten, unspektakuläre Gesellen, aber zu allem bereit. Nur mit ihr sahen sie eine Chance, zu Ruhm, Anerkennung und Aufstieg zu gelangen. Viele waren es nicht, die ihr folgten, nur Verwegene. Sie mussten mit ihrem politischen Leben abgeschlossen haben, denn klar war: Sie würden mit ihr siegen dürfen, würden aber auch mit ihr untergehen.

Unterläge die Piratin eines Tages, würden sie alle mit am Galgen baumeln. Bislang haben sie ihre Siege immer noch gerettet, zuletzt haarscharf, wie bei der Bundestagswahl.

Anders als auf Handelsschiffen oder in der Marine gab es auf einem Piratenschiff flache Hierarchien. Wer mitmachte, kam von anderen Schiffen, war schlecht behandelt worden oder auf der Flucht. Es waren Seeleute, die keine andere Chance sahen, zu Ruhm und Reichtum zu gelangen. Weil sie im anderen System ewig in der Kaste der Lakaien geblieben wären, setzten sie alles auf eine Karte – das Pofalla-Kauder-Syndrom, von dem auch Altmaier, Pflüger oder von Klaeden befallen sind.

Die Piratenordnung hatte ihre eigenen Regeln. Kapitäne wurden von der Mannschaft gewählt und abgewählt. Das Kriterium war einfach: Wer siegreich war, der war der Boss. Der Erfolgsdruck war immens. Der Kapitän war Navigator und Gefechtsleiter. Er musste Beute bringen. Dafür besaß er das Privileg des doppelten Anteils: Kanzler kann eben nur einer werden. Immerhin wurden die Schätze gerecht verteilt.

Es war Angela Merkels größte Leistung bisher, dass sie es so unauffällig geschafft hat. Ihre Enterhaken verfingen so leise, dass die Deutschen selbst nach ihrer Machtübernahme noch immer nicht richtig gemerkt haben, dass ihr betulich dahindümpelndes Heimatland gekapert worden ist. Die ganze Welt wundert sich über diese Ostdeutsche, die alle alten Fahrensleute überstanden hat, zuerst den bärtigen Maat de Maizière, dann Krause mit dem Schifferklavier, schließlich den Admiral Kohl, am Ende gar den Seewolf Schröder.

Von Panik getrieben stürzte sich der Schwermatrose Stoiber freiwillig über Bord. Und Merz gleich mit. Aber wer weiß, wie lange. Alle ihre Opfer haben zunächst über diese Frau gelacht – bis sie hoch oben in den Rahen baumelten. Die eiserne Seeräuberregel gilt ewig: Wer der Piratin nicht folgt, wird kaltgemacht. Der Kanonier Koch ist vorsichtshalber ganz artig geworden.

Frau, ostdeutsch, Seiteneinsteigerin, naturwissenschaftlicher Hintergrund, gewaltbereiter als jeder Korsar – jede dieser Qualitäten hätte für sich allein schon ausreichen müssen, die kuschelpädagogisch sozialisierten Deutschen aufzuschrecken. Diese Politikerin war anders als die Männer. Aber sie hat es geschickt verborgen.

Nur so konnte Deutschlands festest gefügter Männerclique, der Politik, unterlaufen, was in Wirtschaft, Sport und Kunst schon häufiger passiert war: Man hat sich, von einer multiplen weiblichen Randgruppe namens Merkel, die Macht entwinden lassen. Das hatte es noch nie und nirgendwo gegeben. Weiter als die ehemalige FDP-Generalin Conny Pieper oder die Grüne Katrin Göring-Eckardt hatte es noch keine gebracht, und die waren auf halber Strecke stecken geblieben.

Deutschland nimmt seine neue harte Anführerin bislang noch relativ gleichmütig hin. Das Volk hat sich ihr demokratisch ergeben. Schicksalshörig wie bei der nächsten Erhöhung der Müllgebühren erträgt die drittgrößte Industrienation der Welt einen epochalen Kulturbruch. Schließlich ist in den ersten Monaten ja noch nichts passiert. Die Piratin hat sich zum Anfang ihrer Regierungszeit erst einmal wieder getarnt, diesmal als Sozialdemokratin. Lange aber wird diese Camouflage nicht halten. Ist das Schiff erst auf hoher See, wird sie die wahre Richtung weisen.

Es mag daran liegen, dass dieses Land mit seinen überschaubaren Küstenstrichen keine große Seeräubertradition hat. Da gab es nur Störtebeker und Richard Sievers. Anders als auf der Seefahrer-Insel England nimmt hier niemand Piraten ernst. In ihrer Escada-Tarnung wird die Pfarrerstochter noch nicht einmal als Eroberin erkannt, sondern geht als weitere harmlose Darstellerin der politischen Entertainment-

Klasse durch. Mit Angela Merkel auf der Brücke fühlt sich die Nation wie auf einem Playmobil-Schiff. Die will doch nur spielen, glauben die meisten hier, die tut doch nichts.

So haben sie alle geredet und gedacht, die Wähler, die CDU, die schwarzen Männer, die Kochs und Wulffs und Merzens, jedes Mal: als sie Ministerin wurde, Generalsekretärin, Parteichefin, Kandidatin, Kanzlerin. Das Nur-eine-Frage-der-Zeit-bis-sie-scheitert-Mantra schwingt durch ihr ganzes politisches Leben. Die Karriere dieser Frau, die die unglaublichste politische Aufstiegsgeschichte seit dem Kriegsende hinlegte, erfordert Fantasie.

Piraten haben immer getan, was sie nicht tun durften. Piratinnen erst recht. Sie selbst waren ihr Gesetz. »Wer entschlossen ist, einen neuen Weg zu gehen, muss zwangsläufig ein paar Spielregeln verletzen«, sagt Angela Merkel. Ihr an Kühnheit grenzendes Selbstbewusstsein speiste sich, ganz wie das der historischen Piratinnen, aus mehreren Quellen: Sie hatte nichts zu verlieren, sie wollte es den Herrschenden beweisen, und sie war eine kundige Strategin und Handwerkerin. Wie der Job auf dem Schiff erforderte auch die Politik Geschicklichkeit, Fitness und Kraft. Seefahrt zu Beginn des 18. Jahrhunderts bedeutete eine große Strapaze, nicht wenige kamen dabei um: verdorbenes Wasser, verschimmeltes Brot, Gestank, Ungeziefer, Seuchengefahr und ständig nasse Kleider, dazu die permanente Aussicht auf eine verlustreiche Schlacht. Klingt wie der Kampf in der Union um die Kanzlerkandidatur. Auch die Chancen, eine Niederlage zu erleiden, waren für Piraten so vielfältig wie in einer Volkspartei: Schiffbruch (Schäuble), Krankheit (Seehofer), Verletzungen (Merz) oder Gefangennahme (Koch).

Die Piraten gingen in der Regel strategisch vor, wenn sie ein Schiff erobern wollten. Sie beobachteten den Gegner stunden- oder tagelang, ehe sie zuschlugen. Ihre Ressourcen waren zu knapp, als dass sie blindwütige Angriffe hätten riskieren können. Als Meister der Psychologie versetzten sie ihre Gegner in Furcht und Schrecken, indem sie sie durch beharrliches Verfolgen mürbe machten. Oft ergaben sich die Opfer ohne Kampf. Kam es zur Schlacht, war diese meist kurz, endete aber in einem Blutbad. Mancher Mann in der Union mag sich bisweilen gefühlt haben wie der Kapitän eines Handelsschiffs, das von der Piratin geduldig verfolgt wurde, Roland Koch zum Beispiel. Andere, wie Friedrich Merz, nahmen die Gefahr nicht ernst. Wieder andere, Edmund Stoiber etwa, merkten sie gar nicht erst. »Immer macht sie Sachfragen zu Machtfragen«, klagte einer dieser Männer. Natürlich macht sie das. Jede verlorene Auseinandersetzung bedeutet schließlich ein Minus an Macht. Sie aber will mehr davon.

In seiner *Umfassenden Geschichte der Räubereien und Mordtaten der berüchtigten Piraten* hat Daniel Defoe 1724 unter dem Pseudonym Captain Charles Johnson die Prozessakten der Piratin Anne Bonny und ihrer Gefährtin Mary Read ausgewertet, die 1720 zum Tode verurteilt worden waren – eine Lebensgeschichte, die deutliche Anklänge an die Biografie von Deutschlands erster Kanzlerin erkennen lässt.

Anne Bonnys Vater, ein wohlhabender Advokat aus Cork in Irland, wandert nach South Carolina aus und beginnt in Amerika ein neues Leben. Anne brennt mit einem mittellosen Abenteurer durch, landet in einem Piratennest auf den Bahamas, verlässt ihren Seemann und schließt sich einer erfolgreichen Piratentruppe an. An Bord verschafft sie sich bald Respekt und entmachtet den drogensüchtigen Kapitän. Widersacher, etwa einen gewissen Fitch, soll sie zum Duell herausgefordert haben. Sie ist gefährlich schnell. Noch bevor Fitch zum Schuss kommt, fällt seine Pistole herab und mit ihr ein Stück seines Daumens. Einem anderen soll sie ein Ohr abgeschossen haben, als er sie belästigte.

Gemeinsam mit Mary Read segelt sie, als kaperndes *girls camp* berüchtigt und gefürchtet, durch die Karibik. »Die beiden Frauen trugen Männerjacken und lange Hosen und um den Kopf gebundene Taschentücher; jede von ihnen hatte eine Machete und eine Pistole in der Hand«, hieß es in einer Zeugenaussage.

Die Piratin Merkel verzichtete auf ein furchteinflößendes Äußeres. Sie kämpfte bislang leiser, aber nicht uneffektiver. Ihre Opfer waren machtbesessene Männer, die es in den Augen des Volkes oft auch nicht anders verdient hatten. Wirklich überraschend war es dennoch nicht, was sie tat. Die Piratin hatte schon früh gezeigt, wohin sie will, wie sie tickt, was ihr wichtig ist. Immer ging es ihr um Freiheit und Unabhängigkeit. Wer die erste Hälfte des Lebens seinen Leistungshunger nicht austoben und nur von Stasis Gnaden studieren durfte, der will in der zweiten Halbzeit alles. Im Jahr 1989 begann ihre persönliche Freiheit. Die hieß für Angela Merkel: alles machen, auch Macht probieren dürfen. Dass Macht etwas ausgesprochen Reizvolles hatte, das hatte sie bei ihrem Vater, dem einflussreichen Kirchenmann, gelernt.

Das Spielfeld für Großes war von Anfang an die Politik. Sie war faszinierend, weil sie völlig unterschiedliche Welten miteinander verband. Einerseits: die bürokratische Vollverregelung mit Geschäftsordnung, Programmkommission, Parteitag. Andererseits: Spiel ohne Grenzen, brutaler Kampf jeder gegen jeden, mit allen Mitteln und so lange, bis einer wirklich fertig am Boden liegt. Dieser Fightclub faszinierte sie. Es geht in der Politik zu wie unter Piraten: Überleben zwischen Ehrenkodex und Selbstjustiz.

»Das Geschenk der Freiheit«, heißt einer von Merkels zentralen Aufsätzen. »Die Sünde, sie nicht weidlich zu nützen«, müsste noch dahinter stehen zum besseren Verständnis dieser Frau. Was muss es für eine Enttäuschung gewesen sein, als die

Physikerin Merkel nach der Wende den Westen erlebte. Sie hatte immer von der großen Freiheit geträumt, vom Land der unbegrenzten Möglichkeiten. Als sie merkte, dass die Menschen in Westdeutschland zahlreiche Einschränkungen und Regeln freiwillig ertrugen, unter denen sie schon in der DDR gelitten hatte, beschloss sie, deren Anführerin zu werden.

Anders als die anderen großen Chefs wollte sie mehr, als nur die Macht ergattern und behalten. Sie hatte eine romantische Mission: Die Piratin Merkel wollte das Land befreien, von sich selbst. Erst dann würde es wirklich ihr Land sein, das für sie immer Zukunft und Freiheit bedeutet hatte, jenes märchenhafte Deutschland, von dem ihre Mutter die ganze Kindheit lang erzählt hatte, das die Tochter nach der Wende jedoch nicht vorgefunden hatte. Herlind Kasner, die so gern als Englischlehrerin gearbeitet hätte, hatte es nie verwunden, dass sie auf Wunsch ihres Mannes Hamburg verlassen musste. Eine derartige Selbstaufopferung war für die Tochter undenkbar. Dann lieber ein unkalkulierbares Schicksal riskieren.

Angela Merkel ist eine politische Freibeuterin. Wer den Altbundespräsidenten Roman Herzog bestellt und ihn auf einem Parteitag ein Radikalprogramm zur Staatssanierung vortragen lässt, wer den Staatsrechtler Paul Kirchhof berufen will, wer den Radikalökonomen Friedrich August von Hayek zitiert, will nicht über die christdemokratische Landstraße der Kohl-CDU trödeln, sondern röhrt tempogierig auf der Überholspur, wie Margaret Thatcher. Dass die Große Koalition nun vorerst auf der Bremse steht, erträgt sie stoisch. Sie muss vier Jahre unter schwarzroter Flagge segeln, um danach die tiefschwarze hissen zu können, glaubt sie.

Natürlich ist die CDU dabei nur ein Vehikel, einem gekaperten Schiff gleich. Eine liberale Partei, die zu ihr passen würde, gibt es in Deutschland nun mal nicht, allenfalls einen uninspirierten Haufen von Karrieristen. Die Union als eines der größten Schiffe im Hafen bot immerhin eines: Macht. Die hat sie sich genommen.

Nun steht sie auf der Brücke, noch immer ziemlich allein. Nie war ein deutscher Regierungschef einsamer, nie war das Steuer größer, das zu drehen ist, nie hat jemand vorher weniger geübt, ein derart dickes Schiff zu lenken. Aus dem Ruderboot sprang die Piratin geradewegs auf die Brücke des Flaggschiffs.

Wenn es eine Frau schafft, dieses Steuer festzuhalten, dann sie. Oder auf sehr lange Zeit überhaupt keine. Denn sie ist furchtlos. Sie weiß, dass sie keine zweite Chance hat. Es gilt der Schlachtruf: Sieg oder Tod. Sie ist eine zum Erfolg Verdammte. Sie darf nie verlieren, bei keiner Kleinigkeit. Gnade ist nur ein Wort.

Mit dauernder Lebensgefahr hat die Frau gelernt zu leben, in ihrer Heimat, im Pastorenhaushalt. Draußen vor der Tür lauerten Feinde, bereit, jedes Wort, jede Geste misszuverstehen. Kerkerdunst drang die ganze Kindheit über in ihre Nase. Bis heute hat sich daran nichts geändert. Offen reden kann sie nach wie vor nur in der Kapitänskajüte.

Warum mutet sie sich das zu? Was ist es, das sie letztlich immer weiter in dieses gefährliche, einsame Leben treibt? Bei Anne Bonny war es ein strenger, allmächtiger Vater, der gleichermaßen Ansporn, Ärgernis und Orientierung bot. Den unterbewussten Drang, die Erwartungen des Übervaters zu ergattern, haben Kanzlerin und Piratin gemeinsam. Auch Horst Kasner treibt seine Tochter durchs Leben, bis heute. Das mag lästig sein, hatte für sie aber einen entscheidenden Vorteil: Sie kann mit starken Männern umgehen, weit besser, als denen zuweilen lieb ist. Ihnen zu beweisen, dass sie mehr kann, härter und zäher ist, das ist wesentlicher Teil ihres Antriebes. So sind Männer vor allem für drei Dinge gut: erst von ihnen lernen, sie dann übertrumpfen, und sie schließlich domestizieren. Es sei denn, sie gehorchen von Anfang an. Denn eines ist klar: Die Macht gehört am Ende allein der Piratin.

X. Politik nach Plan

Ein Mythos lautet, Angela Merkel verstehe nicht viel von Politik. Nur ein gütiges Schicksal habe sie nach oben befördert. Das ist ein großes Missverständnis: Kaum ein politischer Akteur hat seine Karriere derart akribisch und langfristig vorbereitet wie die Kanzlerin. Sie hat sich tief in der Geschichte der CDU verankert.

Ein hochgestellter Mitarbeiter aus dem Kanzleramt hat in einem seltenen Moment der Offenheit einmal erklärt, wie die Kanzlerin ihre Politik plant. In einem Kalender, der über die ganze Legislaturperiode reicht, werden die Wochen in verschiedenen Blautönen markiert. Zunächst geht es um die Termine wichtiger Wahlen und die heißen Wochen davor. Dann werden die großen Ferien in Sommer und Winter gekennzeichnet, schließlich Jahrestage, Jubiläen und Großereignisse, die im Zusammenhang mit politischen Entscheidungen stehen könnten. Das letzte Jahr wird praktisch komplett gemarkert, denn da herrscht bereits wieder Wahlkampf.

Am Ende sind nahezu alle 200 Wochen einer Legislaturperiode eingefärbt. Nur wenige bleiben übrig, in denen nichts angestrichen ist. Dies sind die Wochen der Wahrheit. Hier wird die Kanzlerin bevorzugt große Entscheidungen treffen lassen, ob öffentlich oder, wie häufiger, hinter verschlossenen Türen. Das Timing der Steuerbeschlüsse im Mai 2006 sowie deren Behandlung im Bundesrat war lange im Voraus geplant: wegen der Fußball-Weltmeisterschaft. Auch Gesundheit und Föderalismus ließen sich im Windschatten des

Großereignisses ohne Großdemonstrationen abräumen. Das Hysteriebedürfnis der Deutschen war durch den Fußball gestillt. Außerdem hatten die Terminplaner in der Regierungszentrale wichtige politische Entscheidungen exakt auf die Termine der deutschen Spiele gelegt. So ging es von der traditionell strittigen Haushaltsdebatte im Reichstag direkt auf die Tribüne des Olympiastadions zum Spiel der deutschen Elf gegen Ecuador. Die Debatte in den Zeitungen ging tags darauf natürlich völlig unter im Jubel. Zum Glück für die Koalitionäre kamen die Klinsmänner bis ins Halbfinale. So blieben Termine genug, um die Gesundheit zu verhandeln. Angesichts der idealen medialen Rahmenbedingungen waren die Ergebnisse umso enttäuschender. Das erste Halbjahr 2007 verlief ähnlich durchorganisiert. Klar war den Strategen der Kanzlerin, dass die Umfragewerte nach den holprigen Reformbemühungen und der Mehrwertsteuererhöhung zu Beginn des Jahres 2007 im Keller sein würden. Die Führung von G8 und EU bot dagegen die Möglichkeit, sich aus dem Tal wieder herauszuarbeiten. Akribisch wurden beide Gipfel bereits zu Beginn des Jahres vorbereitet. Botschaften mussten diplomatische Spielräume ausloten, die Sherpas im Kanzleramt suchten nach Themen und Positionen. Erst das Anschwellen der Klimadebatte jedoch lieferte das ersehnte Problem von internationaler Wucht, vor allem aber von populistischer Intensität. Die Untergangs-Szenarien der Klimaforscher waren perfekt geeignet, den Bürgern eine als langweilig und überkomplex wahrgenommene Politik wieder als Macht- und Sachspiel vorzuführen. Als gelernte Umweltministerin war Angela Merkel ihren Kollegen Staatschefs zudem inhaltlich meist voraus. So fügte sich der Planwahn mit dem Glück des günstigen Themas zu einem Triumph in Heiligendamm und Brüssel, der die Beliebtheitswerte von Kanzlerin und Partei vorerst wieder deutlich hoben.

Regieren by Terminkalender kennzeichnet den Führungsstil der Kanzlerin. Angela Merkel hat einen klaren Blick für die schmalen Zeit- und Stimmungsfenster entwickelt, die sich bei aller öffentlichen Aufregung ziemlich präzise ermitteln lassen. Politische Planung und Strategie, das ist und war für Angela Merkel nie eine geheimnisvolle Kunst, sondern solides Handwerk. Für einen Controlfreak wie die Regierungschefin ist es manchmal sogar Spaß. Unter der Kanzlerin Merkel wurde das Regieren systematisiert. Jedes Vorhaben hat ein Datum, einen Fahrplan. Die Politik der kleinen Schritte wird durch den Kalender anschaulich gemacht.

Führung, das bedeutet für Angela Merkel oftmals, einen Plan abzuarbeiten. Sehr klar, sehr hierarchisch, sehr effektiv, wenn möglich sehr leise gilt es, Probleme zu erkennen, zu benennen und Lösungen auf der Grundlage gangbarer Wege und möglicher Verfahren zu entwickeln. Dann Gesetz machen. Fertig. Im Vergleich zu vielen anderen Politikern verfällt Angela Merkel nicht in Perfektionswahn. Es gibt keine ewig guten Regelungen. Manche müssen vielleicht schon bald ganz anders und neu formuliert werden. Hartz war so ein Beispiel großer unerfüllter Hoffnung. Für die Kanzlerin ist ein Gesetz immer nur eine vorläufige beste oder vielmehr am wenigsten schlechte Lösung. Jederzeit kann eine bessere kommen. Ob diese liberal, konservativ oder sozialdemokratisch ausfällt, kann man beim besten Willen nicht sagen. Alles eine Frage der Umstände: Was geht gerade? Manchmal sind kleine Schritte ebenso schwierig wie große.

Angela Merkel ist eine Mischung aus Chancen- und Planungspolitikerin. Sie plant so viel wie möglich, entwickelt Optionen und Zeittabellen, Minimal- und Maximalanforderungen. Und dann lässt sie viele dieser Arbeiten ruhen. Sie wartet einen günstigen Moment ab. Die beste Planung kann nur funktionieren, wenn die Gelegenheit günstig ist. »Rhythmus« sei wichtig, sagt Kanzleramtschef Thomas de Maizière. Man muss ihn im Gefühl haben.

Die Pläne einzuhalten, dazu gehört bisweilen stoische Gelassenheit. Die hat Angela Merkel gelernt. Im Gegensatz zu ihren oft ungeduldigen westdeutschen Kollegen war sie in der DDR dazu oft gezwungen. Wenn andere nervös werden, hat sie meistens die Ruhe weg. Zu den größten und am häufigsten unterschätzten Künsten der Politik gehört es eben auch, bisweilen einfach nur zu warten. Die wenigsten können das.

Der Führungsstil Merkels ist unaufgeregt, uneitel, zurückhaltend. Sie beherrscht die emotionale Klaviatur nicht besonders virtuos. War Helmut Kohl der bräsige Patriarch und Gerhard Schröder der unstete Popstar, dann ist Angela Merkel der Inbegriff solider Handwerkstradition – fleißig, zuverlässig, nicht sehr gesprächig, unspektakulär. Sie hat sich den Erfordernissen einer Großen Koalition perfekt angepasst. Es ist okay, was sie macht. Es tut nicht allzu weh. Die Rechnung ist satt, aber es hätte ja noch schlimmer kommen können.

Natürlich würde sie gern rigoroser durchgreifen. Das hat sie mit dem Begriff vom »Durchregieren« verraten. Wie jeder deutsche Regierungschef träumt sie davon, sich geradewegs durchzusetzen, all den historischen und emotionalen Ballast abzuwerfen, den Mythos vom alles wiedergutmachenden Staat abzustreifen, der die Bürger mit sich und dem Land per Überweisung versöhnt. Und wie jedem Regierungschef ist es auch ihr nicht vergönnt. Bis jetzt nicht. Vielleicht nie.

Wie Kohl und Schröder auch muss sie ein moderates Tempo anschlagen, Ängste ernst nehmen, »das Land entstressen«, wie es in ihrem Planungsstab heißt. Sie kann nicht alle Schwierigkeiten selbst aussprechen, will sie nicht als Schwarzmalerin dastehen. Probleme müssen sich langsam selbst entbergen. Makler wie Kauder und Pofalla, Schäuble und Steinbrück

müssen nachhelfen. Dann heißt es warten, bis der Lösungs-
druck für die Bürger spürbar geworden ist. Wieder ist Geduld
gefragt. Und Wachsamkeit für den richtigen Augenblick. Was
sagt der Kalender? Wie ist die Stimmung? Was geht?

Um Merkels Führungshandeln besser zu verstehen, muss
man das Wellenmodell kennen, das im Kanzleramt das Denken beherrscht. Die kleinen Wellen, das sind die ein bis zwei
Wochen währenden, immer wiederkehrenden Themen. »Von
einem Bein auf das andere, wie ein Boxer«, heißt es in Merkels Regierungszentrale: einfach auspendeln.

Die längeren Wellen dauern drei bis sechs Monate; sie bedeuten größere Stimmungsumschwünge. So war der Merkel-
Administration völlig klar, dass nach der wohlwollend kom-
mentierten Startphase spätestens im Frühjahr 2006 das
gewohnte Regierungs-Bashing umso heftiger wieder einset-
zen würde. Für solche Zeiträume lässt sich eine relativ konkrete Vorhabenplanung erstellen.

Dann sind da noch die Grundwellen, die Zeiträume von
fünf bis zehn Jahren umfassen. Eine Welle des Aufbruchs begann Mitte der Neunziger und endete am 11. September 2001.
Seither herrscht die Welle der Verunsicherung. Merkel und
ihre Leute sind sicher, dass sich daran eine Phase der Veränderung anschließt, in der die gewohnten Bedingungen und
Spielregeln gesellschaftlichen Zusammenlebens von Grund
auf erneuert werden, vor allem durch den immensen ökonomischen Globaldruck.

Wann die eine Welle endet und die nächste beginnt, ist
schwer zu erkennen. »Wir sind mitten in einem Gärungs-
prozess«, sagt einer von Merkels engsten Mitarbeitern. Im
Kanzleramt ist man überzeugt: Es naht unweigerlich eine Zeit
gewaltiger Umbrüche, in der viele, schnelle, harte Entscheidungen getroffen werden müssen. Mit der nächsten Wirtschaftskrise wird es so weit sein. »Wir müssen jetzt die kleinen

Einheiten und die schnellen Strukturen schaffen«, findet man im Kanzleramt. Der Tag X kann jederzeit kommen, etwa, wenn die Große Koalition platzt. »Es ist eine experimentelle Lage«, heißt es im Hause, »Dinge ändern sich, Regeln ändern sich. Und wenn man es merkt, ist es schon zu spät.«

Unter dem Eindruck der deutschen Hin-und-her-Kultur hat sich Angela Merkel in 16 Jahren politischer Praxis ein belastbares Strategiesystem zugelegt. Weil sie nie über starke Bataillone in der Partei verfügte, musste sie mit Ressourcen schonend umgehen. »Ich glaube, dass ich kämpfen kann, aber ich gehe nicht jeden Kampf ein. Ist der Kampf Erfolg versprechend? Reichen die Kräfte? Manche Kämpfe muss man delegieren, manche verschieben.« So erklärte sie einmal ihre Philosophie der Auseinandersetzung. Von Harmoniesucht keine Spur. Ganz im Gegenteil. Manchen Kampf führt sie bewusst in voller Härte. Aber nicht blindwütig, sondern aus kühler Berechnung. Das Muster ist dabei immer identisch: »Zuerst ordnet man seine Gedanken. Dann ringt man mit sich, ob man es macht oder nicht. Das ist die Haderphase. Und dann ist es entschieden.«

Ihre politischen Positionen hat sie seit 1998 konsequent an der rot-grünen Bundesregierung ausgerichtet. Wo die Vorgängerregierung sprunghaft war, will sie berechenbar sein, wo das Entertainment herrschte, versprüht sie absichtsvoll Langeweile, wo Leichtigkeit war und Hysterie, sind jetzt Aktenschwere und Betulichkeit, wo auf Sicht gefahren wurde, da soll nun Langfristigkeit sein. Vor allem aber soll Merkelsche Politik auf einem berechenbaren und verlässlichen Wertefundament ruhen. Dessen Belastbarkeit muss sich in ihrer Kanzlerschaft allerdings noch erweisen.

Auch Merkels Wertewelt ist wie aus dem Ethik-Baukasten zusammengesetzt. Ihre Zentralperspektive orientiert sich am Leitwert der Freiheit, durch ihre Biografie glaubwürdig aufgeladen. Von der DDR aus erschien ihr der Westen als ein Hort der Freiheiten: Reise, Presse, Wirtschaft – alles frei. Aus diesem großen Freiheitsbegriff leiten sich zwei konkrete Politikgrundsätze ab, gleichsam T-Träger konservativer Politik: zum einen die Soziale Marktwirtschaft, die eine relative Freiheit von Arbeitnehmer und Arbeitgeber nach innen sichern soll, zum anderen das Transatlantische Bündnis, das die Freiheit der westlichen Wertegemeinschaft nach außen verteidigt. Merkels Freiheitsgedanke, der auf Erhard und Adenauer ruht, das ist ihr magisches Dreieck. Dieses Konstrukt, das vieles verspricht, ohne konkretes politisches Handeln vorzugeben, umreißt dennoch eine komplette Wirtschafts-, Welt- und Gesellschaftsordnung; sie markiert das Spielfeld, auf dem sich Merkelsche Politik zu bewegen hat.

So präsentiert sich die Kanzlerin, die seit je unter dem Verdacht der Außenseiterin steht, zugleich als Musterschülerin der Christdemokratie. Denn mit Freiheit, Sozialer Marktwirtschaft und dem Transatlantischen Bündnis knüpft sie an die wichtigsten Traditionskerne der CDU an. Sie drängt sich sozusagen an die Gründungsväter Adenauer und Erhard, als wolle sie unverwüstlichen Halt zwischen sich und der Partei erzwingen. »Ich verehre in bestimmter Weise Konrad Adenauer«, gesteht sie in einem Anflug von kalkulierter Emotionalität.

Das Betonen jener Wurzeln, die in den verklärten Jahren des Wiederaufbaus gründen, richtet sich an die CDU-Mitglieder, für die Nostalgie die schönste Form der Utopie darstellt. Seit dem Mauerfall sieht Merkel sich in der Pflicht, Parteimitgliedern, Wählern, vor allem aber Gegnern zwei Fragen immer wieder beantworten zu müssen: Wofür steht sie? Und: Steht sie überhaupt? Exemplarisch belegt ihr langfristig angelegtes Vorgehen auf den Themenfeldern der Sozialen Marktwirtschaft und des Transatlantischen Bündnisses, wie ausdauernd und trickreich sie Kernthemen der Union besetzt hat, um sich ein klares Image zuzulegen.

Merkel und die Neue Soziale Marktwirtschaft

Die *Frankfurter Allgemeine Zeitung* gilt als Leitmedium der CDU. Bundesweite Botschaften an die Partei lassen sich über das konservativ-liberale Blatt zuverlässig transportieren. So kann es kaum Zufall sein, dass eine Woche vor dem Parteitag, der Angela Merkel zur CDU-Vorsitzenden wählen soll, ein großer Grundsatzartikel im Blatt zu finden ist. Autor ist der erfahrene politische Korrespondent Karl Feldmeyer, der am 22. Dezember 1999 den Aufsatz der Generalsekretärin in die *FAZ* hob, mit dem sie die Ära Kohl für beendet erklärte und sich endgültig zur Anwältin einer schonungslosen Aufklärung der Parteispendenaffäre aufschwang.

Die Form des Beitrags vom 4. April 2000 ist eine *FAZ*-Eigenart, eine eigenwillige Mischung aus Gespräch, Porträt, Reportage und Kommentar, die ein Vier-Augen-Gespräch voraussetzt und in der DDR als »gestaltetes Interview« bekannt war. Der Redakteur gibt dabei Teile eines Gesprächs wieder, oft in indirekter Rede, schildert die Umstände der Unterhaltung und den vom Gegenüber gewonnenen Eindruck und kommentiert mit aller Vorsicht. Diese Stilform erfordert Vertrauen von Frager und Befragtem, weil sie für beide Seiten riskant ist: Bereitwilliger als bei einem formalen Interview öffnet sich der Politiker, wofür der Journalist mit bis ins Verlautbarende neigender Zurückhaltung schreibt, was ihm den Vorwurf einbringen könnte, unkritisch zu sein.

In jenem quasi diktierten Beitrag entwirft die Generalsekretärin eine erste programmatische Skizze für ihre anstehende Amtszeit als Parteivorsitzende:

Wie sie die Politik der CDU weiterentwickeln will, das wolle sie, so gibt Merkel zu erkennen, dem Parteitag vor allem durch kritische Auseinandersetzung mit den Herausforderungen der Freiheit zeigen: in ihrer politischen Komponente, der Ausgestaltung der Demokratie, aber auch in ihrer wirtschaftlichen Dimension, der sozialen Marktwirtschaft. Ludwig Erhard, der den Deutschen vor allem als der Schöpfer des Wirtschaftswunders in Erinnerung geblieben sei, habe zwei Ziele vor Augen gehabt: Wohlstand für alle und eine Gesellschaft von Teilhabenden. Vor allem dieser Aspekt scheint ihr erinnerungsbedürftig zu sein. Teilhabe setze Aktivität, setze Teilnahme voraus – zum Beispiel auch an der eigenen sozialen Absicherung. Diese Aufgabe werde im öffentlichen Bewusstsein heute weitgehend an den Staat delegiert, statt eigenverantwortlich wahrgenommen zu werden. Dadurch gingen dem Staat Handlungsspielräume verloren, die wiedergewonnen werden müssten.

Bereits vor ihrer Wahl hat sie sich offenbar Gedanken über den Überbau ihrer Politik gemacht. Aus einem nostalgisch verklärten Traditionskern der Partei (Erhard/Wirtschaftswunder) und einem biografisch verankerten Wert (Freiheit) entwickelt sie Aufgaben für die Gesellschaft. Der Sozialen Marktwirtschaft kommt eine Brückenfunktion zu: Der emotional aufgeladene Begriff soll die goldene Zeit des Wirtschaftswunders mit der Zukunft verbinden. Die Delegierten hatten den Eindruck zu wissen, was sie erwartete. Der neuen Vorsitzenden aber ging es um etwas ganz anderes: Sie wollte den Begriff der Sozialen Marktwirtschaft für sich besetzen, der einerseits an die Tradition der Partei appellierte, andererseits hinreichend schwammig war, dass jeder Bürger verstehen konnte, was er mochte, entweder »sozial« oder »Marktwirtschaft«. Der Zeitpunkt war gut gewählt. Merkels innerparteiliche Rivalen waren noch mit sich und den Spenden beschäftigt.

Für das Kapern dieses Themas gab es strategische Notwendigkeiten. Kanzler Gerhard Schröder hatte nach dem Vorbild Blairs und Clintons das Feld der Wirtschaftspolitik, ureigenes Betätigungsfeld der Union, kühn besetzt. Genau auf diesem Gebiet aber musste Angela Merkel – Frau, Ost, scheinbar unerfahren – unbedingt Kompetenz gewinnen, wollte sie jemals ernst genommen werden. Sie brauchte inhaltliche Munition für ihre Rivalen Stoiber, Merz und Koch, die sich gern als ökonomische Riesen feiern ließen. Merkels Vorgehen spricht für einen langfristigen Planungshorizont. Das Projekt namens »Neue Soziale Marktwirtschaft« wird sie in ihrer ganzen weiteren Karriere begleiten. Ein verbissener Kampf nimmt seinen Lauf.

Auf dem Essener Parteitag zeichneten sich ihre wirtschaftspolitischen Vorstellungen noch schemenhaft ab. Zum Leidwesen der neuen Vorsitzenden wird von Partei und Öffentlichkeit überhört, dass zur Neuausrichtung des Erhardschen Konzepts auch eine Freiheitspflicht des Bürgers gehöre.

Der Begriff »Neue Soziale Marktwirtschaft« wurde erstmals vom ehemaligen Bundesbankpräsidenten Hans Tietmeyer verwendet, der zu den Gründungsmitgliedern der gleichnamigen Lobbygruppe Initiative Neue Soziale Marktwirtschaft (INSM) gehört. Diesem vom Arbeitgeberverband Gesamtmetall üppig finanzierten Zusammenschluss aus Politikern, Wissenschaftlern und Unternehmern geht es weniger um die wissenschaftliche Neudefinition eines Wirtschaftsmodells als vielmehr um das brachiale mediale Propagieren eines ökonomischen Weltbildes. Die INSM bildet eine lautstark agierende Vorfeldorganisation, auch wenn die CDU auf eine strikte Trennung von Partei und Initiative Wert legt. Doch Parallelen zur propagandistischen Durchsetzung der Sozialen

Marktwirtschaft in den Sechzigerjahren durch millionenschwere Lobbybemühungen der Industrie sind augenfällig.

Beim Versuch, an ein bewährtes Modell und seine emotionale Aufladung anzuknüpfen, gerät bisweilen die Historie aus dem Blick. Die Soziale Marktwirtschaft war seit je eher semantische Chiffre als konkrete Handlungsanweisung. Eine Übertragung ist praktisch nicht möglich.

Die ökonomischen, politischen und sozialen Rahmenbedingungen haben sich seit Kriegsende ebenso massiv gewandelt wie die innerparteilichen Entscheidungsprozesse und Handlungsspielräume. Zweifellos stand das von Krieg, Hunger und Zerstörung erschütterte Deutschland 1945 vor einem fundamentaleren wirtschaftspolitischen Neubeginn als heute. Weder die krisenanfällige Wirtschaftsverfassung Weimars noch die Zwangswirtschaft der NS-Zeit boten ordnungspolitischen Halt für die Besatzungsmächte. Klar war nur, dass Inflation, Wirtschaftskrise und Mangelwirtschaft nicht wieder aufkeimen durften. Die soziale Not musste gelindert werden. Sowohl bei Bürgern als auch Parteien war das Verlangen nach Lenkung der Wirtschaft groß. Auch in der CDU fanden staatssozialistische Ideen Befürworter, so bei den Anhängern des »Christlichen Sozialismus« um Jakob Kaiser, Walter Dirks und Eugen Kogon.

Innerhalb der ungefestigten Partei konnte sich der katholisch-soziale gegen den protestantisch-liberalen Flügel mit seiner Kapitalismuskritik behaupten. Im Ahlener Programm von 1947 heißt es: »Das kapitalistische Wirtschaftssystem ist den staatlichen und sozialen Lebensinteressen des deutschen Volkes nicht gerecht geworden. Nach dem furchtbaren politischen, wirtschaftlichen und sozialen Zusammenbruch als Folge einer verbrecherischen Machtpolitik kann nur eine Neuordnung von Grund auf erfolgen. Inhalt und Ziel dieser sozialen und wirtschaftlichen Neuordnung kann nicht mehr das kapitalistische Gewinn- und Machtstreben, sondern nur das Wohlergehen unseres Volkes sein.«

Passagen über Entflechtung, Mitbestimmung und Vergesellschaftung wurden vom Autor, dem CDU-Chef der britischen Zone, offen formuliert, um liberale Mitglieder zu integrieren und seine innerparteiliche Macht auszubauen. Es war Konrad Adenauer, Meister der innerparteilichen Balance.

Bis heute gehört das Austarieren von Wirtschafts- und Sozialpolitik zu den zentralen Aufgaben des Parteiführers und entscheidet maßgeblich über Wahlerfolge. Eine wirtschaftsliberale Ausrichtung sorgt ebenso für spürbare Wählerirritationen, so etwa bei der Bundestagswahl 2005, wie eine wirtschaftspolitisch unklare Haltung, wie die Wahlniederlage Kohls 1998 belegt.

Ludwig Erhard selbst orientierte sich an neoliberalen Theorien, die während der Dreißigerjahre formuliert worden waren, lehnte aber den Manchester-Liberalismus ab. Er war jedoch überzeugt, dass allein die Wettbewerbswirtschaft Wohlstand für alle und individuelle Freiheit sichere. Zarte Interventionen sollten verhindern, dass wirtschaftlich Schwächere ausgebeutet würden. Sozialpolitische Maßnahmen sollten den Wettbewerb aber nicht beeinträchtigen. Dem Konzept der Sozialen Marktwirtschaft wohne ein offener und dynamischer Charakter inne, wie der wichtigste Berater Erhards, Alfred Müller-Armack, betonte. Es sollte flexibel für neue Instrumente sein und einen Weg zwischen Liberalismus und Sozialismus bieten.

Die ersten Maßnahmen wirkten sozialpolitisch zunächst provozierend. Mit dem »Gesetz über die Leitsätze für die Bewirtschaftung und Preispolitik nach der Währungsreform« hob Erhard Preisbindungen auf und zog damit den Unmut der Alliierten und der deutschen Bevölkerung auf sich. Die Deutschen hatten bis September 1948 einen Anstieg der

Lebenshaltungskosten um 14 Prozent zu verkraften. Die Anfechtungen aus Bevölkerung, Presse und SPD konnte Erhard nur dank alliierter Rückendeckung und landesweiter Überzeugungskampagnen abwehren.

Wachsender Wohlstand bei gleichzeitigem Ausbau des Sozialstaates, wie etwa durch die Dynamisierung der Rente 1957, sorgten langsam für Akzeptanz der Sozialen Marktwirtschaft. Erst mit den Jahren entstand ein Gründungsmythos, der bis heute als Chiffre für sozialen Frieden und permanenten ökonomischen Zuwachs in allen Schichten und Generationen gilt. Das Vertrauen resultierte jedoch nicht nur aus den Segnungen des Wirtschaftswunders, sondern auch aus der »praktisch-propagandistischen Verbreitung der Idee der Sozialen Marktwirtschaft«. So wollte es die von Ökonomen und Unternehmern im Januar 1953 gegründete »Aktionsgemeinschaft Soziale Marktwirtschaft«, die die endgültige Abkehr von »Verstaatlichung und sozialistischem Gemeineigentum« betrieb. Fundamentale Kritik kam nicht mehr auf, seit die SPD im Godesberger Programm 1959 Zustimmung signalisiert hatte.

Doch als die Bundesrepublik 1966 von der ersten Rezession heimgesucht wurde, wuchsen die Zweifel am Kurs Erhards; ihm selbst traute man eine Wende nicht mehr zu. Die CDU akzeptierte, dass die Krise nur gemeinsam mit der SPD zu bewältigen sei, im »Kabinett der politischen Köpfe« mit dem Sozialdemokraten Karl Schiller als Wirtschafts- und Franz-Josef Strauß als Finanzminister. Schillers Konzept der Globalsteuerung wurde zur akzeptierten Waffe gegen die Rezession. Das »Gesetz zur Förderung der Stabilität und des Wachstums der Wirtschaft« von 1967 verpflichtete Bund und Länder, ihre Fiskalpolitik so abzustimmen, dass sie wettbewerbsfördernd wirkte. Das alles sind Instrumente, die heute so nicht mehr greifen würden.

Während sich das wirtschaftspolitische Renommee der SPD dramatisch verbesserte, nahm die entsprechende Anziehungskraft der CDU drastisch ab. Wie wenig sich SPD und CDU zu dieser Zeit in ihren wirtschaftpolitischen Positionen unterschieden, bewies das Berliner Programm von 1968, das manche Verbeugung vor Schillerschem Gedankengut erkennen ließ. Auch wenn sich die wirtschaftspolitische Ausrichtung geändert hatte, war das Konzept der Sozialen Marktwirtschaft durch die Große Koalition zum überparteilichen Synonym für Aufschwung, Wohlstand aber auch Wohlfahrtsstaatlichkeit geworden. Der CDU brachte es vorerst keinen Nutzen mehr. Fehlende Unterscheidbarkeit, so lehrte die zweite Hälfte der Sechzigerjahre die Akteure des dritten Jahrtausends, kann sich für die CDU zu einem massiven Problem auswachsen.

Mit dem seit 1973 vom Vorsitzenden Kohl eingeleiteten Generationswechsel kam die Soziale Marktwirtschaft erneut zu Bedeutung. Generalsekretär Heiner Geißler warf wählerwirksam die »Neue Soziale Frage« auf. Im Grundsatzprogramm zur »geistigen Erneuerung der CDU« von 1978 hieß es, dass soziale Gerechtigkeit nicht durch den Markt allein bewirkt werden könne, sondern der Staat die nötigen Rahmenbedingungen schaffen müsse. Vollbeschäftigung und Wirtschaftswachstum seien wie zu Erhards Zeiten erreichbar. Das Programm spiegelt den neuerlichen Versuch wider, es Arbeitnehmer- wie Wirtschaftsflügel recht zu machen.

Kohl kürzte zwar Sozialleistungen, senkte Vermögens- und Gewerbesteuer und erhöhte die Mehrwertsteuer, wodurch Geringverdiener be- und Besserverdienende entlastet wurden. Doch am Ende blieb es bei der defizitären Finanzstruktur des Sozialstaates, die Zahlen von Arbeitslosen und Sozialhilfeempfängern stiegen. Eine für die Parteiflügel befriedigende Synthese aus sozialer Verantwortung und

Marktwirtschaft stellte Kohls Wirtschaftspolitik bis 1989 nicht dar.

Die sozialpolitischen Versäumnisse traten mit der Wiedervereinigung in den Hintergrund. Von der historischen Stunde überwältigt, keimte erneut der widersprüchliche Glaube an die Selbstheilungskräfte des Marktes und die Macht der Subventionen. Im Manifest zur Vereinigung der CDU »Ja zu Deutschland – Ja zur Zukunft« vom Oktober 1990 wurde die Soziale Marktwirtschaft als die »weltweit leistungsfähigste und gerechteste Wirtschafts- und Gesellschaftsordnung« gelobt. Mit dem Ende der Ära Kohl hatte sich der Begriff jedoch vor allem als Camouflage für eine inkonsistente Wirtschaftspolitik erwiesen, die entscheidend zu seiner Abwahl beigetragen hatte. Zugleich aber wurde die Soziale Marktwirtschaft in Ost wie West zum gemeinsamen Rückgrat des neuen Deutschland mythologisiert, denn sie bot genügend begriffliche Unschärfe bei gleichzeitiger emotionaler Überhöhung.

Für die CDU-Vorsitzende Merkel stellten sich mehrere widersprechende Führungsaufgaben. Die Erfordernisse von Globalisierung und einer defizitären Vereinigungspolitik engten die ökonomischen Spielräume ein und ließen die gewohnte Umverteilungspolitik als illusionär erscheinen. Was hätte die widerstrebenden Interessen von Reform und Sicherheit besser zusammengehalten als der bewährte Oberbegriff, nun erweitert um das Adjektiv »neu«?

Zweifellos barg dieser von Merkel im Alleingang angekündigte Vorstoß, das erfolgreiche Wirtschaftskonzept des erfolgreichsten Wirtschaftsministers an die veränderten globalen, sozialen und technischen Rahmenbedingungen anpassen zu wollen, eine Vielzahl politischer Risiken und Chancen. Mit der Parole »Markt und Menschlichkeit« konnte die Vorsitzende der CDU zwar erst einmal neue Orientierung, Gemeinschaftsgefühl, Selbstgewissheit bieten, musste sich jedoch schon bald der Kritik stellen, den Begriff »Soziale Marktwirtschaft« zu populistisch zu gebrauchen und ihn nicht mit konkreten Inhalten füllen zu können. Angesichts der anhaltenden Krise auf dem Arbeitsmarkt, der langfristig nicht mehr finanzierbaren Sozialleistungen und des Wachstumsstillstands herrschte inner- und außerhalb der CDU Einigkeit darüber, dass neue wirtschafts- und sozialpolitische Impulse dringend benötigt würden. Wie die Arbeitslosigkeit und die Bürokratisierung abgebaut, die Wettbewerbsfähigkeit des Standorts Deutschland gesteigert und die sozialen Sicherungssysteme reformiert werden sollten, wurde auf breiter öffentlicher Basis seit Langem erörtert und analysiert. Angela Merkel war also beileibe nicht die Erste und Einzige, die das Problem erkannt hatte. Allerdings setzte sie die Lösung dieser Schwierigkeiten ganz oben auf die neue politische Agenda der CDU.

Gewiss lassen sich zwischen den ordnungspolitischen Maximen des ersten bundesdeutschen Wirtschaftsministers und der Haltung der CDU-Vorsitzenden Parallelen ausmachen. In der Forderung nach Eigenverantwortung und dem Rückzug des Staates aus den marktwirtschaftlichen Steuerungsprozessen liegen ihre Ideen nicht weit auseinander. Gleichwohl hat die Neue Soziale Marktwirtschaft weder in politik- noch wirtschaftswissenschaftliche Forschung Eingang gefunden. Die Vermutung liegt nahe, dass hier vor allem ein emotional aufgeladener semantischer Schirm aufgespannt wurde, unter dem sich eine inkonsistente Politik subsumieren und als traditionskompatibel darstellen ließ – als Gegenentwurf zu einer Regierungspolitik, die mit Neuer Mitte und Drittem Weg ebenfalls begrifflich unscharf die Mitte der Bevölkerung repräsentieren wollte.

Beim Kampf um den Begriff schien der CDU-Chefin Eile geboten. Im Juni 1999 installierte Merkel auf einer Klausurtagung des CDU-Präsidiums die unter der Leitung von Christian Wulff stehende Kommission »Sozialstaat 21 – Arbeit für alle«. Die aus Unionspolitikern, Verbands-, Gewerkschafts- und Unternehmensvertretern zusammengesetzte Gruppe wurde damit beauftragt, im Laufe eines Jahres das Konzept für eine Neue Soziale Marktwirtschaft zu erarbeiten. Die von Angela Merkel als neues Leitbild der CDU ausgerufene Chiffre war zur Diskussion freigegeben. Die Vorsitzende warb unterdessen weniger in der Partei als vielmehr bei Wissenschaftlern und Unternehmern für ihre wirtschaftspolitischen Ideen und verknüpfte deren Neudefinition mit der Zukunftsfähigkeit der CDU: »Westbindung, Nachrüstung, Einheit – die CDU hat viele Missionen erfüllt. Was ist nun unsere Aufgabe für das 21. Jahrhundert?« Angela Merkel wusste, dass eine lange, aufreibende Debatte vor der Partei lag.

Unions-Fraktionschef Friedrich Merz etwa sah sich als Wirtschaftsexperte und innerparteilicher Konkurrent Merkels herausgefordert. Er ernannte sich und seine Fraktion umgehend zum »Motor der programmatischen Profilierung«, um die Parteiführerin zu übertrumpfen. Obwohl Merz beteuerte, sich bei der Entwicklung eines neuen wirtschafts- und sozialpolitischen Konzepts mit der Parteiführung, insbesondere mit Merkel und ihrer Kommission 21, abstimmen zu wollen, spitzte sich der Machtkampf zwischen dem Fraktionschef und der Parteivorsitzenden an der Frage der Ökonomie erstmals dramatisch zu. Die sich über Monate hinziehende Personaldebatte ließ auch ein Hierarchiedefizit erkennen. Partei und Fraktion neutralisierten sich, anstatt sich zu ergänzen. Landesfürsten sahen sich ermuntert, gleichfalls ihre ökonomische Kompetenz zu beweisen.

So legte der Vorsitzende des mitgliederstärksten Landesverbandes Jürgen Rüttgers mit seinen »Petersberger Leitsätzen« ein eigenes Konzept zur Arbeitsmarkt- und Sozialpolitik vor, das er natürlich nicht als Gegenentwurf zu Merkels Vorschlägen verstanden wissen wollte; er forderte aber eine deutlich sozialere Akzentuierung. Auch die Christlich-Demokratische Arbeitnehmerschaft (CDA) präsentierte auf ihrem Bundeskongress mit der »Bonner Erklärung« ein eigenes Grundsatzprogramm.

Die regen innerparteilichen Aktivitäten spiegelten nicht nur die Bedeutung des Themas wider, sondern auch die Schwierigkeit der Vorsitzenden, die kontroversen wirtschafts- und sozialpolitischen Anschauungen ihrer Partei in dieser Phase programmatisch umzusetzen.

Merkel setzte, solange keine Kommissionsergebnisse vorlagen, auf eine offene, über die Parteigrenzen hinausgehende Diskussion. Dieser von Kommentatoren häufig als Kakophonie geschmähten Vielstimmigkeit kommt eine wichtige parteipsychologische Funktion zu. Das Gefühl, an Debatten teilzuhaben und gehört zu werden, hat eine integrierende Wirkung. Die Partei nimmt ihre Rolle als Meinungssammler und Strukturierer von Debatten wahr.

Angela Merkel ließ die Attacken gegen ihr Konzept und ihre Person daher vorerst unkommentiert. Mitte August startete sie eine achttägige Sommertour, um bei mittelständischen Betrieben und Sozialeinrichtungen für ihren Kurs zu werben. Die Reise, gleichsam eine verlängerte Regionalkonferenz mit medialer Verstärkung, demonstrierte ihren Kritikern, dass sie Rückhalt an der Basis fand. Dass sie während ihrer Reise die Vorschläge Kochs zur Sozialhilfereform und die Überlegungen der CDU-Experten für eine Steuerreform lobte und zusagte, diese einzuarbeiten, signalisierte Kooperationsbereitschaft.

Angesichts des berechtigten Misstrauens gegenüber ihren Kontrahenten Stoiber und Merz musste sie auf den Sachverstand weniger ambitionierter Parteimitglieder und unabhängiger Experten setzen, die sie in die Kommission berief. Dass sie auf diese Weise ökonomisch versiertere Widersacher verprellte, war vorhersehbar, aber unumgänglich. Sie wollte ihr Konzept allein präsentieren, um sich mit dem Kompetenzgewinn als Kanzlerkandidatin zu empfehlen. Über wichtige Fragen zur Wirtschafts- und Sozialpolitik wurde weder im Bundesvorstand noch im Präsidium abgestimmt.

Ihr Solo hatte Erfolg. »Ihr Name und ihr wirtschaftspolitisches Renommee waren unwiderruflich mit dem Bericht der Arbeitsgruppe verbunden«, schrieb Susanne Höll in der *Süddeutschen Zeitung*. Die CDU-Kennerin attestierte ihr zwar, in dem Konzept die »richtigen Fragen gestellt«, aber die »wichtigen Antworten« ausgelassen zu haben. Die vage gehaltenen Vorschläge wurden natürlich von allen Seiten bemängelt, insbesondere vom saarländischen Ministerpräsidenten Müller, von Vize-Parteichef Wulff und Fraktionschef Merz. Den Vorbehalten zum Trotz fielen die Reaktionen der CDU-Spitzengremien auf das am 27. August 2001 vorgelegte »Positionspapier der Kommission Neue Soziale Marktwirtschaft« prinzipiell zustimmend aus. Im Namen des Parteivorstandes erklärte Merz die Diskussion um den Begriff für beendet.

Angela Merkel hatte einen Etappensieg gelandet. Gleich drei Ziele hatte sie erreicht: Ihr Name war mit dem zentralen Thema Ökonomie verbunden, sie hatte an einen Fixpunkt in der CDU-Historie angeknüpft und zugleich eine langwierige destruktive Debatte vermieden. Vielen Parteimitgliedern kam das Konzept zudem gelegen, weil es Raum für Interpretationen ließ.

Ihr Ziel, bis zur Bundestagswahl 2002 wirtschaftspolitisch auf gleicher Höhe mit Stoiber wahrgenommen zu werden, verfehlte sie allerdings. Der Bayer wurde in allen Umfragen als kompetenter bewertet. Gleichwohl hatte die CDU-Vorsitzende einen beachtlichen Kompetenzzuwachs erreicht. Trotz des Rückzugs von der Kandidatur behielt sie das Markenzeichen der Neuen Sozialen Marktwirtschaft bei und übte sich fortan darin, das Konzept möglichst flexibel einzusetzen. Zutreffend charakterisierte der *Zeit*-Redakteur Matthias Geis Merkels Taktik: »Aus ihren bisherigen Aussagen auf Taten in der Zukunft zu schließen, ist nahezu unmöglich. Sie stimmt ihre politischen Auftritte stets auf die jeweiligen Widersacher und die aktuelle Situation ab. Ob sie die wirtschaftliche Modernisierung propagiert oder lieber sozialstaatliche Bedürfnisse befriedigen möchte, ist offen.«

Ihre neue Kompetenz sollte sich nach der Wahl umgehend auszahlen. Nach der Niederlage am 22. September 2002 machte sie unmissverständlich klar, wer für die zentralen Themen zuständig sei, und dass es für Stellvertreter wie Merz keine Sonderregelungen gebe. Sie allein wollte die Fraktion führen. Angesichts der Konjunkturflaute, steigender Arbeitslosenzahlen und klaffender Haushaltslöcher erkannte sie, dass sich die Politik der Opposition nicht in populistischen Attacken gegen die Regierung erschöpfen durfte. Das Konzept der Neuen Sozialen Marktwirtschaft sollte im Ringen um Reformen das semantisch-emotionale Dach einer zukunftsorientierten Unions-Politik bilden.

Bei aller echten oder vermeintlichen Sorge um die wirtschaftliche Schieflage im Land schwang bei Merkel immer die Überlegung mit, welche Strategie die rot-grüne Regierung zu Fall und sie selbst an die Regierungsspitze bringen könnte. Nach den siegreichen Landtagswahlen in Niedersachsen und Hessen einigte man sich in der Unions-Spitze Anfang 2003 darauf, die Regierung durch Forderungen unter Druck zu setzen, aber vorläufig keine eigenen Gesetzentwürfe einzubringen.

Die Fraktion erwartete von Merkel allerdings konkrete Lösungsvorschläge. Doch die Vorsitzende spielte auf Zeit. Sie bestand darauf, die Regierungsarbeit zunächst beobachten und auf die Ergebnisse der von ihr eingesetzten Herzog-Kommission »Soziale Sicherheit« warten zu wollen. Die vom Altbundespräsidenten geleitete Arbeitsgruppe sollte in Konkurrenz zu der von dem Wissenschaftler Bert Rürup geführten Regierungs-Kommission konkrete und langfristig belastbare Vorschläge zur Reform von Renten-, Kranken- und Pflegeversicherung ausarbeiten.

Merkel legte Wert darauf, dass das 30-köpfige Team aus Unionspolitikern und Wissenschaftlern ohne Vorgaben arbeitete und von externen Beratern wie Verfassungsrichter Paul Kirchhof oder Vertretern der Beratungsgesellschaft McKinsey unterstützt wurde. Weil sie die Problemlösung delegierte, konnte sie auch »nicht gleich voll in Haftung genommen« werden, analysiert Wolfgang Schäuble und attestiert Merkel mit der Herzog-Kommission ein »kluges Führungsinstrument«.

Doch Schröder schlug zurück. Mit der Mitte März 2003 angekündigten »Agenda 2010« setzte der Bundeskanzler Angela Merkel unerwartet unter Druck. Schröders Reformvorschläge, zum Beispiel die Zusammenlegung von Arbeitslosen- und Sozialhilfe, waren von Überlegungen der Union nicht weit entfernt. Spätestens jetzt musste sich die Idee von einer Neuen Sozialen Marktwirtschaft im Detail bewähren. Trotz großer Differenzen zwischen den Schwesterparteien verständigte sich die Union im Mai auf ein Papier zur Arbeitsmarkt- und Sozialpolitik, das Herzog vorgriff und den angeschlagenen Kanzler weiter schwächen sollte. Das klappte. Schröder konnte nur unter Androhung seines Rücktritts die Parteilinke auf Kurs bringen.

Die vor drei Jahren begonnenen Arbeiten zur Neuen Sozialen Marktwirtschaft erzeugten mittlerweile zwar ein hohes Druckpotenzial, dennoch reifte bei Merkel während der Sommerpause die Erkenntnis, dass ihr tastender Kurs auf lange Sicht nicht nur den Kanzler in Schwierigkeiten brachte, sondern auch sie selbst. Die Vorsitzende beschleunigte das Tempo. Drei getrennt tagende Arbeitsgruppen, eine in der CDU-Zentrale, eine in der Fraktion um den Leiter der Planungsgruppe, Matthias Graf von Kielmannsegg, und eine um ihre Büroleiterin Beate Baumann, entwickelten bereits seit dem Frühjahr eine offensivere Kommunikationsstrategie für die Vorsitzende.

Es war an der Zeit, die CDU als Reformpartei zu positionieren. So würde Schröder in die Falle der Unkenntlichkeit gelockt. Mit seiner Agenda 2010 hatte er selbst dafür gesorgt, dass er nicht mehr als Sozialpolitiker wahrgenommen wurde. Jetzt musste sie ihm noch das Reformer-Etikett streitig machen. Also präsentierte sich die bislang um Ausgleich bemühte Parteichefin Anfang Oktober in einer Grundsatzrede im Deutschen Historischen Museum in Berlin plötzlich als kompromisslose Erneuerin. Kaum hatte die Regierung eine Position besetzt, vertrat sie einen radikaleren Gegenentwurf. Dass sie die Rivalen Koch, für seine Vorschläge zum Subventionsabbau, und Merz, für seine Steuerpläne, lobte, gehörte zu ihrer neuen Strategie des Einbindens. Die begriffliche Dehnbarkeit der Neuen Sozialen Marktwirtschaft bewährte sich.

Ihre Rolle als Moderatorin und Beobachterin tauschte sie nun gegen die der Provokateurin und Macherin. Gegenüber der Regierung konnte sie mit den Forderungen des Herzog-Papiers Kooperations- und Blockadepolitik zugleich betreiben, ohne ihre Reformziele zu verraten. Schröder drohten gleichzeitig weitere innerparteiliche Kämpfe und eine Erosion der Regierung. Eine kategorische Ablehnung würde seine Agenda unglaubwürdig und ihn selbst als Blockierer erscheinen lassen. Gegenüber ihrer Partei konnte sich Merkel als harte und gewiefte Gegenspielerin des Kanzlers präsentieren, die mit Vorschlägen im Geiste der Neuen Sozialen Marktwirtschaft die Regierung bedrängte und sich selbst als Alternative darstellte.

Merkel setzte erneut auf die Parteibasis, die sie auf sechs Regionalkonferenzen von den Plänen überzeugen konnte. Sie trat mit konkreten Zahlen und Berechnungen an. Die katastrophalen Daten beeindruckten die Mitglieder der Orts- und Kreisverbände ebenso wie die schonungslose Offenheit, mit der sie erfolgreich um Vertrauen warb. Ihre Auftritte als problembewusste und visionsgestärkte Politikerin trafen die emotionale Bedürfnislage.

Das positive Echo an der Basis stärkte sie auf dem Leipziger Bundesparteitag am 1. Dezember 2003 auch in der Auseinandersetzung mit ihren Gegnern. Weder die Sozialpolitiker der Union noch CSU-Chef Stoiber konnten ihre Führungsrolle beeinträchtigen. Dass sie »auf dem Parteitag ihre Funktion als Vorsitzende mit den Ergebnissen der Herzog-Kommission verknüpft hat, hat zu einer Richtungsänderung geführt«, räumte das Vorstandsmitglied Wulff später ein und ergänzte: »Die anderen Führungskräfte konnten das Vorgehen nachvollziehen; auch wenn wir nicht bis ins Detail informiert waren.« Der Auftritt von Altpräsident Herzog wirkte gewaltig. Die Delegierten schlossen sich Merkels Reformprogramm samt der umstrittenen Kopfpauschale an. Die Presse war begeistert. Die Vorsitzende hatte im Alleingang die CDU neu ausgerichtet.

Sie wusste zwar, dass die Vorschläge zur Gesundheits- und Steuerreform kaum finanzierbar und im Wahlkampf nicht zu vermitteln waren. Aber sie waren tauglich, das Reformprofil der CDU gegenüber Schröder zu schärfen, auch für die anstehenden Verhandlungen im Vermittlungsausschuss. Ihre langfristig angelegte Strategie war aufgegangen. Durch dreieinhalb Jahre dauernde Vorarbeiten hatte sie sich programmatisch und parteistrategisch gerüstet für den Angriff auf die Regierung. Aus holprigen ersten Arbeiten im Jahr 2000 war eine machtvolle Demonstration der CDU-Vorsitzenden auf dem Leipziger Parteitag geworden. Sie hatte ihr Ziel erreicht, ökonomische Kompetenz zu gewinnen. Die Kanzlerkandidatur würde ihr kaum jemand mehr entwinden.

Merkel und Bush

Nach der Wahlniederlage Stoibers 2002 war klar, dass Angela Merkel die Kanzlerkandidatin der Union sein würde – wenn sie einen letzten Großzweifel der Deutschen würde zerstreuen können. Umfragen hatten ergeben, dass die Bürger massiv an der Führungsstärke der CDU-Chefin zweifelten. Es ging weniger um die Inhalte als um den Stil. Nachdem Kanzler Schröder mit seinem unbeirrten antiamerikanischen Kurs die Bundestagswahl für sich entschieden hatte, stellte sich stärker denn je die Frage nach der internationalen Härte seiner künftigen Herausfordererin. Wo aber sollte sie diese Härte beweisen in der Opposition? Büroleiterin Baumann erstellte eine Liste mit einem knappen Dutzend möglicher Themen, mit denen sich die Kandidatin als Hardlinerin profilieren könnte. Ein außenpolitisches Thema bot sich an. Da konnte man Position beziehen, ohne sie in Bundesrat oder Parlament sofort einlösen zu müssen. Der EU-Beitritt der Türkei wäre eine Möglichkeit, Moskau und die Menschenrechte eine andere oder Israel und Palästina. Es musste auch bedacht werden, was im Falle eines Scheiterns geschehen würde. Konnte Merkel beschädigt werden?

Im Frühjahr 2003 gab es nur ein außenpolitisches Thema, das die Kraft hatte, ganz Deutschland zu emotionalisieren: der drohende Irak-Krieg. Der Gedanke schien verwegen bis irrwitzig: Konnte sich Angela Merkel gegen die große Mehrheit der Deutschen an die Seite Washingtons stellen? In Merkels Zentrum spielten sie Szenarien durch, entwarfen Zeitpläne und Argumentationsmuster. Der Plan gewann Gestalt, auch wenn er nicht allzu sinnreich schien. Die Situation war der von Margaret Thatcher und den Falkland-Inseln vergleichbar. Es ging nicht um Sinn oder Unsinn. Es ging um die Demonstration von kalter Härte.

Die Außenpolitik stellte in der Union seit der Wahlschlappe 2002 eine personelle Leerstelle dar. Niemand beanspruchte die außenpolitische Richtlinienkompetenz für sich. Außenpolitik gehörte auch nicht zu den bevorzugten Betätigungsfeldern der Ministerpräsidenten. Hier bot sich für Merkel die Chance, ein inhaltliches Vakuum zu füllen und sich als führende Kraft zu profilieren: gegen Stoiber, der im Wahlkampf außenpolitisch dilettiert hatte, gegen die erfahrenen Köpfe Schäuble und Rühe, gegen Koch oder Merz, die bei ihren Amerikareisen Ambitionen erkennen ließen, die über ihre Funktionen hinausreichten. Die Vorsitzende hatte erstmals die Chance, sich in der Weltpolitik zu positionieren.

Angela Merkel nahm all ihren Mut zusammen: Für einen Krieg zu sein, den kaum einer wollte, das erforderte das, was die Herren »cojones« nennen. Außerdem war Ausdauer gefragt. Heftige Rückschläge mussten einkalkuliert werden, bei unsicherer Aussicht auf künftigen Nutzen. Die nächsten Monate sollten zu einem perfiden strategischen Meisterstück werden, zu einem Musterbeispiel symbolischer Politik, das das Privileg der Opposition illustriert: fordern, ohne einlösen zu müssen. Eine Regierungschefin Merkel hätte mit dieser Politik kaum überlebt.

Wie bei der Sozialen Marktwirtschaft knüpfte Angela Merkel an einen Traditionskern der CDU an: das Transat-

lantische Bündnis. Anders als bei ökonomischen Zukunfts-
versprechen ging es hier um einen Vertrauensbeweis, um
Kohlsche Werte wie Verlässlichkeit, Vertrauen, Dankbarkeit.
Wieder nahm die Vorsitzende einen Zentralmythos aus der
CDU-Geschichte, die sie selbst nur im Laufstall und später
jenseits der Mauer miterlebt hatte. Erneut ging es um den
Nachweis, diese Partei verstanden und ganz und gar erfühlt
zu haben. Vor allem aber lautete die Botschaft: Es gibt Momente, da darf man nicht wackeln.

Als im März 2003 alliierte Kräfte unter Führung der USA
auf die irakische Hauptstadt Bagdad marschierten, demon-
strierten weltweit Millionen Menschen gegen diesen Krieg. In
Deutschland erreichten die Wellen des Protestes auch die
CDU. Angesichts tausender erregter E-Mails und des ersten
Landesverbandes, der den Irak-Krieg als »völkerrechtswid-
rig« verurteilte, schickte die CDU-Vorsitzende Angela Merkel an die Parteimitglieder einen Brief. »In dieser Auseinandersetzung«, schrieb sie, »kann die CDU nicht neutral sein.
Sie muss an der Seite der USA und ihrer Verbündeten stehen.«
Die Vorsitzende blickte in diesen Tagen so entschlossen, als
ob sie mit durch den Wüstensand stapfte. Engagiertes Als-ob
ist das Privileg der Opposition.

Angela Merkels Haltung zur amerikanischen Irak-Politik,
die innerparteiliche Meinungsbildung sowie die öffentliche
Wirkung ihrer Position müssen im Zusammenhang mit der
Entwicklung der deutsch-amerikanischen Nachkriegsbezie-
hungen und der Grundsätze christdemokratischer Außenpolitik betrachtet werden. Die CDU ist fest im transatlantischen
Bündnisdenken verwurzelt. Noch immer adelt der *hand-
shake* mit dem US-Präsidenten jeden Unions-Politiker.

Bis 1966 stellte die CDU ununterbrochen Kanzler und
Außenminister der Bundesrepublik Deutschland. Die Partei
zeichnete für die zentralen außenpolitischen Weichenstellun-

gen der Nachkriegszeit verantwortlich. Die Politik der Westbindung, also der multilateralen Verankerung Deutschlands im Kreis der westlichen Demokratien unter Führung der USA, ist mit dem Namen Adenauer verknüpft. Der ehemalige Zentrumspolitiker, bis 1933 Oberbürgermeister von Köln, gehörte nach dem Zweiten Weltkrieg zu den Mitbegründern der CDU. Bereits im März 1945, unmittelbar nach der Kapitulation Kölns, war Adenauer von amerikanischen Besatzungsoffizieren aufgefordert worden, sein Vorkriegsamt erneut auszuüben. Dem Ansinnen entsprach er, als seine eigenen Söhne sicher aus dem Krieg zurückgekehrt waren. Adenauer, der auch Vorsitzender der CDU in der britischen Zone war, profilierte sich als Führungsgestalt mit klaren Vorstellungen über die Zukunft Deutschlands im internationalen Machtgeflecht. Bereits im Oktober 1945 bezeichnete er amerikanischen Reportern gegenüber die Aufteilung Europas in je einen sowjetisch und einen amerikanisch beherrschten Block als »Fakt«.

Als Konsequenz daraus entwickelte Adenauer eine politische Strategie, bei der die Wiedervereinigung Deutschlands nicht an erster Stelle stand, sondern als Wunschresultat am Ende eines möglicherweise langwierigen Prozesses. Kernpunkte waren die Aussöhnung mit dem westlichen Nachbarn Frankreich und die enge Bindung an die stärkste Militärmacht USA. Nur diese könnte Deutschland davor bewahren, als Ganzes unter den Einfluss der Sowjetunion zu geraten. Adenauer zielte auf die allmähliche Wiedererlangung der deutschen Souveränität. Die amerikanische Strategie des »double containment« sah neben der Eindämmung des Kommunismus vor, Deutschland in das westliche Lager einzubinden – mit dem zweiten Ziel, ein unkontrolliertes Wiedererstarken des einstigen Kriegsgegners zu verhindern. 1946/47 zeichnete sich ab, dass Adenauers Vorstellungen mit den amerikanischen Interessen eher harmonierten als die seines innerparteilichen Gegners Jakob Kaiser von einem neutralen vereinten Deutschland. Adenauers CDU, die sich zur Marktwirtschaft bekannte, wurde schon früh mehr oder weniger offen von den amerikanischen Besatzern unterstützt. Diese hatten kein Interesse daran, dass sich die eher sozialistisch orientierte SPD durchsetzte. Hier findet sich Angela Merkel eins zu eins wieder.

Die Mittel des Marshall-Plans, von denen zwischen 1948 und 1952 1,6 Milliarden Dollar direkt nach Deutschland flossen, legten den Grundstein für die wirtschaftliche, aber auch politische Integration in die westeuropäische Nachkriegsordnung. Jährlich wurden bis zu sieben Millionen Lebensmittelpakete aus den USA nach Deutschland geschickt. Die humanitäre Hilfe der Amerikaner schuf bei vielen Deutschen eine tiefe emotionale Bindung nicht nur zu den USA, sondern auch zur Partei und zu den Politikern, die dies ermöglicht hatten. In Ludwigshafen freute sich der damals 15-jährige Helmut Kohl über seine mittägliche Linsensuppe, die mit Spendengeldern der amerikanischen Hoover-Stiftung bereitgestellt wurde. Nach seiner Wahl zum deutschen Bundeskanzler schloss Konrad Adenauer seine Regierungserklärung am 20. September 1949 mit den umjubelten Dankesworten: »Ich glaube nicht, dass jemals in der Geschichte ein siegreiches Land es versucht hat, dem besiegten Land in einer Weise zu helfen, wie das die Vereinigten Staaten gegenüber Deutschland getan haben und tun. Das deutsche Volk wird das dem amerikanischen Volk niemals vergessen dürfen, und es wird das auch nicht vergessen.« Diese Worte sind im emotionalen Code der CDU auf ewig verankert.

Für den Erfolg der Partei in den Fünfzigerjahren kann die demonstrative Nähe zum amerikanischen Bündnispartner nicht hoch genug eingeschätzt werden. Vor den Bundestagswahlen 1953 und 1957 reiste Konrad Adenauer jeweils zu mehrtägigen Staatsbesuchen nach Amerika und fuhr danach klare Siege ein. Dass acht Jahre, nachdem amerikanische Truppen Konzentrationslager befreit hatten, auf einem US-Soldatenfriedhof zu Ehren Adenauers die deutsche National-hymne gespielt werden konnte, hatte für die deutsche Seele eine kathartische Wirkung. Dieser Moment erfuhr viele Jahre später mit dem Besuch des US-Präsidenten Reagan auf dem deutschen Soldatenfriedhof von Bitburg an der Seite Helmut Kohls eine interessante Spiegelung, als Reagan indirekt auch toten SS-Angehörigen die Ehre erwies.

Adenauer, der das erst 1951 geschaffene Amt des deut-schen Außenministers bis 1955 mit ausübte, entwickelte eine enge Freundschaft zum amerikanischen Außenminister John Foster Dulles. Der Kanzler war der entscheidende außenpoli-tische Akteur, der es sich leisten konnte, seinem Außenminis-ter Heinrich von Brentano zur Amtsübernahme schriftlich mitzuteilen, dass er »bis auf Weiteres die Führung der euro-päischen Angelegenheiten, der Angelegenheiten der USA und der SU, sowie der Konferenzangelegenheiten« behalten werde. Washington ist Chefsache. So zelebriert es bis heute Angela Merkel.

Das Verhältnis zu den USA weckte stets Fantasien und stillte existenzielle Bedürfnisse der CDU-Klientel. Der Wirt-schaftsflügel propagierte die USA als Vorbild für die Bun-desrepublik, der nationalkonservative Flügel versprach sich militärische Hilfe bei der Wiedervereinigung, der christliche Flügel sah sich in einer antikommunistischen Wertegemein-schaft – und alle fühlten die Sicherheit des großen Partners. Die für weite Teile der Union enttäuschende Haltung Ameri-kas während des Mauerbaus markierte das vorläufige Ende bilateraler Eintracht. Unter anderen geopolitischen Beding-ungen als heute wurde ein gleichwohl fortbestehendes Konfliktpotenzial im deutsch-amerikanischen Verhältnis deutlich: Was passiert, wenn deutsche und amerikanische Interessen einmal nicht zusammengehen?

Hinter den strategischen Differenzen offenbarte sich auch ein kultureller Konflikt. So personifizierte der jugendlich wirkende Präsident John F. Kennedy einen *American way of life*, dessen Ablehnung sich aus dem Überlegenheitsgefühl einer christlich-abendländischen Kulturzugehörigkeit speiste. Bereits Ende der Vierzigerjahre hatten vor allem katholische CDU-Politiker mit westeuropäischen Gesinnungsfreunden die Traditionen des christlichen Abendlandes wider östlichen Kommunismus und westlichen Materialismus beschworen. Ein Motiv, das bis heute auftaucht, wenn etwa der CSU-Bundestagsabgeordnete Peter Gauweiler im Streit um den Irak-Krieg 2003 die prekäre Frage aufwirft, wem die Union folgen solle: dem US-Präsidenten oder dem Papst.

Zusätzlich entfremdete der Vietnamkrieg weite Teile der Union von den Amerikanern. Zwar stimmte die CDU/CSU dem Kriegsziel der Eindämmung des Kommunismus grundsätzlich zu. Doch die im April 1966 begonnene Verlegung von US-Truppen aus Deutschland nach Südostasien wurde als Menetekel für ein nachlassendes Engagement der USA in Europa empfunden. Ein Entsenden von Bundeswehrverbänden lehnten die Regierungen Erhard und Kiesinger ab und folgten damit der Stimmung in der deutschen Bevölkerung. Die US-Regierung zeigte sich mit dem humanitären und ökonomischen Beistand der Deutschen – etwa in Form eines Hospitalschiffs vor der vietnamesischen Küste – unzufrieden. Hier zeichnete sich ein weiteres Konfliktmuster ab: zwischen der Führungsmacht USA, die auf eine gerechtere Verteilung auch der militärischen Lasten pochte, und der wirtschaftlich potenten Bundesrepublik, die sich unter Hinweis auf die Geschichte aus Konflikten lieber herauskaufte.

Das Verhältnis zu den USA spielte nicht erst im Wahlkampf 2002 eine Schlüsselrolle. Am Streit um die NATO-Beschlüsse zur Nachrüstung war im Herbst 1982 die sozialliberale Koalition Helmut Schmidts zerbrochen. Der CDU-Vorsitzende Kohl wurde mit den Stimmen der meisten FDP-Abgeordneten zum Bundeskanzler gewählt. Der Regierungswechsel wurde von der US-Regierung unverhohlen begrüßt. Helmut Kohl, der seine erste Begegnung mit Amerikanern bei einer Entlausungsaktion 1945 in Mannheim hatte, galt als bündnistreu und gesellig, anders als sein Amtsvorgänger Helmut Schmidt, der von der US-Administration bisweilen als Oberlehrer empfunden wurde. In seiner ersten Regierungserklärung am 13. Oktober 1982 bekannte sich Helmut Kohl zu allen Beschlüssen der NATO und kündigte an: »Wir werden die deutsch-amerikanischen Beziehungen aus dem Zwielicht befreien, die Freundschaft bekräftigen und stabilisieren. Ich werde deshalb schon in wenigen Tagen nach Washington reisen, um meinen Beitrag zu leisten.«

Der sich nach der Wahl Michail Gorbatschows zum Generalsekretär der KPdSU anbahnende Reformprozess in der Sowjetunion sorgte für neuerliche transatlantische Irritationen. Kohl, der versuchte, das Kanzleramt zum außenpolitischen Machtzentrum auszubauen, balancierte bis 1989 einigermaßen hilflos zwischen den Aufrüstungsbestrebungen der Vereinigten Staaten und der Politik seines Außenministers, der gegenüber Moskau für Zurückhaltung plädierte. Genscher hoffte, dass mit einer Aufweichung der Militärblöcke die deutsche Frage wieder auf die Tagesordnung käme.

Die Öffnung der europäischen Grenzen an den einstigen Nahtstellen des Ost-West-Konflikts erforderte schließlich eine Neuorientierung. Auf dem Weg zur Einheit kamen Kohl die ausgezeichneten privaten Beziehungen zum damaligen US-Präsidenten George Bush zugute. Der hatte bereits zwei

Wochen vor der tatsächlichen Maueröffnung in Berlin erklärt, er teile »die Besorgnis anderer europäischer Länder über die Wiedervereinigung« nicht, und ließ Kohl bei dessen zielstrebiger Einheitspolitik gewähren.

Im Verhältnis zu den USA ergaben sich allerdings bald Differenzen, wie die von George Bush euphorisch proklamierte »partnership in leadership« konkret aussehen könnte. Sie traten anlässlich des Krieges am Persischen Golf offen zutage. Am 2. August 1990 hatte der Irak seinen Nachbarn Kuwait überfallen. Deutschland hatte sich zwar zu einer Soforthilfe in Höhe von 17,6 Milliarden Mark verpflichtet, an den militärischen Auseinandersetzungen allerdings nicht beteiligt. »They are offering cash instead of lives«, ätzte der amerikanische Sicherheitsexperte Paul Nitze. Der Verweis auf die deutsche Verfassung, die Bundeswehreinsätze außerhalb des NATO-Gebietes untersagte, wurde von den Amerikanern als Ausrede gewertet. Von »partnership« hatte man sich mehr versprochen. Ein Kommentator des *Wall Street Journal* spottete nach den ersten Angriffen: »Germany was right behind us – so far behind nobody could see it.« Hier wurde der gesamtdeutschen Politik noch im Einigungsprozess schmerzhaft deutlich, was von ihr künftig erwartet würde.

Während die deutsche Regierung für ihre Zurückhaltung in den USA scharf angegriffen wurde, nahm Kohl die Amerikaner seinerseits gegen die zahlreichen deutschen Golfkriegsdemonstranten in Schutz. Immer deutlicher wurde dennoch, dass sich die »Sowohl-als-auch-Politik« (Timothy Garton Ash) der unionsgeführten Regierung, die militärische Abstinenz, westeuropäische Integration, Einbindung der Sowjetunion und enge Freundschaft mit den USA vorsah, kaum durchhalten ließe.

Bei der Irak-Krise von 1998 zeichneten sich bereits jene Fronten ab, die fünf Jahre später zu tief greifenden Auseinandersetzungen in der NATO und im deutsch-amerikanischen Verhältnis führen sollten. Der Irak hatte wiederholt gegen UN-Resolutionen verstoßen und die Arbeit der UN-Waffenkontrolleure massiv behindert. Im UN-Sicherheitsrat zeichnete sich ab, dass die Amerikaner und Briten einen neuen Waffengang zur Durchsetzung der UN-Vereinbarungen für erforderlich hielten. Auf der Münchner Sicherheitskonferenz im Februar 1998 markierte Helmut Kohl die deutsche Position. Deutschland werde sich nicht mit Soldaten an einem möglichen Waffengang beteiligen, die Amerikaner dürften aber selbstverständlich ihre Luftwaffenstützpunkte für die eventuelle Operation »Wüstendonner« nutzen. In den folgenden Wochen betonte er immer wieder, wie häufig er in dieser Frage mit dem US-Präsidenten Bill Clinton telefoniere. »Wir stehen an der Seite Amerikas.«

Zur Bundestagswahl von 1998, die das Ende der unionsgeführten Regierung bedeutete, stand die deutsche Außenpolitik vor einem ähnlichen Dilemma wie am Ende der Ära Adenauer/Erhard. Sie suchte nach einer Position zwischen unilateral agierenden Amerikanern und den Franzosen, die auf eine stärkere europäische Eigenständigkeit pochten. Abgesehen von rituellen Freundschaftsbekundungen hatte die Union keine Antworten gefunden, wie die mitteleuropäische Großmacht Deutschland auf die neue Rolle Amerikas als alleinige Supermacht reagieren sollte. Der Kandidat Stoiber setzte den Wackelkurs 2002 fort.

Die neue CDU-Vorsitzende galt außenpolitisch als unerfahren. Als Umweltministerin hatte sie international gepunktet, etwa 1995 bei der Leitung des Klimagipfels in Berlin mit 1000 Teilnehmern aus 130 Nationen. Angela Merkel hatte ein eigenes Verhältnis zu den Vereinigten Staaten. Für ihre westdeutschen Parteifreunde waren Demokratie und Marktwirtschaft im Schutze des starken Partners zeitlebens eine

Selbstverständlichkeit gewesen. Für sie dagegen stand Amerika bis zu ihrem 35. Lebensjahr für die entbehrte Freiheit. Sie werde die Hilfe bei der Wiedervereinigung nie vergessen, beschied Merkel amerikanische Gesprächspartner 1991 bei ihrem ersten offiziellen USA-Besuch als Familienministerin in der Delegation von Kanzler Kohl. Der transatlantische Traditionskern der CDU trifft hier auf eine persönliche Zuneigung Merkels.

Ihr Antrittsbesuch als CDU-Vorsitzende katapultierte sie in neue Sphären der Politik. Zwar war sie als Ministerin mehrfach in Washington gewesen, doch nie als einziger Staatsgast im Weißen Haus. Sie nutzte die Gelegenheit, Vertreter der vier Monate zuvor vereidigten Regierung Bush kennenzulernen. Ihr V.I.P.-Programm bescherte ihr hochrangige Gesprächspartner wie Außenminister Colin Powell oder Notenbank-Chef Alan Greenspan, auch Vizepräsident Richard Cheney empfing sie. Zur Freude ihrer Gastgeber forderte Merkel eine deutliche Erhöhung der europäischen Militärausgaben, damit sich die Lasten der weltweiten UN-Friedensmissionen verteilen würden. Sie betonte, dass eine wie auch immer geartete europäische Verteidigungspolitik in enger Abstimmung mit den Vereinigten Staaten gestaltet werden müsse. In einer Rede in Washington verband Merkel ihr Bekenntnis zu den deutsch-amerikanischen Beziehungen mit einem Vorgriff auf den Bundestagswahlkampf im nächsten Jahr: »Mit den Amerikanern und besonders mit der neuen Regierung verbinden uns gemeinsame Werte: Freiheit, die Verantwortung des Einzelnen und Marktwirtschaft. Deshalb ist der Wahlsieg Bushs ein Signal für uns in Deutschland.« So eng hatte zuletzt Konrad Adenauer in den Fünfzigerjahren die Nähe von republikanischer US-Administration und CDU beschworen.

Die Terroranschläge des 11. September 2001 stellten die deutsch-amerikanische Freundschaft vor eine ernste Belastungsprobe. Der »war on terror«, den US-Präsident Bush als Reaktion auf die Angriffe verkündete, führte zum Angriff auf Afghanistan und eineinhalb Jahre später eben zu jenem völkerrechtlich umstrittenen Präventiv-Krieg gegen den Irak. Für die Union ging es darum, eine Position zu entwickeln, die ihre Traditionen berücksichtigte, zugleich aber auch die mehrheitliche Ablehnung der US-Politik durch die deutsche Bevölkerung. Die bislang nicht als Außenpolitikerin in Erscheinung getretene CDU-Chefin musste sich zudem gegen eine klar positionierte Regierung sowie profilierte Köpfe in der eigenen Partei behaupten, etwa Rühe oder Schäuble.

Anfang 2003 steht Angela Merkel vor einer zentralen strategischen Entscheidung. Mit dem Wahlkampfversprechen, »unter seiner Führung« werde sich Deutschland am Irak-Krieg nicht beteiligen, war es Kanzler Schröder gelungen, die Union in die Defensive zu drängen, weil er an die weit ins konservative Lager reichenden nationalistischen wie pazifistischen Gefühle appellierte. Für die CDU-Chefin blieb nur die auf Langfristigkeit angelegte Option der Treuebekundung, die ohnehin eines Tages wieder nötig sein würde.

Nach der Bundestagswahl war die Zustimmung für Rot-Grün in den Umfragen erneut gesunken. Angesichts der anstehenden Landtagswahlen in Hessen und Niedersachsen hatte sich die Unionsspitze darauf verständigt, das kontroverse Thema vorerst klein zu halten. Die Wahlkämpfer drängten die Bundestagsfraktion, eine für den Januar vorgesehene Bundestagsdebatte zum Irak auf die Zeit nach den Wahlen zu verschieben. Schröder versuchte indes, den Überraschungserfolg von 2002 zu wiederholen. Anfang Februar 2003 erklärte er in Goslar, Deutschland werde sich an einem Irak-Krieg nicht beteiligen, selbst wenn es ein Mandat des UN-Sicherheitsrates gebe.

Es nützte nichts. Roland Koch und Christian Wulff holten überzeugende Siege, der Irak spielte bei den Wahlen offensichtlich keine größere Rolle. Merkel fühlte sich nun frei, ohne Rücksicht die überfällige Kursbestimmung vorzunehmen. Bereits am Wahltag erschien in der *Frankfurter Allgemeinen Sonntagszeitung* ein offenkundig lancierter Artikel mit entsprechenden Ankündigungen:

Mit einer deutlichen Korrektur der Zurückhaltung will Angela Merkel in der Irak-Politik die Union wieder als atlantische Partei klar an der Seite der Vereinigten Staaten positionieren. Seit geraumer Zeit ist erkennbar, dass sich Merkel zunehmend über das unklare Erscheinungsbild einiger Spitzenpolitiker von CDU und CSU ärgert, die ansonsten gerne ihrer Parteivorsitzenden Wankelmut vorwerfen. Merkel will das sperrige Thema gegen interne Widerstände durchsetzen. Dazu will sie ihren Auftritt bei der Sicherheitskonferenz und eine bislang für Ende Februar geplante Reise nach Washington nutzen. Für Merkel geht es dabei nicht nur um die außenpolitische Glaubwürdigkeit der Union; sie könnte auch das Thema gefunden haben, das den Vorwurf entkräftet, sie scheue unbequeme politische Positionen.

Damit war der strategische Fahrplan für die nächsten Monate publik gemacht.

In dem 2004 erschienenen Interview-Band *Mein Weg* bestätigt Angela Merkel alle Vermutungen. Der Irak-Konflikt erschien ihr tatsächlich als ideales Feld für persönliche und programmatische Profilierung. Das Ziel: ihre Machtposition in der Union auch auf internationalem Gebiet zu festigen und so die nächste Kanzlerkandidatur zu erringen. Gerade nach den Wahlsiegen ihrer Parteifreunde Koch und Wulff hatte ihre Führungsfähigkeit unter besonderer Beobachtung gestanden. Auf die Frage von Hugo Müller-Vogg, ob die Zeit reif sei für eine Kanzlerin, verweist Merkel auf die Auseinandersetzung um den Irak: »Diese Frage wird vor allem von Männern gestellt. Nach dem 11. September konnte man spüren, dass manche dachten, darauf kann nur ein Mann mit der nötigen Härte reagieren. Eine Annahme, die in jeder Hinsicht falsch ist. Frauen können mindestens so hart und so durchsetzungsfähig wie Männer sein, wie dann ja auch zum Beispiel in der Irakdiskussion klar wurde.«

Merkels mehrgleisige Strategie wird deutlich; sie ist nach innen gerichtet, in die Partei hinein; und sie zielt nach außen, auf die Regierung und mit deutlichen Signalen an die Regierungen der internationalen Bündnispartner, die sich ein Bild von der nächsten Kanzlerkandidatin machen sollen. Die Botschaft lautete: Die Eiserne muss sich zwischen den mächtigen Männern der Welt nicht verstecken.

Virtuos nutzte Merkel die von Diplomaten und Militärs viel beachtete Münchner Sicherheitskonferenz – in Gegenwart der außenpolitischen Experten Rühe und Schäuble – für eine programmatische Rede. Dem Bild der Härte dienten auch die weiteren Maßnahmen. In einem Brief forderte sie Bundeskanzler Schröder zu einer Regierungserklärung auf, der sie als Fraktionsvorsitzende im Bundestag antworten wollte. In einer Medien-Offensive versuchte sie, sich gegen den Kanzler und seinen Außenminister zu positionieren. In Präsidiums- und Fraktionssitzungen forcierte sie die interne Positionsbestimmung der Union. Kurz vor ihrer Abreise nach Washington hielt sie vor dem Aspen Institut in Berlin eine weitere Rede als Testlauf für ihre Auftritte in Amerika. Alle Indizien sprechen dafür, dass hier eine konsequente Haltung mit jeder erdenklichen medialen Unterstützung in Partei und Öffentlichkeit etabliert werden sollte. Konflikte wurden dabei nicht nur antizipiert, sondern sogar wohlwollend einkalkuliert.

Anders als bei Schröder, der sich mit seinem kategorischen Nein zum Irak-Krieg in eine Sackgasse manövriert hatte, versprach Merkels Strategie mittel- und langfristig durchaus Erfolg. Ein militärischer Konflikt, so dürfte ihr damals bereits klar gewesen sein, war unvermeidbar, ein bedingungsloses Nein keine Position, mit der sich konstruktiv arbeiten ließe, zumal ein Sieg der Amerikaner und ihrer Alliierten wahrscheinlich war.

Ihre klare Position ließ die Union immerhin als eigenständige Kraft erkennbar werden. Der beinahe rituelle Verweis auf die notwendige enge politische Abstimmung im europäischen Rahmen bewahrte die europafreundlichen Traditionen der Union und Anknüpfungspunkte von England bis nach Polen.

Merkels systematisches Vorgehen weist darauf hin, dass die USA-Position gründlich durchdacht und abgewogen war, quasi-mathematisch bewertet: Eine kritische Haltung brächte zwar vorübergehend öffentliche Zustimmung, würde jedoch hinter der bereits von Kanzler Schröder besetzten Position untergehen. Sie läge zudem nicht im Einklang mit den Traditionskernen der Union, würde das künftige Verhältnis belasten und den Eindruck verstärken, sie scheue deutliche Positionen. Eine Amerika-freundliche Position dagegen barg eine Reihe von Vorteilen in der Darstellungspolitik, nicht zuletzt den Eindruck entschlossener Führung auf großer internationaler Bühne als eine Generalprobe für die Zukunft. Dass sie gegen die öffentliche Meinung und Teile ihrer Partei agierte, sorgte für das erwünschte Image der Härte. Mehrere Präsidiumsmitglieder teilten die Position der CDU-Vorsitzenden nicht, zeigten aber professionellen Respekt für ihre Standfestigkeit.

Ihre Mission gewann noch an Brisanz. Auf dem Höhepunkt der Irak-Krise – eine militärische Auseinandersetzung schien im Februar 2003 nur noch eine Frage der Zeit – reiste sie erneut nach Washington. Zu diesem Zeitpunkt erlebten die deutsch-amerikanischen Beziehungen die tiefste Krise der Nachkriegszeit. Aus der unterschiedlichen Bewertung über das Rüstungspotenzial des Irak, seiner vermeintlichen Produktion von Massenvernichtungswaffen und der daraus resultierenden Gefahr war ein persönlich gefärbter Streit geworden. US-Verteidigungsminister Donald Rumsfeld stellte Deutschland auf eine Stufe mit Libyen und Kuba.

Angela Merkel fuhr in dreifacher Rolle nach Amerika: als Oppositionsführerin, als mögliche Vertreterin einer zukünftigen Unions-Regierung und als Politikerin eines Landes, das sich in einem schweren diplomatischen Konflikt mit den Gastgebern befand. Dabei musste sie zum einen Antwort auf die akute Frage eines Militärschlags gegen den Irak geben, zum anderen aber auch mögliche Alternativen zum Vorgehen der amerikanischen und der deutschen Regierung entwickeln, die von ihrer außenpolitischen Kompetenz zeugten und künftige Optionen offenhielten.

Kurzfristig stürzte Merkels Haltung die Union in ein Dilemma. Im Präsidium mahnte der nordrhein-westfälische Landesvorsitzende Rüttgers, angesichts der Stimmung in der Bevölkerung solle die Union auf eine weitere UN-Resolution drängen, bevor es zu einer militärischen Auseinandersetzung käme. Keiner der führenden Unionspolitiker meldete sich in dieser Phase zu Wort, um Angela Merkels Position zu unterstützen. Im Gegenteil: Im Bundestag versuchte sich Schäuble am 13. Februar 2003 als zweiter Unions-Redner nach seiner Vorsitzenden mit einer rhetorischen Glanzleistung an einer vermittelnden Haltung zwischen Regierung und Opposition. Die CDU-Granden waren verstimmt, weil die Chefin mal wieder ein Solo spielte. »Wir haben alle nichts geahnt«, sagt einer aus der Führungsriege der CDU, »das war mal wieder typisch Merkel.«

Es sei ein Fehler gewesen, sich die Positionen des amerikanischen Präsidenten zu eigen zu machen, monierte Schäuble im Rückblick. Seine Vermutung zielte darauf, dass Merkel keine fachliche Beratung zugelassen und nur ergebene Mitarbeiter zur strategisch-inhaltlichen Vorbereitung herangezogen habe. Ihr wichtigster außenpolitischer Berater in jenen Tagen, Friedbert Pflüger, sah das anders: »Angela Merkel hat ein untrügliches Gespür für die Krise. Denn jede andere, unklare Position hätte die Partei auseinandergerissen. Manchmal muss man kurzfristig Federn lassen, um langfristig zu gewinnen. Der Vorwurf mangelnder Führungskraft wurde mit dem USA-Auftritt nachhaltig entkräftet.«

Mit einem kalkulierten Tabubruch heizte sie die Stimmung noch an. Am 20. Februar 2003 erschien in der *Washington Post* auf der Meinungsseite ein Artikel von Angela Merkel: »Schroeder Doesn't Speak for All Germans«. Darin wiederholte sie im Wesentlichen die Positionen, die sie auf der Münchner Sicherheitskonferenz referiert hatte. Eine knappe Woche vor ihrem Besuch nutzte sie das Forum aber auch zu einem innenpolitischen Angriff: »The most important lesson of German politics – never again should Germany go it alone – is swept aside with seeming ease by a German federal government that has done precisely this, for the sake of electoral tactics.« Mit ihrem ungewöhnlich aggressiven Artikel, den sie bewusst in die wichtigste Zeitung der Hauptstadt setzen ließ, verschaffte sie sich nicht nur ein vorzügliches Entree im politischen Washington, das damals noch überwiegend von Anhängern einer militärischen Lösung der Irak-Frage bevölkert war, sie verstieß auch gezielt gegen die Gepflogenheit, dass die Außenpolitik der Regierung im Ausland nicht von der Opposition kritisiert wird. Das kam ihr durchaus recht, unterstrich es doch den angestrebten Eindruck von Eigenständigkeit.

In Washington wurde der deutschen Oppositionsführerin ein »royal treatment« zuteil. Vizepräsident Dick Cheney empfing sie und ihren vor Bedeutsamkeit fast platzenden Begleiter Pflüger im Weißen Haus. Weder Rühe noch, wie zwei Jahre zuvor, der außen- und sicherheitspolitisch versierte Schäuble waren dabei. Verteidigungsminister Rumsfeld holte sie am Haupteingang ab, eine Ehre, die für gewöhnlich ausländischen Regierungsmitgliedern vorbehalten ist. Beim Mittagessen lachten er und sein Staatssekretär Paul Wolfowitz sogar über Angela Merkels Witze. Sie traf Powell, Sicherheitsberaterin Condoleezza Rice, erneut Greenspan, den amerikanischen Handelsbeauftragten Henry Kissinger und wichtige Senatoren. »Nicht jeder Staatsführer kommt in diese Gunst«, bilanzierte die *New York Times*, erst recht kein Oppositionsführer. Hatten Merkel bei ihrem Antrittsbesuch zwei Jahre zuvor sechs deutsche Journalisten begleitet, beobachteten sie diesmal zwei Dutzend.

Die Bühne, die der deutschen Regierung zum damaligen Zeitpunkt verwehrt war, nutzte sie trefflich. Nach ihrem Auftritt auf der Münchner Sicherheitskonferenz und dem Angriff gegen die Bundesregierung in der *Washington Post* stand sie nicht unter Druck, sich gegenüber der Bush-Administration als besonders loyale Partnerin profilieren zu müssen. Im Gegenteil: Sie »präsentierte sich fast schon als Botschafterin Schröder-Deutschlands«, vermerkte die *Süddeutsche Zeitung*. So stellte sie Richard Cheney die kühne Frage, ob wirklich alle Spielräume für eine friedliche Lösung des Irak-Konfliktes ausgeschöpft seien: »Haben wir den Inspektoren genug Zeit gelassen?« Sie sprach über das – von ihr als ehemaliger Umweltministerin mit ausgehandelte – Kyoto-Abkommen und die fehlende Unterschrift der USA und wandte sich gegen die –

von den USA geforderte – EU-Mitgliedschaft der Türkei. Frau Merkel aus Templin versuchte sich in ganz großer Politik.

Im Gegenzug warb sie generös um Verständnis für das Befremden gegenüber der Bundesregierung: »Die Amerikaner betrachten das Verhältnis zu Deutschland mit mehr Gefühl, als wir ahnen.« Der *Bunten* erklärte sie: »Ich habe mich bemüht, eine Botschafterin für gute deutsch-amerikanische Beziehungen zu sein.« Das *Handelsblatt* fasste ihren Balanceakt zusammen: »In Deutschland will sie als Deutsche wahrgenommen werden, in den USA als veritable Oppositionsführerin, als bessere Alternative. Und in ihrer Partei als international handelnde Figur, die auch ohne den ständigen Eingriff der Ministerpräsidenten Politik treiben darf. Ganz eigenständig.«

Mit einem Wort: Alle Zweifel, die Deutschland an der Führungsstärke dieser Frau hegten, wurden in diesen Tagen zumindest ins Wanken gebracht. Die Blätter lobten ihr diplomatisches Geschick. Auch die innenpolitische Einordnung ihrer Reise durch die Kommentatoren dürfte ihren strategischen Erwartungen entsprochen haben. Die *FAZ* schrieb: »Die Gelegenheit, eine staatspolitische Linie festzulegen und sie sichtbar, also auch über das Verfassen von klugen Strategiepapieren hinaus, zu verteidigen, darf sich die Vorsitzende einer Volkspartei, die beweisen will, dass sie das Zeug zum Kanzler hat, nicht entgehen lassen.«

Der relative Erfolg ihrer US-Mission konnte nicht darüber hinwegtäuschen, dass die harten Konflikte noch ausstanden. Dass es nicht mehr um das Ob, sondern um das Wie einer militärischen Auseinandersetzung im Irak ging, dürfte Angela Merkel bei ihren Gesprächen mit der US-Regierung klar geworden sein, ebenso, dass ein solcher Krieg sie innenpolitisch in die Defensive zwingen würde. Am 18. März 2003 stellten die Amerikaner Saddam Hussein das Ultimatum, innerhalb von 48 Stunden sämtliche UN-Resolutionen zu erfüllen. Zwei Tage später durchtrennten amerikanische und britische Soldaten die Grenzzäune zwischen Kuwait und Irak und begannen den Marsch auf Bagdad.

Nach dem Sunshine-Trip nach Washington begann nun die harte Phase für die Vorsitzende. Die Kritik prasselte. Die Union war erschüttert. Ihre Rivalen sahen die Chance gekommen, die Chefin mal wieder ausgiebig zu quälen. Der saarländische CDU-Vorsitzende Müller sprach von der »Rückkehr zum Faustrecht«. Merz kritisierte die »amerikanische Bunkermentalität«. Der Alleingang der Amerikaner zerstöre »die internationalen Strukturen, die wir in fünfzig Jahren aufgebaut haben«, kritisierte Stoiber. Dieser belebte die alte Rivalität um die Vorherrschaft der Union zusätzlich und lancierte ohne Wissen der CDU-Vorsitzenden ein ambitioniertes »Akutprogramm für den Sanierungsfall Deutschland«. Ein klassisches Störmanöver. »Wieso erfahre ich das aus der Zeitung?«, fragte ihn Angela Merkel am Telefon.

Als die CDU-Zentrale zu Beginn des Krieges von tausenden Amerika-kritischen E-Mails überschwemmt wurde, wackelte sogar ihr Vertrauensmann Pflüger: »Ich finde wahrlich nicht, dass es die Bush-Regierung den Freunden Amerikas einfach macht.« Die öffentliche Meinung kippte radikal. »Im Moment«, fasst der *Spiegel* zusammen, »sieht es nicht gut aus für Merkel.« Die Halbwertszeit der Urteile war selbst für deutsche Medienverhältnisse beeindruckend kurz.

Angela Merkel entschied sich, ihre autoritäre Führung um eine ausgleichende Komponente zu ergänzen. Sie schrieb einen Brief an die Mitglieder. »Der Irak-Krieg ist eine Tragödie«, heißt es da, dennoch stelle sich die CDU an die »Seite der USA und ihrer Verbündeten«. Sie kündigte für den Frühsommer Regionalkonferenzen an, auf denen über den Irak-

Krieg diskutiert werden solle. Im Bundesvorstand versammelten sich Koch und Wulff hinter ihr. Merkels Position wurde bei zwei Gegenstimmen bestätigt.

Doch der Kampf ging unvermindert weiter. Am 1. April hielt Angela Merkel vor ihrer Fraktion eine kämpferische Rede. Zwar mache der Krieg betroffen, räumte sie ein, aber die Union könne in dieser Frage nicht neutral bleiben. Die Abgeordneten belohnten ihren Vortrag mit Applaus. »Merkel setzt sich in der Irak-Debatte durch«, notierte die *Welt.* »Ausgerechnet in der unpopulären Irak-Frage zeigt CDU-Chefin Angela Merkel Führungsstärke«, wunderte sich auch die linksliberale *Frankfurter Rundschau.* »Steht sie das durch«, zitierte die *Zeit* einen Vertrauten Merkels, »ist ihr die Kanzlerkandidatur sicher.«

Genau darum ging es in Wirklichkeit. Und ihr Kalkül ging auf. Sie hatte richtig eingeschätzt, dass die transatlantisch orientierte Union im Falle eines Krieges letztlich doch auf Seiten Amerikas stehen würde. Ihre Haltung war umstritten, es gab für die Partei jedoch keine Alternative. Sie hatte in den Gremien offensiv die Entscheidung gesucht und konnte danach etwaige Gegner auf den Mehrheitswillen verweisen. Rivalen wie Koch oder Wulff hatte sie auf ihre Position verpflichtet und potenzielle Rivalen wie Schäuble oder Stoiber kaltgestellt. *Focus* zitierte einen anonymen Parteifreund: »In der Irak-Frage hat sie es geschafft, nach vorn zu gehen und Flagge zu zeigen. Das war bislang das Privileg von Leuten wie Roland Koch und Edmund Stoiber. Der Krieg ist irgendwann zu Ende, aber Merkels Standfestigkeit prägt sich ein.«

Ohne Umschweife äußerte auch Roland Koch seinen Respekt. Er fühlte sich an seine Doppelpass-Kampagne 1999 erinnert, als er ebenfalls ganz allein zu stehen schien. Immerhin hatte er noch den Großteil der Bürger auf seiner Seite gehabt. »Manchmal ist es wichtig, dass die Leute das Gefühl haben, ein Politiker steht zu seiner Meinung, auch wenn sie kontrovers ist. Die Bürger haben eher Respekt vor einem, der eine Minderheitsmeinung vertritt, als vor einem, der es immer allen recht zu machen versucht«, glaubt Koch.

Am 6. April 2003, drei Tage bevor in Bagdad die große Saddam-Statue vom Sockel geholt wurde, besuchte Angela Merkel den Landesparteitag der nordrhein-westfälischen CDU. Sie gab sich versöhnlich: »In der Frage von Krieg und Frieden will ich keine stromlinienförmige Partei«, sagte sie und verlangte, als kleine Konzession an die Kriegsgegner in der Partei, »von der einzig verbliebenen Supermacht Mäßigung bei der Durchsetzung ihrer Interessen«. Der Applaus blieb verhalten. Aber als der Parteitagsleiter die Delegierten zur Wortmeldung aufforderte, verharrte das Plenum stumm. Keine Fragen.

Der Preis, den die Parteivorsitzende zahlte, war vorerst hoch. Einen Monat nach Merkels Besuch, zwei Wochen nach Ausbruchs des Krieges im Irak, erklärten nur 31 Prozent der Bundesbürger, sie seien »zufrieden« mit Merkels Politik. Der Anteil der Unzufriedenen betrug sogar bei den Unionsanhängern erstaunlich hohe 40 Prozent. In der Kanzlerfrage hatte sich ihr Vorsprung von 47 zu 36 gegenüber Gerhard Schröder in einen Rückstand von 32 zu 47 Prozent verkehrt.

Doch die Delle war bald verschwunden. Im Januar 2006 machte die frisch gewählte Bundeskanzlerin Merkel ihren Antrittsbesuch beim nach wie vor unpopulären US-Präsidenten George W. Bush. Im Irak schwiegen die Waffen immer noch nicht. Der Krieg wurde längst auch von der Mehrheit der Amerikaner abgelehnt. Eine militärische Auseinandersetzung sei unvermeidlich gewesen, erklärt Angela Merkel heute wie vor drei Jahren. Die Debatte von damals ist jedoch längst vergessen. Der *Spiegel* weist für sie Anfang 2006 mit 85 Prozent den höchsten Zustimmungsgrad aus, der je für einen deutschen Regierungschef gemessen wurde. Die Rate unter den Unionsanhängern beträgt 99 Prozent. Angela Merkel hat großes Glück gehabt, dass ihr Irak-Engagement nicht weiter debattiert worden ist. Sie dürfte überdies erleichtert sein, dass ihr in der ersten Halbzeit ihrer Kanzlerschaft eine Entscheidung über Krieg und Frieden erspart geblieben ist. Ein eisernes Bekenntnis zum Krieg wird man von ihr so bald nicht mehr hören. Bush, Blair, Aznar, sie alle haben einen Teil ihrer politischen Reputation im Irak verloren. Einer deutschen Kriegskanzlerin würde es kaum anders ergehen.

XI. Ein Märchen erzählen

Jeder herausragende Politiker steht für eine große Geschichte voller historischer Parallelen und Emotionen, vertraut und dennoch außergewöhnlich. Merkels Märchen ist mindestens so stark wie das ihrer Vorgänger im Kanzleramt.

Kohl. Nur vier Buchstaben. Aber ein Meer von Assoziationen. Einheit. Saumagen. Spenden. Hannelore. Mitterrand. Blühende Landschaften. Wolfgangsee. Nachkriegstrümmer. Strickjacke. Jelzin. Juliane Weber. Europa. Aquarium. Buddha. So hat ihn Joschka Fischer genannt.

Sein Name reicht, und schon entsteht ein Bild, das weitaus größer ist als der Mensch Helmut Kohl – *the big picture*, das epochale Gemälde. Der Junge, der das Elend des Krieges noch mitbekommen hat. Der immer Sicherheit wollte, Frieden und einen vollen Kühlschrank. Der als Häuptling seinen Stamm in Zeiten historischer Unsicherheit beherzt führte, mit einem Kompass, der im entscheidenden Moment halbwegs funktionierte. Jedenfalls besser als viele andere. Es ist die Geschichte vom Provinztrottel, der zum Weltstar wurde.

Oder Schröder. Halbwaise und Ausgegrenzter. Einzelgänger. Fighter. Keiner hat an ihn geglaubt. Das spornte ihn erst recht an. Rütteln am Zaun des Bonner Kanzleramts. Der Wille trieb ihn bis an die Spitze. Er wollte es allen zeigen, sogar dem amerikanischen Präsidenten. Sein Aufstieg war zugleich Kompliment an ein durchlässiges demokratisches System: Wer wollte, der konnte auf dem zweiten Bildungsweg Kanzler werden. Völlig unmöglich in Frankreich, England oder den USA. Schröders Leben ist Aufstiegs-Deutschland in der zweiten Hälfte des 20. Jahrhunderts. Und die tragische Geschichte vom kraftstrotzenden Mann, der immer gewann, um dann doch zu verlieren.

Jeder große Politiker erzählt auch eine große Geschichte. Oft ist es ein historisches Epos, das von Krieg und Versöhnung handelt, von Siegen und Niederlagen, und immer ist es eine emotionale Story. Diese archaischen Muster von Aufstieg und Niedergang sind mit allen Epochen, allen Kulturen kompatibel; uralte Arrangements von Gefühlen, Traditionen, Werten, Fantasien und Abenteuern, die sich wohl schon die Neandertaler am Lagerfeuer zugeraunt haben.

Angela Merkel ist wie gemacht für eine solche Volks-Saga, schon deswegen, weil sie als Frau konkurrenzlos ist. Analogien zu Jeanne d'Arc und den Amazonen drängen sich auf, immer haarscharf am Scheiterhaufen vorbei. Den auf Underdogs versessenen Deutschen gefällt die Außenseiterrolle der Ostfrau, die immer unterschätzt wurde. Angela Merkel erzählt die Geschichte der schlauen, zähen, einsamen Kämperin. Wenn Kohl die Wirtschaftswundergeschichte repräsentiert und Schröder die Story vom gesellschaftlichen Aufstieg, dann steht Angela Merkel für das Deutschland von morgen: Sie erzählt das erste große Wende-Epos der deutschen Politik, vom zerzausten Entlein, das sich zum Schwan wandelt, und schließlich von der harten Frau, die es den Männern gezeigt hat.

Besonders hartnäckig hält sich der Mädchen-Mythos. Auch wenn Angela Merkel vehement bestreitet, von Helmut Kohl jemals »mein Mädchen« genannt worden zu sein, verbirgt sich hinter dieser romantisch-naiven etwas onkelhaften Chiffre doch eines der zentralen Alleinstellungsmerkmale der Politikerin Angela Merkel. »Sämtliche politischen Psychogramme dieser in Wahrheit längst ausgereiften Politikerin bedienen sich des Denkmodells reifender Halbwüchsigkeit«, hat die

Berliner Publizistin Ursula März festgestellt: »Es ist das Modell des keimenden, aber noch nicht erblühten, des angekündigten, aber längst noch nicht entfalteten Potenzials.«

Im Gegensatz zum gesamten konkurrierenden Personal der Berliner Republik, das von einer erschreckend stereotypen Aura des Verwaltungsapparats umgeben wird, erzählt die Kanzlerin derzeit als Einzige eine Geschichte: das politische Märchen vom Mädchen aus dem Osten, vom verborgenen Talent und seiner urwüchsigen Kraft, von Fleiß und Willen und der Naturwissenschaft, das auf wundersame Weise mit einer trägen und seltsam altersmüden Republik kontrastiert. So verkörpert Angela Merkel eine Hoffnung auf Zukunft, Entwicklung, Reform in einem vor Optimismus nicht gerade übersprudelnden Land.

Anfangs war ihr Bild diffus, bisweilen lächerlich. Die hilflos umherstolpernde DDR-Frau in ihrem ostzonalen Hippie-Look, Kohls Mädchen, Quoten-Wesen, Mäusefaust. Das Ende von Kohl 1998 bedeutete erstmals eine eigenständigere Wahrnehmung. Doch CDU wie Deutschland fragten sich noch immer: Wer ist diese Frau? Was will sie?

Als Generalsekretärin konkretisierte sich ihr Bild. Sie konnte kämpfen, argumentieren, sich durchsetzen bei den großen Jungs. Der Kohl-Brief schließlich war einer der Schlüsselmomente für das Entstehen des großen Bildes. Sie traute sich was. Es war der archaische Moment der Abnabelung, des schmerzhaften Loslösens, die Sekunde, in der ein Jugendlicher zum Erwachsenen wird. Der Schutz war fort, Verantwortung gefragt. Es blieb die Frage: Kann die das?

Wie in jedem Epos sind es die Kämpfe, die den Ruhm erzeugen, aber auch die Niederlagen. Es war die Schlappe in der K-Frage 2002, die das Bild der Aufsteigerin wohltuend brach. Das Frühstück in Wolfratshausen war wohl das Beste, was Angela Merkel passieren konnte. Erst der Rückschlag und ihr geschickter Umgang damit bestärkten ihre Ausdauer und Krisenfestigkeit, das, was Fußballer »internationale Härte« nennen.

Das Publikum belohnt eben auch Beharrlichkeit, selbst wenn sie vergeblich scheint. Angela Merkel erweckt den Anschein, als erlege sie sich immer neue Prüfungen auf, die sie unter Qualen besteht, um sich gleich darauf wieder neue Leiden zu suchen. Nur wer die Schmerzen der Politik dauerhaft erträgt, der erzählt auch eine große Geschichte.

Helmut Kohl hat zwei Bundestagswahlen durchstehen müssen, bevor er Kanzler war, Gerhard Schröder musste 1994 mit ansehen, wie seine Partei sogar in Kauf nahm, das Missverständnis Rudolf Scharping auf den Schild zu heben, nur um ihn zu verhindern. Scharping ist das beste Beispiel, wie ein Politiker beschaffen ist, der keine große Geschichte vorzuweisen hat. Merz, Rühe oder Stoiber erzählen auch keine. Der Finsterling Koch und der nach vielen Niederlagen wiedergeborene Wulff wenigstens eine kleine.

Voraussetzung für das große Bild sind Anknüpfpunkte an andere große Geschichten. Kohl sah sich in der Tradition Adenauers, Schröder wollte Enkel von Helmut Schmidt und mehr noch von Willy Brandt sein; er hatte obendrein Blair und Clinton als charismatische Verbündete. Dass Angela Merkel eine große Politikerin werden könnte, war in dem Moment klar, als sie erstmals mit Margaret Thatcher verglichen wurde. Das mochte nicht übermäßig schmeichelhaft sein, und dennoch war es wie ein Ritterschlag. Auf einer Stufe angesiedelt mit einer der umstrittensten, gleichwohl wichtigsten Frauen Europas im 20. Jahrhundert, das adelte Merkel; egal, wie stimmig die Parallele im Detail nun auch ausfallen mochte.

Immerhin: Ähnlichkeiten bestehen. Wie Thatcher ist Merkel gelernte Naturwissenschaftlerin. Sie begann als belächelte

Außenseiterin, fleißig, zielstrebig, unauffällig. »Freiheit wird unser Schlachtruf sein«, verkündete die Frau mit der Handtasche, der ihr Vater beigebracht hatte: »Hab keine Angst, anders zu sein.« Das hätte auch von der Frau aus Templin stammen können.

Andererseits war die »Eiserne Lady« eine instinktsichere Populistin, während die deutsche Kanzlerin noch immer sehr viele Messpunkte abfragen muss, um eine Stimmungslage zu erfassen. »Das Volk« ist ihr in ihrer protestantischen Bescheidenheitsarroganz nach wie vor eher fremd bis unheimlich. Auch ist die Situation des festgefahrenen Großbritannien nicht zu vergleichen mit einem leidlich funktionierenden Germany. Nicht die große Härte, sondern strategisch durchdachte Vorstöße im richtigen Moment werden Deutschland sanieren. Ein »winter of discontent«, in dem die Toten nicht einmal mehr begraben werden, ist hierzulande vorerst ebenso wenig denkbar wie ein Falkland-Krieg.

Die Thatcher-Analogie wird vor allem von den Fantasien derer gespeist, die vom großen Reformstreich träumen, vom Durchschlagen des Gordischen Knotens. Derlei Hoffnungen missachten die Komplexität der Probleme. Entscheidend sind die Werte, die Angela Merkel mit diesem Vergleich zugemessen werden. Sie wird als eisern, zäh, kraftvoll und mutig wahrgenommen. Das ist ein großer Erfolg, wenn man bedenkt, dass sie als jammerige Wollsockenträgerin startete, der vor allem das gewohnte Repertoire an Ost-Vorurteilen entgegenschlug. Eine weitere Engländerin bietet sich hier zum Vergleich an. Die *FAZ* zieht Parallelen zu Queen Victoria, die zu jung war für den Thron, nicht gewollt, das Land nicht kannte und nur an die Krone kam, weil es keine Alternative gab. Man kam um sie nicht herum. Sie war einfach da. Und regierte dennoch erfolgreich. Ähnlich war es bei »Angela I.«.

Anders als Kohl und Schröder hat Angela Merkel wenig

dazu getan, um am großen Bild aktiv mitzumalen. Sie verließ sich darauf, dass die öffentliche Interpretationsmaschine funktionieren würde. Ein Mythos lässt sich ohnehin nicht durch Marketing machen, er bildet nur das ab, was eine Mehrheit von Bürgern einer Person zumisst und in ihr sehen will.

Es fällt auf, dass es immer die unangepassten, schrägen, rebellischen Typen sind, die sich durchsetzen. Nicht der geschmeidige Albrecht machte das Rennen, sondern der freche Kohl, nicht der integrative Scharping, sondern der polarisierende Schröder, nicht die gerade gewachsenen Parteipflanzen Koch oder Wulff, sondern die Quereinsteigerin Merkel.

Ihr Leitmotiv Freiheit erklärt sich so eindringlich wie bei keiner anderen CDU-Spitzenkraft durch 35 Jahre Leben jenseits der Mauer. Freiheit um jeden Preis, das ist ein großer, ein demokratisch mächtigerer Wert als Sicherheit um jeden Preis wie bei Kohl, oder Aufstieg um jeden Preis, den Schröder vorlebte. Ihre DDR-Herkunft, die ihr anfangs Schmähungen aus allen Lagern einbrachte, hat sich inzwischen zu einem starken Imagefaktor entwickelt, der ihre Politik zunehmend stützt. Während der Brioni-Kanzler Schröder Probleme hatte, einen Wechsel zum Weniger glaubwürdig zu transportieren, präsentiert sich Angela Merkel in ihrer genügsamen Art als erste Gürtelengerschnallerin des Landes.

Vor allem der einsame Kampf und die relative Dickköpfigkeit machen die Biografien der letzen deutschen Kanzler so außergewöhnlich. Eine gegen alle – ein klassisches Heldenmuster. Kohl setzte sich gegen die Honoratioren in der CDU durch, Schröder gegen die Links-Folkloristen, Merkel gegen eine wilde Horde Männer. Dabei wirken auch bei ihr durchaus Popstar-Mechanismen. Der öffentliche Wandel vom sperrigen Ost-Schick zur internationalen Eleganz, gut ablesbar an der Frisuren-Genese, hat eine starke Märchenkomponente.

Angela Merkel ist ein politisches Aschenputtel, mit dem Unterschied, dass sie nicht einmal einen Prinzen braucht zum Glück. Merkels Weg könnte auch dem Drehbuch einer Telenovela als Grundlage dienen. Titel: *Einsame Angie – Wege zur Macht.*

Es siegt das Auffällige, wenn es in ein bekanntes Erzählmuster eingebettet ist. Die Dualität von Vertrautheit und Unterscheidung macht den Star. Merkels Aufstieg ist ein einziger Gegenentwurf, aber verankert in der uralten Mann-Frau-Geschichte. So ist sie vertraut und dennoch konträr: Leise gegen laut, kleine Schritte statt großer Entwürfe, nicht permanente mediale Groß-Inszenierung, stattdessen kaum Interviews, keine stolzen Fotostrecken. Zum Amtsantritt gab es Mineralwasser und Suppe. Wird im Kanzleramt zu später Stunde noch verhandelt, stehen Buletten und Kartoffelsalat bereit. Uckermark statt Toskana-Fraktion. Die Inszenierung der Nicht-Inszenierung ist das vornehmste mediale Projekt der Merkel-Maschinerie.

Damit steht die Regierungschefin in einer deutschen Tradition. Denn das Kennzeichen aller großen Kanzler war ein meist radikaler Wechsel in der Darstellungspolitik. Auf den sperrigen Adenauer folgte der deutsche Kennedy Brandt, dessen Gegenentwurf wiederum war der Preuße Schmidt, der von Kohls Lebensfreude abgelöst wurde. Dessen träge Provinzialität konterkarierte der dynamische Weltmann Schröder.

Und jetzt also Merkel. Am augenfälligsten wird die Strategie am Sonntagabend. Just zu dem Zeitpunkt, da sich die politische Klasse bislang vor *Christiansen* versammelte, brausen nun die Limousinen der Minister ins Kanzleramt. Sonntagabends wird verhandelt, nicht geplaudert. Dieser Fleiß-Inszenierung von Politik kommt in Zeiten des Reformierens zentrale Bedeutung zu. Es sind die kleinen Signale, die das große Bild prägen.

XII. Die Unvollendete

Die ersten beiden Jahre im Kanzleramt riechen eher nach Helmut Kohl als nach Margret Thatcher: außenpolitisch sehr ordentlich, innenpolitisch eher zaudrig, konfliktscheu und taktikbestimmt. Die gute Konjunktur hat den Reformdruck gemildert, zugleich die Kassen gefüllt. Angela Merkel bleibt ihrer Maxime der Risikominimierung treu. Für die Zukunft will sie sich alle Optionen offenhalten.

Während der Berlinale 2006 war die Kanzlerin zu einem Abendessen mit Filmleuten eingeladen. Sie wurde neben eine ältere Dame platziert, die sich als Frau Kubrick vorstellte. Angela Merkel konnte mit dem Namen nichts anfangen. Sie langweilte sich sichtlich und überbrückte gelegentlich peinliche Schweigepausen mit länglichen Ausführungen über das deutsche Bildungssystem. Die Witwe Kubrick war etwas irritiert. Ihre Gesprächspartnerin weigerte sich offenbar beharrlich, über die Themen des Abends zu sprechen: Filme im Allgemeinen und die ihres verstorbenen Gatten Stanley im Besonderen.

Dem Regisseur Stanley Kubrick war diese Berlinale gewidmet. Sein Film *2001 – Odyssee im Weltall* hatte mehrere Generationen westdeutscher Bildungsbürger geprägt. Doch davon wusste Angela Merkel nichts. Kultur, das ist für sie Oper, vielleicht noch Literatur, meist Werke großer, aber toter Künstler. Populäre Musik, Film, Fernsehen und Internet, der ganze Computer-Kosmos, das ist ihr fremd. So geht es ihr häufig mit den deutschen Lebenswelten. Die Musterknaben, die sie in der Regierungszentrale umgeben, liefern ihr allenfalls einen

Einblick in vergleichsweise heile bürgerliche Welten. Ihr Mann, der angesehene Physikprofessor, bewegt sich auf großen Kongressen. Mit einem schwer quantifizierbaren Begriff wie Lebensgefühl kann sie, die jede Emotion erst sorgfältig durchdenken muss, nicht viel anfangen. Daran ändert auch ihr trendiger wöchentlicher Video-Podcast nichts.

Ihr fehlt das Verständnis für Millionen von Landsleuten, insbesondere für jene, die sich derzeit anschicken, in diesem Land mit Wertschöpfen und Steuerzahlen zu beginnen. Trotz ihrer relativen Jugend hat sie wenig Gespür für Befindlichkeiten, für Stimmungen und Atmosphären in den vielfältigen deutschen Realitäten. Ihre ersten Monate im Kanzleramt haben gezeigt, dass sie, wie ihre Vorgänger auch, vor allem Sicherheitspolitik für jene Lobbygruppen macht, die seit je in Deutschland an den Machthebeln sitzen und die Spielregeln in ihrem Sinne definieren.

Ihre flotten Ankündigungen von der »Vorfahrt für Arbeit« und dem »grundlegenden Bessermachen« erinnern an Kohls »blühende Landschaften«. Ohne das milde Licht der Fußball-Weltmeisterschaft hätte sich die Kanzlerin bis zum Sommer 2006 so radikal entzaubert wie keiner ihrer Vorgänger. Die Umfragewerte für Kanzlerin und Partei waren binnen weniger Monate wie ein Stein gefallen. Rund um die verkorkste Gesundheitsreform kam bereits wieder die klassische Merkel-Debatte in Fahrt. Parteifreunde verstärkten genüsslich das mediale Raunen über die Qualifikation der Kanzlerin und erste Ablösungspläne. Die SPD machte sich ein Vergnügen daraus, die Regierungschefin ebenfalls zu piesacken.

Diese Mobbing-Tendenzen müssten im Lager Merkels Anlass zu größeren Sorgen geben, wäre ihr regelmäßiges Aufkommen nicht seit Jahren bekannt. Letztendlich wiederholen sich nur die gewohnten Muster alter Zeiten. Ob es ihr erstes

Jahr als Parteivorsitzende oder als Chefin der Bundestags-fraktion war – die ersten Bilanzen fielen durchweg verheerend aus. Leitartikler forderten Profil ein, die Partei Führung. Kaum jemand prophezeite Angela Merkel eine strahlende Zukunft. Dass zunächst irrational hohe Erwartungen kurz nach dem Start enttäuscht werden, gehört offenbar zum Merkelschen Führungsmuster. Es folgte die Stabilisierung per Außenpolitik in der ersten Jahreshälfte 2007, gleichsam ein Auffüllen des Popularitätskontos, um davon innenpolitisch langsam wieder abzubuchen. Immerhin: Die Gegner inner- und außerhalb der Regierungskoalition haben keinen Weg gefunden, ihr nachhaltig zuzusetzen. Die Führungsfrage ist bis auf Weiteres geklärt in der CDU und der Bundesregierung. Insofern verläuft ihre Kanzlerschaft nach Plan.

Bei allem Gerumpel am Anfang ist zu berücksichtigen, dass hier eine Novizin ihr Werk verrichtet. Im Gegensatz zu ihren Vorgängern, die als Ministerpräsidenten bereits Landesregierungen kommandierten, hat Angela Merkel nur ein paar Trockenübungen absolviert, als Ministerin unter Kohl, dann als Generalsekretärin, Partei- und Fraktionschefin in der bequemen Opposition. Von allen deutschen Kanzlern war sie wohl am wenigsten vorbereitet auf den Job der Regierungschefin.

In den neun Wochen zäher Verhandlungen um die Große Koalition halfen ihr die Trainingsergebnisse aus Oppositionstagen weiter. Das Arrangement war überschaubar. Sich mit drei eitlen älteren Herren balgen, deren Verhalten präzise vorauszusehen war, das hatte sie gelernt. Am schönsten waren die Vorlagen, die Stoiber ihr lieferte. Der von Neid und Eifersucht beseelte Bayer hatte der neuen Kanzlerin vom Start weg die Richtlinienkompetenz abgesprochen, eben jene Zentralmacht, die dem Regierungschef durch das Grundgesetz zugemessen wird. Angela Merkel ließ sich eine quälende Woche Zeit, bis sie reagierte.

Wie er das denn gemeint habe mit der Richtlinienkompetenz, wollten Parlamentarier in einer Fraktionssitzung von Stoiber erfahren. »Steh auf!«, riefen einige. Doch der Bayer nestelte nur verlegen in seinen Unterlagen. Dann endlich war es Merkel, die sich erhob und einen Moment auf Stoiber herabschaute. »Ach, das mit der Richtlinienkompetenz ist im Grundgesetz festgehalten«, sagte sie langsam, »und das Grundgesetz gilt auch dann, wenn der Kanzler eine Frau ist.« Die Anwesenden schwiegen andächtig. Es war eine überaus elegante Demonstration von Macht. Nie war Stoiber kleiner als in diesem Moment. Am Ende verliefen die Pokerrunden um die Macht so wie immer, wenn sie dabei ist. Müntefering war den Parteivorsitz los, Stoiber seine Restreputation und Schröder alles. Sie dagegen war die Siegerin.

Die ersten Wochen im Amt waren gleichfalls überschaubar. Die Erleichterung, endlich wieder regiert zu werden, hatte das Land ebenso milde gestimmt wie der verhaltene Stolz auf diese Exotin im Berliner Kanzleramt. Für Angela Merkel sprach zudem, dass sie ihre ersten Auftritte auf internationalem Parkett souverän meisterte. Exzellent beraten, glänzte sie in Washington, Moskau und Brüssel. Hätte schlimmer kommen können, raunte der Bürger anerkennend.

Das *learning by doing* stieß jedoch bald an seine Grenzen. Im maximal verflochtenen deutschen Gemeinwesen zog die Große Koalition eine weitere Komplexitätsebene ein. Die Unterhändler der Volksparteien verhandelten nicht etwa Thema für Thema einzeln, sondern begannen ein gigantisches Ringtauschgeschäft. Gleichbehandlungsgesetz und Föderalismusreform, Reichensteuer und Kündigungsschutz, alles wurde kunstvoll miteinander und am Ende auch noch mit der Gesundheitsreform zu einem Vermittlungsausschuss von irren Ausmaßen verwoben.

Selbst Angela Merkel, eine Freundin komplexer Modelle, hatte irgendwann den Überblick verloren. Als es am Ende zur Entweder-oder-Entscheidung kam, ob sie dem Koalitionspartner SPD oder ihren CDU-Ministerpräsidenten folgen sollte, geriet das gewaltige Verhandlungspaket endgültig ins Wanken. Es war beim besten Willen nicht möglich, alle Beteiligten zufriedenzustellen; schon der Versuch wies in die falsche Richtung.

In Rekordzeit war die Kanzlerin an jenem Punkt angelangt, den ihre Vorgänger Kohl und Schröder so gut kannten. Mächtige Interessengruppen hatten sich lustvoll ineinander verbissen. Dabei war es offenbar völlig unerheblich, unter welcher Koalition sich diese Blockadekonstellation formierte. Gewerkschaften oder Krankenkassen, Unternehmerverbänden oder Ärzten, Ministerpräsidenten oder Pharmakonzernen ist es offenbar völlig gleichgültig, ob sie ihre Verhandlungsrituale unter einer schwarz-gelben, rot-grünen oder Großen Koalition zelebrieren. Angela Merkel hatte die Beharrlichkeit der deutschen Verbändedemokratie unterschätzt. Zugleich hatte sie mit ihrem ambitionierten Zeitplan – Ergebnis bis zur Sommerpause – einen immensen Zeitdruck aufgebaut, der sich letztlich gegen sie selbst wendete. Es herrschte der Eindruck, als müsse am Ende nur irgendein Ergebnis herauskommen, gleichgültig welchen Inhalts. Hauptsache, der Plan wurde eingehalten. Genau so sah der Gesundheitskompromiss auch aus.

Dieser offenkundige Graben zwischen Anspruch und Wirklichkeit katapultierte die Bundesbürger schlagartig zurück in jene mentale Verfassung der Schröder-Ära, als die Enttäuschung über gewaltige Versprechen und deren konsequentes Nichteinhalten zu großer Verdrossenheit geführt hatte. Angela Merkel ganz persönlich hatte das Problem erzeugt. Sie war es, die im Wahlkampf immer wieder Ehrlichkeit versprochen hatte, wodurch sie sich vom politischen Normal-personal moralisch abzuheben gedachte.

Ein zweites Zentralversprechen hatte besagt, es dürfe nicht sein, den arbeitenden Bürgern immer mehr Belastungen auf-zubürden. Kaum ein Jahr nach Amtsantritt waren beide Zusagen dahin. Die katastrophalen Umfragewerte der Union illustrierten das Gespür der Wähler dafür, an der Nase herumgeführt worden zu sein. Merkels Politik nach Plan mochte theoretisch perfekt sein, in der nächtlichen Verhandlungspraxis aber wäre ein brillanter Einfall, eine große Geste, vielleicht eher vonnöten gewesen als ein minutiöser Fahrplan.

Ein hoch spannender kultureller Fortschritt ist der Kanzlerin immerhin gelungen. Im Gegensatz zur hysterisierten Politik der Vorgänger-Regierung verläuft das Wirken der Großen Koalition in geradezu quälend ruhigen Bahnen. Die protestantische Fleißethik fand ihren Höhepunkt am Sonntagabend gegen 21 Uhr, wenn Dutzende von TV-Teams und einige versprengte Touristen mit ihren Kameras festhielten, wie schwarze Limousinen mit verdunkelten Scheiben durch das stählerne Tor des Kanzleramtes schnurrten. Die Verhandlungsrunde zur besten *Tatort*-Zeit, das Zelebrieren von Fleiß und Ernsthaftigkeit am Tag des Herrn, gehörte zur behutsamen Inszenierung der neuen Regierung.

Offenbar entzogen sich die Spitzen der Großen Koalition zielstrebig dem ewigen medialen Wettstreit, dem endlosen Verkünden von Themen und Besetzen von Begriffen. Politische Reporter, die die Auskunfts- und Selbstdarstellungsfreude der rot-grünen Koalitionäre geschätzt hatten, mussten sich plötzlich mit Pressekonferenzen begnügen. Die medialen Wochenend-Aktivitäten der Minister fanden deutlich reduzierter statt als zu Zeiten des Interview-Ministers Wolfgang Clement; Merkels Medienleute waren um eine kontrollierte Orchestrierung bemüht. Sollte es tatsächlich gelingen, die

Hysterie zurückzudrehen, wäre eine historische Erkenntnis gewonnen: Die Volksvertreter selbst können kontrollieren, inwieweit Medialisierung und Personalisierung Besitz von ihrem Arbeitsplatz ergreifen.

Ein Nachteil dieser Kontrolle war es allerdings, dass auch die eigene Partei zu kurz kam. Unmut weckte zudem Merkels Neigung, sich um Feinde und Problemfälle bisweilen intensiver zu kümmern als um die eigene Gefolgschaft. Für die Kernwähler war die konservative Kante der CDU nach einem Jahr Merkel kaum mehr zu erkennen, zumal die Regierungschefin keinerlei Fachkräfte für starke Worte im Kabinett hatte: Weder Verteidigungsminister Jung noch Innenminister Schäuble polterten derbe genug fürs traditionelle CDU-Publikum. Stattdessen wurde sehr zum Argwohn der CDU gleichberechtigt, integriert und geelternurlaubt. Dass Angela Merkel nicht nur ihre Sympathie für Vizekanzler Franz Müntefering bekundete, sondern auch Finanzminister Steinbrück sowie den Außenamtskollegen Steinmeier offenkundig schätzte, verbesserte das Verhältnis von CDU-Chefin und Basis nicht gerade. Zum Glück hörten die Mitglieder nicht, wie Angela Merkel zu später Stunde im kleinen Kreis ein bisschen über ihre eigene Partei lästerte. Immerhin ließen die anwesenden Sozialdemokraten im Gegenzug an ihrem eigenen Laden auch kein gutes Haar. Und dann redeten sie wieder über Fußball.

Schließlich war es Bundestrainer Jürgen Klinsmann gewesen, der dieser Regierung größere Eruptionen erspart hatte. Das brillante Auftreten der deutschen Mannschaft gab den Koalitionären nicht nur ein paar Verhandlungstage mehr, an denen sie im medialen Schlagschatten der WM verhandeln konnten. Der Nationaltrainer und seine Buben verschafften der Kanzlerin darüber hinaus die Bühne, sich als oberste Patriotin, als Fußballfreundin und herzensgutes Menschenkind zu präsentieren. Ob sie vor den Kameras grimassensicher mitfieberte, aufsprang oder Franz Beckenbauer wie Jürgen Klinsmann um den Hals fiel – Angela Merkel präsentierte sich emotional zu hundert Prozent fanmeilen-kompatibel.

Die Auftritte passten perfekt zu den Plänen der Regierungschefin. Die herzliche Kanzlerin, das ist ein langfristiges Projekt, das in der Merkelschen Abteilung für Öffentlichkeitsarbeit ersonnen wurde. Denn mag die Politikerin von ihrem Verstand her das geringste Übel sein, das derzeit im Angebot der deutschen Spitzenkräfte vorhanden ist, so bewegt sie sich auf der Gefühlsebene immer noch höchst unsicher. Zwar müht sie sich bei öffentlichen Auftritten redlich, auf ihre Zuhörer einzugehen und um sich eine heitere Kirchentagsatmosphäre zu verbreiten. Doch hindern Misstrauen und Distanz sie immer wieder, auch emotional auf Menschen und Situationen zuzugeben.

Sich auf Gefühle einzulassen und zugleich welche wecken zu können – hier liegt vielleicht der größte Unterschied zu ihren Vorgängern begründet. Während sich Helmut Kohl wie Gerhard Schröder nahezu blind auf ihre Instinkte verließen, auf dieses zarte Aufrichten der Nackenhaare im richtigen Moment, und ebenso traumwandlerisch den Jubel der Menschen abrufen konnten, muss sich Angela Merkel jede Situation verstandesmäßig erschließen. Schon früher war das so, als das Kleinkind Angela nicht einfach loslief wie andere, sondern erst einmal den Vorgang des Gehens verstandesmäßig nachvollzogen haben musste, bis es sich schließlich zu ersten Schritten durchrang. Diese Methode ist zwar sicher und kommt Merkels Bedürfnis nach möglichst geringem Risiko entgegen. Aber sie ist auch zäh und langwierig.

Warum sollte sie Erfolgsstrategien ändern, fragen sich manche Getreuen im Kanzleramt. Schließlich hat ihr diese Methode des Gefühledenkens den kontinuierlichen Aufstieg überhaupt erst beschert. Ganz einfach. Weil mit der Kanzlerschaft eine neue Phase begonnen hat, in der Angela Merkel ihr Volk auch auf der emotionalen Ebene abholen muss. Das ist Kanzlerpflicht – ob warmherzig wie Willy Brandt, preußisch wie Helmut Schmidt, patriarchalisch wie Helmut Kohl oder kumpelig wie Gerhard Schröder. Welche Rolle Angela Merkel einnimmt ist bislang noch nicht ganz klar. Sie bleibt vorerst die Unvollendete. Sie kann warten. Sie hat ja noch ein paar Jahre.

Wer es erst einmal ins Kanzleramt geschafft hat, der justiert die Zeitpläne seines Lebens neu. Die Zukunft wird in Vier-Jahres-Abschnitte aufgeteilt, die Ressourcen werden überprüft, es werden Notvorräte für schlechte Zeiten angelegt. Es gilt, in einem historischen Wettbewerb zu bestehen. Die Konkurrenten heißen Adenauer, Brandt, Schmidt, Kohl und Schröder. Die Kurzzeit-Kanzler Erhard und Kiesinger zählen nicht. Helmut Kohl gilt als Champ, denn er schaffte 16 Jahre im Amt. Adenauer regierte nur 14 Jahre, traf aber die historisch bedeutsamsten Entscheidungen. Willy Brandt war der Charismatischste, Helmut Schmidt der Zackigste. Die Rolle von Gerhard Schröder muss sich erst noch finden. Sie wird mit Einsamkeit zu tun haben.

Natürlich überlegt Angela Merkel, welchen Platz sie in dieser illustren Reihe einnehmen wird. Die Doppelquote Frau/Ost macht sie allemal besonders. Doch das reicht ihr nicht. Sie will durch eigene Leistung glänzen. Dafür müssen zwei Bedingungen erfüllt sein. Während es bei Sozialdemokraten genügt, einmal wiedergewählt worden zu sein, sollte man als Christdemokrat mindestens zwei Mal im Amt bestätigt werden; zum anderen sollte man bedeutsame Dinge vollbringen.

In Zeiten dauernder Reformen stehen diese beiden Ziele im Widerspruch. Das musste die Wahlkämpferin Merkel im Herbst 2005 erfahren. In einer fahrlässigen Fehleinschätzung der deutschen Stimmungslage bei gleichzeitig dickköpfigem

Beharren auf einem Wahlkampf der Wahrheit hätte sich die sicher geglaubte Kanzlerin fast um das Amt gebracht. Mit dem Jubel des Leipziger Parteitags im Ohr, all den vernünftigen Argumenten im Kopf und dem Professor Paul Kirchhof als Symbolfigur im Schattenkabinett war sie der vermeintlichen Erotik großer Reformen verfallen.

Die Deutschen teilten diese Begeisterung nicht. Radikal änderte Angela Merkel daraufhin Ende 2005 ihre Strategie. Auf einmal präsentierte sie sich nicht mehr als Vorbotin schmerzhafter Veränderungen, sondern als sozialdemokratische Landesmutter. Schließlich war noch jeder deutsche Kanzler Sozialdemokrat, ob echt oder gefühlt. So hatte schon Helmut Kohl regiert und auch Edmund Stoiber in seinen besseren Zeiten. Dass der Bayer sein technokratisches Image mit Respekt und Sympathie aufladen konnte, hatte er zu einem Gutteil seinem damaligen Sprecher Ulrich Wilhelm zu verdanken. Der arbeitet nun bei der Kanzlerin.

Die Strategie dahinter ist offenkundig nicht stur auf 2009 ausgerichtet, das turnusmäßige Jahr der nächsten Bundestagswahl. Schon 2008, im Jahr wichtiger Landtagswahlen, könnten größere Eruptionen anstehen. Dann nämlich dürfte das Bündnis einen Großteil seiner Vorhaben erledigt haben. Die Frage wird plötzlich lauten: Und jetzt? Werden die Parteien sich auf ein weiteres gemeinsames Vorangehen verständigen? Oder bricht der parteiinterne Kampf darüber los, wer sich wie weit von seinen Wurzeln entfernt hat?

Für den Fall des vorzeitigen Koalitionsendes muss die Kanzlerin präpariert sein: Die Union sollte weitgehend einig, die SPD möglichst gespalten sein. Dann wäre der Weg frei für jene Koalition, die Angela Merkel schon 2005 erwartet hatte: mit der FDP. Die vergleichsweise schwachen und wenig profilierten Liberalen würden der Kanzlerin eine nie gekannte Machtfülle verleihen. Zusammmen mit einem Superminister

Roland Koch würde Angela Merkel das Land in einem Generalstreich renovieren. Eine Rosskur von Thatcherschen Ausmaßen wäre möglich, sollte der ökonomische Druck bis dahin weiter angewachsen sein. Genau dagegen formiert sich indessen eine rotrotgrüne Mehrheit. Ein Dreibund mit FDP und Grünen muss ebenfalls vorbereitet werden.

Die Blaupausen liegen schon im Kanzleramt bereit, inklusive Zeitrahmen. Geht der große Plan auf, dann würde Angela Merkel Anfang des kommenden Jahrzehnts ein weiteres Mal im Amt bestätigt. Sie käme am Ende auf mindestens zehn Jahre des Regierens, hätte sich einen Namen gemacht, der im Geschichtsbuch Bestand haben würde. Sie wäre dann um die 60 Jahre, jung genug, um vielleicht noch ein drittes Leben anzufangen. Das sind die Zeiträume, in denen demokratische Regierungschefs denken.

Was braucht es nun, um diese Lebensplanung Realität werden zu lassen? Auf jeden Fall eines: Reserven. Und davon hat Angela Merkel eine ganze Reihe. Sie betrachtet sich immer noch als Lernende, was man von ihren Vorgängern im Amt nicht unbedingt sagen konnte. Sie hat bislang weder die Frauenkarte gespielt noch ihr Privatleben instrumentalisiert. Bedenkt man, mit wie viel Entertainment-Schnickschnack die Kohls und Schröders und Fischers das Publikum bei Laune gehalten haben, dann hat Angela Merkel mit Sicherheit noch einige Darstellungs-Vorräte parat. Und die wird sie, trotz aller Inszenierungs-Abscheu, hervorzuzaubern, wenn es eines Tages eng wird mit den Mehrheiten.

Dafür könnte schon die eigene Partei sorgen. Die Vorbehalte mancher Unions-Wähler sind nicht zu unterschätzen, die der gesamten Bundesbürger nicht minder. Und Schonfristen sind Angela Merkel noch nie eingeräumt worden. Die Kanzlerin sieht sich mit zwei Kernfragen konfrontiert, die bundesdeutsches Urvertrauen berühren. Der CDU-Sympathisant fragt sich: Was ist eigentlich konservativ an Angela Merkel? Ihre pragmatische Art des Regierens, das unideologische und lösungsorientierte Agieren mag bei den politischen Experten der Hauptstadt gut ankommen. Aber bei der vorwiegend in der Provinz lebenden Kundschaft ist mit diesem Regierungsstil gerade in unsicheren Zeiten kaum Vertrauen zu schaffen. Dort fragt man sich besorgt, was in der Merkel-Partei eigentlich noch so ist wie früher. Allein das Nein zum EU-Beitritt der Türkei kann es ja wohl nicht sein. Der eher urbane Lebensstil der Kanzlerin verschreckt den klassischen Unions-Wähler. Identifikationssignale, und sei es nur eine Strickjacke, suchen die Menschen vergeblich.

Der Bundesbürger dagegen möchte wissen, was diese Kanzlerin wohl mit seinem lieb gewonnenen Staat anstellen will. Die auf die Autonomie des Einzelnen gerichtete Freiheitspolitik Angela Merkels gibt den Menschen keine Orientierung, keinen Halt, keine Verlässlichkeit, sondern erzeugt vor allem Befürchtungen. Es ist nach wie vor ein Hauch von Angst, der die Wähler befällt, wenn sie ihre Kanzlerin sehen. Erfolgreiche Politik aber bedeute, den Menschen diese Angst zu nehmen, hat Gerhard Schröder einmal gesagt. Angela Merkel arbeitet derzeit daran, zum Beispiel an der Reduzierung des Preußischen. Disziplin, Pflicht, Aufgabe, Plan, das alles sind Potsdamer Begriffe, die Angela Merkel und ihre Leute ein bisschen zu häufig im Munde führen. »Das Kalte, Schneidende muss weg. Das erzeugt Respekt, aber eben auch Angst«, sagt einer ihrer engsten Mitarbeiter.

Helmut und Hannelore am Wolfgangsee, Schröder und die Kusinen, der Fettverbrenner Fischer, das sind die kleinen Geschichten, die ein Volk und seine Herrscher auf der Gefühlsebene zusammenbringen. Grundlage dieser Emotionsgemeinschaft ist das Leitbild vom kümmernden Staat, von der guten Glucke.

»Hart, aber herzlich«, wird intern die öffentliche Emotion umschrieben, die um die Kanzlerin bis zur nächsten Wahl entstehen soll. »Eigentlich ist sie ein mütterlicher Typ«, heißt es bereits jetzt auffallend häufig aus ihrer Umgebung. Und das ist gar nicht einmal so aufgesetzt. Wer sie privat erlebt hat, der weiß um ihre durchaus fürsorgliche Art. Die hat sie zwischen Misstrauen und Distanzstreben stets verborgen. Zurzeit übt sie sich verstärkt in der Rolle der Kümmerin, der Zuhörerin, die Konsens sucht und Gemeinsamkeiten. Das bedeutet für sie auch, Kontrolle abzugeben, anderen Verantwortung zuzumuten.

»Vertrauen wagen« stand auf dem schwarzen Kirchentags-Poster mit den weißen Händen, das Angela Merkel in der Küche ihrer Ost-Berliner Wohnung aufgehängt hatte. »Lohnt sich das?«, hat sich die Physikerin früher oft gefragt angesichts des politischen Drucks, des Misstrauens und Belauerns, das in der Akademie üblich war. Das Plakat, sagt sie, »war wie eine kleine Spitze, die mich täglich mahnte«.

Und es ist bis heute aktuell. Im ersten Jahr ihrer Kanzlerschaft hat sie gemerkt, dass ihre Macht mehr als je zuvor von anderen abhängt. Einsames Führen, das ist kein erfolgsorientiertes Konzept für eine lange Dienstzeit im 36 Meter hohen Regierungswürfel. Die künftige Angela Merkel nun als Mutter Courage, die die Kraft und den Mut hat, das Unabänderliche zu tun, aber auch das Verantwortungsbewusstsein, niemanden fallen zu lassen? Es ist jedenfalls eine Möglichkeit.

Es ist also wie immer mit Angela Merkel. Die Kanzlerin hält sich für die Zukunft alle Möglichkeiten offen – ob Maggie, ob Mutti oder ein Mix aus beiden. Das entscheidet sich spontan, je nachdem, wie sich die Mehrheiten entwickeln, ob die Wirtschaft boomt, wie stabil sich die Sozialsysteme erweisen. Ihre klaren Worte zur Zukunft der Atomkraft, die quer zur Koalitionsvereinbarung lagen, gaben einen ersten Eindruck gewachsenem Selbstvertrauen. Auf der Entscheidungsebene ist sie durchaus bereit, die deutsche Version von Margret Thatcher zu geben, von Thatcher light bis brutalst möglich. Damit schafft sich die Kanzlerin eine breite Auswahl an Handlungsoptionen. Das hat sie immer getan. Sie ist zwar planungsversessen, zugleich hat sie aber auch »den Mut, Zukunft als offene Zeit zu betrachten«, wie ein ostdeutscher Politikerkollege einmal erklärt hat.

Es gilt eben nach wie vor, was Helmut Kohl einst über seine Lieblingsschülerin sagte: »Es gibt Leute in der Partei, die bezeichnen sie als eiskaltes Weibsstück. Das halte ich für übertrieben. Aber sie hat es allen gezeigt. Sie hat sich ja auch sehr viel abgeguckt. Man kann es ihr doch nicht verdenken, dass sie nach oben kommen und da bleiben will. Das wollen doch alle.«

Nachwort

Die neue Berliner Armutsästhetik

Alle neuen Bundeskanzler sahen sich in einer verantwortlichen Kontinuität der Politik des Vorgängers. Für Angela Merkel markiert diese Erkenntnis ihren geringen Handlungsspielraum. Faktische Politikwechsel waren in unserer auf Konsens und Stabilität ausgerichteten Innenpolitik immer langfristig angelegt. Abrupter ging es, im Gegensatz zur materiellen Politik, im Bereich der Darstellungspolitik zu. Der Stilwechsel in der Politikgestaltung gehörte für jeden neuen Bundeskanzler essentiell zur Startphase einer Bundesregierung. Insofern ist die von Merkel vorgestellte Inszenierung der Nichtinszenierung von neuer Sachlichkeit und Nüchternheit fester Bestandteil des Regierungswechsels. Ob diese Darstellungsarmut allerdings von positiven Schlagzeilen begleitet wird, hängt von den sichtbaren Politikergebnissen ab. Die Ungeduld der Wähler ist groß. Schonfristen existieren praktisch nicht mehr.

Statt rot-grüner Kraftmeierei erleben wir nunmehr Armutsästhetik. Sachlich, zurückhaltend, bescheiden – das ist zurzeit das Markenzeichen der neuen Bundesregierung. Eine Aura der Solidität durchströmt die Startphase, die sich in der gesamten Ruhigkeit von dem moralisch überhöhten Start von Rot-Grün 1998 fundamental abhebt. Nicht ein Projekt wird gestartet, sondern mühsames Patchwork. Die Nüchternheit der Bühnendarstellung bleibt in Erinnerung, nicht der szenische Kraftakt. Doch der Charme der Patchwork-Politik verfliegt. Die Schritt-für-Schritt-Reden der Bundeskanzlerin verkommen zur Reha-Rhetorik.

Hinter dieser neuen Berliner Armutsästhetik verbirgt sich graduell ein protestantisches Politikverständnis der Kanzlerin. Das selbstlose Dienen zieht sich leitmotivisch durch ihre Reden. Sie gibt sich provozierend unpathetisch und manchmal bis zur Schmerzgrenze ernüchternd. Merkel verzichtet bislang auf alle Gebaren der Macht und erweiterte heroische Gesten. So passte es ins Bild, dass sich die neue Bundesregierung, am Bauzaun von Schloss Charlottenburg vorbei, vom Bundespräsidenten die Ernennungsurkunden abholen musste. Im protestantischen Duktus zählen nur Worte und Werke. Aus dem protestantischen Wertekanon spricht zudem der Daueappell der Kanzlerin, den wirtschaftlichen Erfolg aus Tugenden herzuleiten: Was kann ich selber tun? Dieses Stilmuster konnte für die katholisch geprägte Kohl-CDU auf der Leitungsebene nie mehrheitsfähig werden. Insofern transportiert die Kanzlerin auch eine neue Union. Erstmals ist praktisch die gesamte Führungsspitze protestantisch, nicht katholisch.

Unser Blickwinkel auf Merkel verändert sich rasant. Mit jeder neuen Karrierestufe betrachten wir die Person Angela Merkel mit modifizierter Aufmerksamkeit und unerwarteter Neugierde. Das eigene Zutun – neues Outfit, gelernte Gesten – zu dieser angeblichen Veränderungsdynamik ist zumeist minimal. Vielmehr suchen wir uns als Betrachter stets einen neuen Blickwinkel auf die gleiche unveränderte Person im Rampenlicht der Macht. Die bebilderte Wechselhaftigkeit ist bei einer Person mit der Biografie von Angela Merkel programmiert. Denn wir wissen nur ausschnitthaft etwas über sie. Sie hat es bislang geschafft, die Deutungsmacht über ihr Leben zu behalten. »Sphinxhaft« bleibt die stets verdachtsbestimmte Wahrnehmung der Angela Merkel in Westdeutschland.

Wir haben ein Bild von erfolgreichen Naturwissenschaftlern, das wir gerne auch auf Merkel projizieren: Streng diszipliniert, selbstverliebt in die Versuchsanordnung, alles im Umfeld vergessend. Gleichzeitig bleibt der Eindruck von gelernten Mechanismen der Entscheidungsfindung, die naturwissenschaftlichen Versuchsanordnungen folgen: Versuch plus Irrtum. Das funktioniert auf der einen Seite transparent und höchst funktional, aber ohne strategisches Zentrum. Auf der anderen Seite arbeitet dieses System zielstrebig mit dem Charme unverdächtiger Harmlosigkeit, wenn es darum geht, von der einen auf die andere Minute neue Handlungskorridore auszuloten und politische Optionen blitzschnell zu nutzen. Das führt zu immer neuen Überraschungssiegen von Merkel, gerade dann, wenn ihre Gegner sie für längst geschlagen halten. Als Meisterin des Abwartens und des politischen Timings bedient sie mühelos die vielfältigen Instrumente des Regierens, sie ist Weltmeisterin der täglichen Integration. Doch ein inhaltlicher Kompass, ein schlüssiger Begründungszusammenhang, eine große Erzählung entsteht bislang nicht daraus. Was will sie mit ihrer Person als Prägestempel hinterlassen?

Zudem kann man eine große verlässliche Gefolgschaft mit Überraschungstechniken nicht sammeln. So ist Merkel die erste Kanzlerin, die ohne eigene Hausmacht regiert. Ob ihr diese damit einhergehende Unabhängigkeit nutzt oder eher schadet, wird sich zeigen. Sicher ist nur, dass sich ihr Bild in der Öffentlichkeit weiter wandeln wird, völlig unabhängig davon, ob sie dies aktiv betreiben wollte. Solche Wahrnehmungsveränderungen sind zudem immer geschlechtsneutral.

Als präsidiale Vermittlerin kann sie nicht kraftvoll führen, selbst wenn sie es wollte. Ausgleichen, lavieren, taktieren, schlichten und moderieren gehören zum Entscheidungsstil einer Kanzlerin der Großen Koalition. Als personalisierter Vermittlungsausschuss verkommt die ehemalige »Chefsache« zum Medien-Mythos. Umso wichtiger wäre zu wissen, was sie wollte, wenn sie nur könnte. Ist es die Rückkehr zur Radikal-Rhetorik des Reformfurors begleitet vom frostigen Mobilisierungsstil einer Polarexpedition? Oder folgt Merkel der Einsicht, dass Modernisierungsprozesse zuallererst kulturelle Veränderungen und nicht ökonomische Projekte sind? Wir wissen es nicht. Umso wichtiger sind Beiträge wie dieses Buch, die nach Erklärungen und Hintergründen suchen.

Karl-Rudolf Korte

Prof. Dr. Dr. Karl-Rudolf Korte lehrt Politikwissenschaften an der Universität Duisburg-Essen, leitet die »NRW School of Gouvernance« und die Forschungsgruppe Regieren«.

Danksagung

Ein herzlicher Dank an meine Mutter Käte, an Suse, Paul und Friedrich, meine geduldige Familie, an Karl-Rudolf Korte und die Forschungsgruppe Regieren der Universität Duisburg-Essen, an Susan Mücke, Hanna Diederichs, Barbara Wenner, Sandra Latz, Bernd Musa, Jörg von Bilavsky, Sophie Albers, Fred Grimm, Eva Krautter, Roger Köppel und alle die, die nicht genannt werden wollen.

Bibliographie

Alemann, Ulrich von/Strünck, Christoph/Wehrhöfer, Ulrich (Hrg.): Parteien in der Mediendemokratie. Wiesbaden 2002.

Arendt, Hannah: Macht und Gewalt. 12. Aufl. München 1996.

Beck, Matthias: Die Aufnahme der Konzeption des Polit-Marketing als Element der Außendarstellung von CDU und SPD in den achtziger Jahren (Diplomarbeit, FU-Berlin). Berlin 1989.

Beyme, Klaus von: Parteien im Wandel. Von den Volksparteien zu den professionalisierten Wählerparteien. Opladen 2000.

Bösch, Frank: Macht und Machtverlust. Die Geschichte der CDU. Stuttgart 2002.

Bourdieu, Pierre: Die verborgenen Mechanismen der Macht. Hamburg 1982.

Boysen, Jacqueline: Angela Merkel. Eine Karriere. Berlin 2005.

Burns, James MacGregor: Leadership. New York 1978.

Davis, Morton D./Rothermund, Dietmar: Spieltheorie für Nichtmathematiker. München, Wien 1999.

Deiß, Matthias: Die Führungsfrage. CDU und CSU im innerparteilichen Machtkampf (Schriften der Forschungsgruppe Deutschland, Bd. 14). München 2003.

Dittberner, Jürgen: Sind die Parteien noch zu retten? Die deutschen Parteien. Entwicklungen, Defizite, Reformmodelle. Berlin 2004.

Dixit, Avinash K./Nalebuff, Barry J.: Spieltheorie für Einsteiger. Strategisches Know-how für Gewinner. Stuttgart 1991.

Dreher, Klaus: Helmut Kohl. Leben mit Macht. Stuttgart 1998.

Dürr, Tobias/Soldt, Rüdiger (Hrg.): Die CDU nach Kohl. Frankfurt a.M. 1998.

Eisemann, Evelyn: Konstruktion von Medienpersönlichkeiten am

Beispiel Angela Merkels. Zeitungsanalyse der überregionalen Tageszeitungen Die Welt, Frankfurter Allgemeine Zeitung, Süddeutsche Zeitung, Frankfurter Rundschau und Tageszeitung (Diplomarbeit, FU-Berlin). Berlin 2002.

Filmer, Werner/Schwan, Heribert: Roman Herzog. Eine Biographie. München 1994.

Florack, Martin: Politische Kultur als innenpolitische Determinante deutscher Sicherheits- und Verteidigungspolitik (Magisterarbeit). München 2002.

Fröhlich, Stefan: »Auf den Kanzler kommt es an«. Helmut Kohl und die deutsche Außenpolitik. Paderborn u.a. 2001.

Gauland, Alexander: Anleitung zum Konservativsein. Stuttgart, München 2002.

Geppert, David: Maggie Thatchers Rosskur – ein Rezept für Deutschland? Berlin 2003.

Grabow, Karsten: Abschied von der Massenpartei. Die Entwicklung der Organisationsmuster von SPD und CDU seit der deutschen Vereinigung. Wiesbaden 2000.

Gros, Jürgen: Politikgestaltung im Machtdreieck Partei, Fraktion, Regierung. Zum Verhältnis von CDU-Parteiführungsgremien, Unionsfraktion und Bundesregierung 1982–1989 an den Beispielen Finanz-, Deutschland- und Umweltpolitik. Berlin 1998.

Helms, Ludger: Politische Opposition. Theorie und Praxis in westlichen Regierungssystemen. Opladen 2002.

Hentschel, Volker: Ludwig Erhard, die »soziale Marktwirtschaft« und das Wirtschaftswunder. Historisches Lehrstück oder Mythos? Bonn 1998.

Hirscher, Gerhard/Korte, Karl-Rudolf (Hrg.): Information und Entscheidung. Kommunikationsmanagement der politischen Führung. Wiesbaden 2003.

Illner, Maybrit (Hrg.): Frauen an der Macht: 21 einflussreiche Frauen berichten aus der Wirklichkeit. München 2005.

Jarren, Otfried/Donges, Patrick: Politische Kommunikation in der Mediengesellschaft. Eine Einführung. Bd. 1–2. Wiesbaden 2002.

Koerfer, Daniel: Kampf ums Kanzleramt. Adenauer und Erhard. München 1988.

Korte, Karl-Rudolf/Fröhlich, Manuel: Politik und Regieren in Deutschland. Paderborn u.a. 2004.

Korte, Karl-Rudolf/Weidenfeld, Werner (Hrg.): Deutschland-Trend-Buch. Fakten und Orientierungen. Bonn 2001.

Langguth, Gerd: Angela Merkel. München 2005.

Langguth, Gerd: Das Innenleben der Macht. Krise und Zukunft der CDU. Berlin 2001.

Laux, Lothar/Schütz, Astrid: »Wir, die wir gut sind«. Die Selbstdarstellung von Politikern zwischen Glorifizierung und Glaubwürdigkeit. München 1996.

Leinemann, Jürgen: Höhenrausch. Die wirklichkeitsleere Welt der Politiker. München 2004.

Lipset, Seymour M./Rokkan, Stein: Party Systems and Voter Alignments. Cross-national Perspectives. New York 1967.

Lösche, Peter: Kleine Geschichte der deutschen Parteien. 2. Aufl. Stuttgart, Berlin, Köln 1994.

Meyer, Thomas: Mediokratie. Die Kolonisierung der Politik durch die Medien. Frankfurt a.M. 2002.

Müller-Armack, Alfred: Wirtschaftslenkung und Marktwirtschaft. München 1990.

Müller-Vogg, Hugo: Angela Merkel – mein Weg. Hamburg 2005.

Niejahr, Elisabeth/Pörtner, Rainer: Joschka Fischers Pollenflug und andere Spiele der Macht. Wie Politik wirklich funktioniert. Frankfurt a.M. 2002.

Nieland, Jörg-Uwe/Kamps, Klaus: Regieren und Kommunikation. Köln 2006.

Pflüger, Friedbert: Ehrenwort. Das System Kohl und der Neubeginn. München 2000.

Piaget, Jean: Die Entwicklung des Erkennens. 3 Bde. Stuttgart 1973.

Roll, Evelyn (Hrg.): Das Mädchen und die Macht. Angela Merkels demokratischer Aufbruch. Berlin 2001.

Schäuble, Wolfgang: Mitten im Leben. München 2000.

Schley, Nicole: Angela Merkel. Deutschlands Zukunft ist weiblich. München 2005.

Schmid, Josef/Zolleis, Udo: Zwischen Anarchie und Strategie. Der Erfolg von Parteiorganisationen. Wiesbaden 2005.

Schöllgen, Gregor: Die Außenpolitik der Bundesrepublik Deutschland. München 2004.

Schumacher, Hajo: Roland Koch. Verehrt und verachtet. Frankfurt a.M. 2004.

Walter, Franz/Dürr, Tobias: Die Heimatlosigkeit der Macht. Wie die Politik in Deutschland ihren Boden verlor. Berlin 1999.

Weimer, Wolfram: Deutsche Wirtschaftsgeschichte. Von der Währungsreform bis zum Euro. Hamburg 1998.

Wewer, Göttrik (Hrg.): Bilanz der Ära Kohl. Christlich-liberale Politik in Deutschland 1982–1998 (Gegenwartskunde, Sonderband 10). Opladen 1998.

Wiesendahl, Elmar: Parteien in Perspektive. Theoretische Ansichten der Organisationswirklichkeit politischer Parteien. Wiesbaden 1998.

Wiesenthal, Helmut: Unsicherheit und Multiple-Self-Identität. Eine Spekulation über die Voraussetzungen strategischen Handelns (Max Planck-Institut für Gesellschaftsforschung, Discussion Paper 90/2). Köln 1990.

Würzberg, Anja: Ich: Pfarrerskind. Vom Leben in der heiligen Familienfirma. Hannover 2005.

Personenregister

Helmut Schmidt
Ein Leben für den Frieden

Die spannende Vita eines Mannes, der die Politik
Deutschlands in explosiven Zeiten durch manche
gefährliche Krise gesteuert hat.

*»Eine Biographie aus nächster Nähe, aber trotzdem mit
kritischer Distanz.«* **Das Parlament**

»Kühler Steuermann in unruhigen Zeiten.«
Abendzeitung

Michael Schwelien
Helmut Schmidt
Ein Leben für den Frieden
978-3-453-64017-7

978-3-453-64017-7

Ulrich Wickert

»Mr. Tagesthemen« mit dem bekannten Charme und Engagement über Politik, Gesellschaft – und natürlich Frankreich!

978-3-453-86909-7

Ihr seid die Macht!
Politik für die nächste Generation
978-3-453-86909-7

Alles über Paris
978-3-453-60021-8

Zeit zu handeln
Den Werten einen Wert geben
978-3-453-86920-2

Der Ehrliche ist der Dumme
Über den Verlust der Werte
978-3-453-60019-5

Vom Glück, Franzose zu sein
Unglaubliche Geschichten aus einem unbekannten Land
978-3-453-60043-0